绍兴文理学院越文化传承与创新研究中心课题
（项目编号：2019YWHJD06）
绍兴文理学院越文化传承与创新研究中心资助出版

越文化研究丛书

堕民消融研究

谢一彪　著

ZHEJIANG UNIVERSITY PRESS
浙江大学出版社

前　言

　　堕民乃宋以来至中华人民共和国成立前江浙沪地区的区域性"贱民",作为"底边社会"的"底边阶级",遭到随意侮辱和欺凌。堕民被排斥于四民之外,属于"另类"群体,乃是"天生的贱胚",平民以"戏弄"堕民为乐。堕民的人身权利不受法律保护,国家司法机关可以任意侵害。在日本侵华的黑暗岁月中,堕民的生命更是没有保障。略有姿色的女堕民,常常受到欺辱。堕民为争取自身的解放,做过力所能及的抗争。明代余姚就有堕民自发组建的"始宁社",组织迎礼拜赛会,且公然入城闯衙,抗拒不得集会的歧视。常熟堕民与绍兴堕民反抗官府的敲诈勒索,屡次群起抗争。女堕民也不甘屈辱,反抗性骚扰和性侵害,有的甚至因此而殉难。堕民受到平民的伤害,常常拿起法律武器,维护自己的权利。同仁学堂的堕民子弟遭到排挤,堕民不屈不挠地争取办学自主权的斗争,终将"绍兴学阀"赶出学堂。堕民虽有持续不断的反抗,但大都是个体的斗争;堕民也曾群起抗争,但堕民挣扎在社会的底层,自身也未能拧成一股绳,形成坚强的团结力量,稍被恐吓顿成一盘散沙。堕民也激以民族大义,参与抗日斗争。清末堕民子弟学校——育德学堂成为革命党人活动的中心,成为宁波辛亥光复的急先锋,绍兴同仁学堂成为光复会的秘密革命基地。绍兴堕民演员参加"绍兴艺人集训班",演出抗日宣传戏,激励民众同仇敌忾。原籍慈溪的堕民空军少尉陈怀民驾机参加惨烈的武汉"四二九"空战,血洒长空。堕民软弱无力的斗争,虽能暂时改善其处境,但对其屈辱的地位并没有丝毫的改变。

　　堕民解放经历了一个漫长而曲折的艰难历程。明初绍兴设有"禁止再呼堕民碑",朱元璋试图解放沦入贱籍的宋室忠臣子孙,但因无法操作而陷于失败。而且朱元璋还将留在江南原作恶多端的蒙古人,以及与之对抗的陈友谅部、张士诚部、方国珍部,包括受胡惟庸案牵连的人,均贬为堕民。朱棣篡位后,又罗织"方孝孺案",并将忠于建文帝的忠臣后裔也贬入堕民行列,壮大了堕民队伍。明代声称欲解放堕民,又不断将政敌和俘虏贬为堕民,其解放堕民之举不过是一句空话。清初雍正应巡视两浙盐课御史噶尔泰奏请,颁布堕民除籍令,要求堕民向地方官府申请改贱为良,抛弃原先贱业,改业自新,并严禁地方豪强逼迫堕民重操旧业,却遭到地方豪强的反对。中央和地方对除籍令的解释也莫衷一是,自相矛盾,引起无尽的纠纷,相继酿成轰动一时的"堕民胡楚珩悬匾争斗案""除籍堕民毛光宗捐纳功名案""金华童生拦阻脱籍堕民科考案""脱籍堕民钱宏业冒滥捐监案"。乾隆三十六年,陕西学政刘墫提出堕民捐考应符合三个条件:四代以上祖先报官申请改业;亲友均清白自守,不再从事贱业;亲党邻里必须出具甘结。致使清初自上而下的堕民除籍完全归于失败。清末宁绍绅士奏请朝廷创建最早的一批堕民子弟学校,有宁波育德农工学堂和绍兴同仁学堂,成为堕民觉醒的摇篮,开启了堕民接受教育的先河,敲开堕民改贱为良的坚冰。

南京临时政府建立后,临时大总统孙中山颁布了贱民解放令,首次以法律的形式,确认包括堕民在内的所有贱民均享有平等的公民权利。国民党南京政府建立后,也颁布过解放堕民的法令。地方政府也相应地出台有关解放堕民的地方立法,旨在改善堕民处境,以提高堕民地位。地方绅士倡导"文明结婚"或"集体婚礼",改革雇用堕民的陋习;开明主顾善意劝导堕民改变依附的生活习惯,争取自己平等的权利,切勿甘于奴隶的地位。堕民也兴起捐资办学的热潮。最大的堕民聚居区三埭街创办了五所私塾,均招收堕民子弟入学。堕民续办堕民子弟学校——同仁学堂颇见成效,成为超过百人规模的大型小学。经济实力雄厚、人口众多的堕民聚居区,往往自筹资金设立堕民子弟学校,没有条件单独设立学校的堕民聚居区,其子弟也被其他平民学校的师生所接受。不少堕民子弟接受中等和高等教育,培养了民国第一批堕民教育家,第一批堕民工程师,第一批堕民官员。由于南京临时政府旋即夭折,北洋军阀政府混战不已,孙中山的解放贱民令成了一纸空文。而国民党政府将主要精力用于对付中国共产党,特别是抗日战争全面爆发后,堕民主要聚居的浙江成为沦陷区,国民政府忙于对日作战,无暇顾及堕民解放问题。尽管民国时期的堕民处境有所改善,但堕民作为一个贱民阶层,其屈辱的地位与数百年前一样,并没有丝毫的改变。

中华人民共和国成立后,农村堕民被划为贫下中农,城市堕民被定为工人阶级,是劳动人民的一部分,成为新中国的公民;堕民不得为官的禁忌被完全打破,成为基层政权特别是堕民村及文艺团体的领导;堕民艺人演出的《孙悟空三打白骨精》《十五贯》等剧目,成为全国人民喜爱的经典;昔日被人歧视的堕民艺人,成为受人敬重的"文艺工作者",六龄童、七龄童、十三龄童、麒麟童、周传瑛等著名堕民艺人,成为民众所喜爱的"人民艺术家",备受党和国家领导人的赞赏和鼓励,甚至带领艺术团出国访问演出,享有国际盛誉。堕民子弟也不再受到歧视,能够享受平等的义务教育。党的十一届三中全会以后,原先有着收购废品经商经验的堕民,发挥自己的聪明才智,率先发家致富,像绍兴三埭街堕民林阿五等成功的企业家,成为堕民致富的"领头羊";涌现了一批社会主义新农村建设的致富典范,诸如彭家堰村形成专门的玉雕市场,庙山村创建"金轮集团"。原先的堕民与平民和睦相处,建立新型的社会主义社会人与人之间的平等关系。大量的堕民从原先的堕民聚居区迁出,大量平民涌入原先的堕民聚居区,特别是随着经济的发展,旧城改造高歌猛进,原先低矮破旧的堕民聚居区被拆除,农村堕民聚居区也旧貌换新颜,原先象征贫穷低贱身份的旧房被推倒,堕民聚居区与平民聚居区泾渭分明的界线也被打破。平民不再歧视堕民,堕民摆脱自卑的阴影,能够正视不堪回首的过去。堕民作为一个贱民群体彻底被消融。

目　录

第一章　堕民被无端欺辱

堕民作为法定贱民,四民如何歧视堕民?地方豪强势力如何欺压堕民?清末差役和国民党军警如何骚扰堕民?日伪军如何伤害堕民?[①] 堕民被排斥于四民之外,属于"另类",乃是"天生的贱胎",平民以戏弄堕民为乐。堕民不受法律保护,封建司法机关可以随意侵害。在日本侵华的黑暗岁月中,堕民的生命更是没有保障。略有姿色的女堕民,常常受到任意欺侮。堕民作为贱民,遭到随意侮辱和欺凌。

第一节　平民歧视堕民

堕民与平民发生纠纷,按良贱律处理。《大明律》有"良贱相殴"条曰:"凡奴婢殴良人者,加凡人一等;至笃疾者,绞;死者,斩;其良人殴伤他人奴婢者,减凡人一等,若死及故杀者,绞。"凡奴婢与平民相殴,无论谁对谁错,奴婢的惩罚远大于平民。"若奴婢自相殴伤杀者,各依凡斗伤杀法。相侵财物者,不用此律。若殴缌麻、小功亲之奴婢,非折伤,勿论;至折伤以上,各减杀伤凡人奴婢罪二等;大功减三等。至死者,杖一百,徒三年;故杀者,绞。过失杀者,各勿论。"[②]奴婢殴打平民,罪加一等,平民殴打奴婢,则罪减一等。《大清律》就良贱关系做了同样的规定。明律和清律关于良贱相殴的规定,同样适用于作为贱民的堕民,堕民殴打平民,加重一等严惩;平民殴打堕民,减轻一等处罚。贱民互相殴击,则以一般的规定惩罚。堕民若遭到平民欺辱,应骂不还口,打不还手,只能忍气吞声。明代沈德符也提到:"或迫而挑之,不敢拒亦不敢较也。"[③]明代王士性在《广志绎》云:"四民诸生皆得役而詈之,挞之不敢较,较则为良贱相殴。"且为之

---

①　有关堕民作为被侮辱和被损害的群体,目前尚无专文探讨。

②　(明)刘惟谦撰:《大明律》卷二十《良贱相殴》,日本景明洪武本。

③　(明)沈德符:《万历野获编》卷二十四《丐户》,道光七年姚氏刻同治八年补修本。

打抱不平:"愚尝为叹息之,谓人生不幸为惰民子弟,真使英雄无用武之地。"①金华"小姓和平民发生纠纷,小姓不得回骂还手,但平民一般不屑和小姓争吵"②。温岭"小姓与平民发生纠纷而挨打挨骂,不得回骂还手"③。越地俗语云:"挨骂不还口,挨打不还手。"即使是乞丐也公然宣称自己乃是平民,不像堕民是"贱民",二者不可同日而语。

官规族约和乡风民俗形成对堕民的"十项禁令":"一禁入学读书;二禁进入仕途;三禁从事工商;四禁耕种田地;五禁与平民婚配;六禁高声谈话;七禁昂首阔步;八禁聚众集议;九禁夜间喧哗;十禁成群结队。"④官府还给堕民做出"六项规定":"一、良民有庆吊大事,要去当差;二、女堕民时常要给良民理发;三、不得和良民结婚;四、对于良民的称呼,要尊贵,自称要卑贱;五、不得读书赶考,求功名;六、不得住高大的屋,穿华美的衣服。"⑤无论是"十项禁令",还是"六项规定",均剥夺了堕民的言论权、生存权、受教育权和人身自由权。官规族约和乡风民俗将堕民打入十八层地狱。"十禁"成为套在堕民头上的"紧箍咒",成了堕民无法挣脱的枷锁。

堕民被禁入仕途,剥夺了政治权利。明初实行里甲制度,规定农村基层组织,"以一百一十户为里。一里之中推丁粮多者十人为长,余百户为十甲,甲凡十人。岁役里长一人,甲首十人,管摄一里之事。城中曰坊,近城曰厢,乡都曰里。凡十年一周,先后则各以丁粮多寡为次,每里编为一册,册之首总为一图。其里中鳏寡孤独,不任役者,则带管于一百一十户之外,而列于图后,名曰畸零"⑥。堕民却遭到排斥,"籍曰丐户,即有产,不得充粮里正长,亦禁其学"⑦。堕民不得当官任吏,也严禁入学,不得参加科举考试进入仕宦之途。即便积镪巨富,也不得纳赀为官。明朝万历年间,京师有位绍兴籍甄姓名医,擅长医治痘疹,"后起家殷厚,纳通州吏,再纳京卫经历,将授职矣,忽为同乡掾吏所讦,谓其先本大贫,安得登仕版。甄刻揭力辩其非,云大贫者,乃宋朝杨延昭部将焦光赞家丁,得罪远徙,流传至今,世充贱隶,甄氏初非其部曲也。然其同乡终合力挤

---

① (明)王士性:《广志绎》,中华书局1981年版,第72页。

② 浙江民俗学会编:《浙江风俗简志》,浙江人民出版社1986年版,第483页。

③ 温岭县志编纂委员会编:《温岭县志》,浙江人民出版社1992年版,第827页。

④ 谢振岳:《滨海庙堂人》,《嵩江风情》,宁波出版社2012年版,第220页。

⑤ 王振忠:《平民莫笑堕民低》,《读书》2005年第9期。

⑥ 《明太祖实录》卷之一百三十五《洪武十四年正月至二月》,国立北平图书馆红格抄本。

⑦ (明)徐渭:《徐文长集》卷之十八《风俗论》,明刻本。

之,迄不敢就选,而行医则如故"①。清代堕民仍没有应试、捐纳和出仕的资格。

天地间上下尊卑被认为天经地义,皇帝百官自然是人上人,平民百姓是人下人,而堕民更贱,比乞丐还贱,乃"天生的贱胎"。浙江流传各种关于平民到堕民聚居区公然侮辱堕民,而堕民明知遭其侮辱,却无可奈何,只得忍气吞声的故事。最为经典的莫过于徐渭戏弄堕民的故事。"有人同徐文长赌赛,如他能够往三埭街连呼'堕贫'三声,当请他吃酒。徐文长便到三埭街的旧货店指着一个瓷瓶叫道:'那个大瓶卖多少钱?那个大瓶,那个大瓶。'店里的人无可如何,他终于得胜而去了。"②堕民又被称为"堕贫",与"大瓶"谐音。另有一则广为传诵的徐渭戏弄堕民的《天下大平》故事。"又有乡村演戏,请徐文长写戏台的匾,文曰:'天下太平。'但是他们的报酬少给了一点,所以等到把匾挂好之后,大家一看,见第三个字缺少了一笔,变成'天下大平'了。村民大窘,又去求他,他随后走来,把笔掷上去,在大字下点了一下,大家这才安心了。"③因"堕贫"与"大平"谐音。

而慈溪版的平民侮辱堕民故事,则更富有戏剧性。据说竹山湾的两个村民在晒太阳时,聊到天门下七坂村的堕民。甲村民表示要到七坂村痛痛快快喊几声"堕贫",以杀其威风。乙村民摇头表示不可能,这比骂其十八代祖宗还难,劝甲村民死了这份心。于是,两人打赌,若甲敢到七坂桥喊三声"堕贫",乙则请其吃"和菜"。如果只喊一声,且遭堕民毒打,则甲要请乙吃"和菜"。于是,甲与乙约定打赌时间,且要乙在前面拖一破被前行,在其喊出第一声"拖被"之后,必须往前奔跑。"翌日正午,乙村民右肩挂着一条破絮由北往南走去,过了七坂桥,一听甲村民高喊'拖被——',拔腿就跑。而第二声'拖一被一'的'被'声未落,从弄堂里面的低矮房门中冲出20多个男堕民,大家不约而同边骂'讴呐阿姆大卵袋'(方言,脏话)边赶向甲村民。原来,慈城方言中'拖被'与'堕贫'几乎是一模一样的。甲村民脸不改色心不跳,指着前面的乙村民说:'拖被!你们看,拖被,他把我的被花絮拖去了。'"④堕民一看,果然前面有个背破絮的人在逃,虽然明知遭到捉弄,也只得悻悻而去。而甲村民因此享用了一顿大餐。平民以侮辱堕民取乐,不以为耻,引以为荣,沾沾自喜。

绍兴平民之间还有"戏堕民"习俗,平民聚集一起,以巧妙的言辞暗示对方

---

① (明)沈德符:《万历野获编》卷二十四《丐户》,道光七年姚氏刻同治八年补修本。

② 周作人:《徐文长的故事》,《周作人文类编》第6卷,湖南文艺出版社1998年版,第718页。

③ 林兰:《徐文长故事》,北新书局1930年版,第84页。

④ 王静:《中国的吉普赛人——慈城堕民田野调查》,宁波出版社2006年版,第209页。

是堕民或与堕民有特殊关系。歌云:"娘舅头上红毡帽,姑妈身穿绿旗袍,表哥手拿摇鼓冬,堂妹脚走白果桥。""红毡帽"为堕民做吹鼓手时戴的帽子;"绿旗袍"特指青蛙,"钓青蛙"是堕民从事的特殊贱业;"摇鼓冬"为堕民鸡毛换糖的器具;"白果桥"特指堕民聚居地,均用来象征堕民。范寅在《越谚》中云:"其境堪怜,其情堪悯,而其行实可贱焉。此不必锢而自为锢,即欲化而无由化者。非天地之有意区别,非圣王之无心拔擢,实以乃祖乃宗贪逸欲而逃勤苦,丧廉耻而习谄谀,甘居人下,而安之若素。如其积习不振,贸然拔伍凡民,是率天下弃农桑而召冻馁也,是使卑逾尊,贱妨贵,少陵长,君子道消,小人道长也。"①范寅所言颇具代表性,原本是奴隶主将奴化思想强加于奴隶,使其成为奴隶,反污蔑奴隶自甘贫贱,厚颜无耻和懒惰。

这种将堕民视为"天生的贱胎"的观念,普及到民间,致使原本处于下层社会同为奴隶的贫民,也以奴隶主的眼光去制造自己的奴隶,而社会最底层的奴隶,则非堕民莫属。"平民对惰民大多以尊贵自居,而视惰民为卑贱之人。——其实可以不云'大多',而说'都是'。少至如孩子,贱至如乞丐,对于惰民也有'看低一煞',因为你不看低他,人家便有讽刺的话临到你。而惰民呢,也自甘居下,对平民且恭且敬,称平民总是老爷、相公、官奶奶、姑娘等;平民可以直呼惰民姓名,女子且加以'娭'字。虽然现在的惰民已不复与平民有等级了,但他们还是自以为是贱是卑,仍是奉平民为爷为娘。因为这个缘故,平民便当他们如奴隶一般,有压迫他们的极大威权,供役使唤,弄乐娱人,便是他们唯一的职责了。"②创作小说《堕民》的作家莫莽生活在钱塘江边,登上官塘,就可以看见有个颇具神秘色彩的堕民村,从小就接受堕民是"天生的贱胎"的观念,见到堕民就要吐唾沫,并唱几句"堕民走四方,晦气自己当,烂手断脚骨,嘴上生个大疔疮"之类的咒语。1990年8月12日,莫莽在钱塘江南岸堕民村附近召集平民,以"我们过去为什么要歧视堕民"为题,举行座谈会,平民直言不讳地表示对堕民的歧视:

> 朱阿土(农民,七十八岁):我自家也话勿灵清。看到他们总是勿开心。人人都是这样说的:堕民是天生的贱胎。我年轻辰光也觉得他们是贱。有句老话说:坍眼堕贫嫂,样样东西她都要。我姆妈的伴送,就连姆妈每日梳头梳下来的头发她都要拿去。现在想想,人总是一样的,不应说是贱胎。
>
> 周妙生(居民,五十四岁):我倒觉得这不能算歧视,只是寻个开心。打骂堕贫的事是不是有呢? 有的,只是少数。我小时候常常听到大人们,特

---

① (清)范寅:《越谚》卷下《论堕贫》,光绪八年刻本。

② 沙羽:《浙东的惰民》,《万岁》1943年第6期。

别是女人们,相互戏说对方同堕贫有牵丝板藤的关系,彼此取笑,可以翻出许多花样来,蛮有趣的。看到堕贫来,大家要笑他,热热闹闹,更加有趣。那时候又没有电影电视看,日脚过得闷气,总要寻点事开心开心。我觉得堕贫也不必因此当真,我对他们也没有成见。

王阿堂(农民,六十一岁):歧视还是有的。有句老话说:斧头吃凿子,凿子吃木头,一级吃一级。做人也是这样。我们种田摸地人到城里去,就被城里人歧视。过去有,现在也有。我年轻时到杭州城里卖青菜,苦头吃是吃足。那辰光就觉得自己是被踩在脚底下的,最好也找些人来让我们踩踩。堕贫看到我们口称相公,低三下四,自己就觉得比上不足,比下有余,倒还气得过些。我说的是心里话,不知堕贫自己是怎么想的。

张炳炎(乡办厂工人,二十九岁):我觉得堕贫村里人都是做生意的好坯子。脑筋聪明,头子活络,上会塞衙门,下会钻狗洞。所以他们现在生活得比我们好,小洋楼一幢接一幢造,我很美慕他们。

朱阿土:要讲生活,老早他们也比我们好。不过做人要讲良心,他们脑筋聪明,动的是坏脑筋;头子活络,钻的是歪路子。前日我还看见,堕民村里有户人家,儿子住新洋房,老人在沿街讨饭。所以我说他们是要钱不要名(指名誉、名声),有啥好眼热的![1]

第二节　地方豪强欺辱堕民

"娼优皂隶"乃全国性"贱民","贱民"从事"贱业"乃理所当然。演戏乃堕民最有出息且收入较高的"贱业",艺人外出演戏养家糊口,每到一地,必先到"地头蛇"家"到门角",请其"高抬贵手"。"那时我们去码头演戏,下车先忙一阵照例的应酬就是拜客与吃饭",这种拜客的手续不得马虎,稍有不慎,"常常会引起无谓的误会"。[2] 要是"门角"未到,不要说演出,就是连人身安全也没有保障,即便如梅兰芳之流的名角也不例外。"名旦爱锦倌,一次去斗门小集镇上演出,因突然身体不适,睡在船内,没有去'到门角',几个地痞恶棍便在茶店大声喧嚷:'爱锦倌的派头介(这样)大,夜里给他点颜色看!'当晚,他们有意点《倭袍》一戏,定要爱锦倌出场。爱锦倌没法,只得抱病登台,但终因体力不支,难于支撑。

---

① 莫莠:《堕民》,成都出版社1995年版,第496页。

② 梅兰芳:《梅兰芳回忆录》(上),东方出版社2013年版,第363页。

第二天,地痞恶棍传出话来,爱锦倌演戏不卖力气,扣去戏钱,生了病还白演一场。"①陆长胜刚刚出名,到皋埠未及登门拜访"霸头",即起风波。上场之前,戏牌挂出,陆长胜一看,所点之戏未曾学过,知道乃有意刁难,不得不提了包裹,从后台溜之大吉。横行乡里的地痞恶棍,视"戏子"为玩乐的工具,百般作弄,有的故意让艺人出丑,以显示其有财有势。不少地方班船尚未靠岸,即已响起鞭炮。按照习俗,鞭炮一响,接着就得开锣,否则就要降低戏价。艺人只得忍气吞声,饿着肚子登台演出,或是前台演戏,后台狼吞虎咽地吃饭。艺人怒称这种台基为"强盗台基",专以作弄艺人为能事,逼得人连气也透不过来。"当夏六月,却偏要点演长靠武戏,迫使演员戴着盔头,'穿着靠子',在火辣辣的太阳底下,刀矛对阵,翻扑开打,致使有的演员中暑昏倒。而在隆冬,地主老财贵族小姐又偏要点演《倭袍》,演至半夜,恰是'刘氏游四门',强迫演员赤膊游街,真是丧尽天良。"②冬天扮演"祠堂戏"更惨,数九寒天,风雪交加,演员在四无遮拦的"穿台"上演戏,冻饿难忍。演至半夜,除了管神烛的不能离开以外,台下已空无一人,但戏还不能结束,非得演到天亮不可。挨到黎明,演员口面结起霜冰,早已冻得肢体麻木。

1947年秋冬,绍剧"玉麟舞台"到"下三府"(杭州、嘉兴、湖州)一带演出,巡回到临安演出农村草台戏,晚上上演《后朱砂》,由幼凤彩扮演刘成美,玉麟倌(林玉麟)扮演曹彩娥。当演至刘成美《拔马》时,刘成美与曹彩娥对唱有句:"彩娥,滕青,儿呀!"台下看戏的观众,有一群"破脚骨(地痞)",有意寻衅滋事,以刘成美叫"滕青"只能称"侄儿",不可称"儿",硬说刘成美唱错了台词,将甘蔗梢头和橘子皮,掷向台上的幼凤彩。幼凤彩年少气盛,掷还台下的"破脚骨"。台下四五个"破脚骨"立即冲上台,围殴幼凤彩,玉麟倌从中拆劝,双方殴打激烈,不可开交。玉麟倌唯恐惹出人命,急中生智,将台上照明的汽灯打破,掷入河中。顿时,台上一片漆黑,玉麟倌让幼凤彩躲入板箱。玉麟倌扮演曹彩娥,一身素服,极为显眼,他在前头逃,"破脚骨"在后面追。玉麟倌无处可逃,不得不躲入观音殿的菩萨后面。"破脚骨"看见观音后面有一白影,天黑也看不清楚,以为观音菩萨显灵,吓得屁滚尿流。"头家先生"林氏乃绍兴林家"九牧堂"的分支,属于同门同宗,乃将几个"破脚骨"关押,向玉麟倌和幼凤彩道歉,一场风波才平息下来。③

世居堕民巷三埭街的章家在上海创办老闸大戏院收入不菲,财源滚滚,旧

---

① 陶仁坤、罗平、严新民:《绍剧史料初探》,1980年,第90页。

② 陶仁坤、罗平、严新民:《绍剧史料初探》,1980年,第90页。

③ 访问陈顺泰,2016年5月26日。

上海滩流氓恶棍成堆，土匪恶霸遍野，自然招来这些人的眼红。有的看"白戏"；有的聚众斗殴，扰乱演出秩序；有的强词夺理，敲诈勒索。他们结帮成伙，身上携带金刚箍、三角铁、拳套、尖刀等利器，冲着老闸大戏院来闹事。章益生早有准备，做了两扇铁制直条大门，以防不测。老闸桥福建路旁有个地痞"王小虎"，依仗父兄是该地"斧头帮"的小头目，有恃无恐，经常伙同一些小兄弟，不仅要看"白戏"，还要惹是生非，挑起祸端。王小虎带领两个弟兄前来看"白戏"，还要戏院老板招待茶水瓜果。王小虎以茶房阿三倒茶太慢，三人拳脚相加，将阿三打倒在地，口鼻流血，缩成一团。"那时舞台上正在演六龄童主演的《挑滑车》，武二面罗金甫扮演岳飞手下一员大将，手拿大纛旗，站在舞台中间，王小虎等流氓打茶房阿三的所作所为，他看得一清二楚。罗金甫年轻气盛，爱打抱不平，他不管三七二十一，身着戏服大靠，随手拿起大刀（木制道具），跳下舞台，对准王小虎等人当头就劈。随后，七龄童、六龄童等众多演员也一起跳下舞台助阵，台下霎时乱成一团。"①章益生长子章宗汉见势不妙，急忙拨打报警电话，直到警车赶到，才平息事态。由于王小虎颇有背景，"正不压邪"，最后仍由章家点"大蜡烛"，请客吃饭，赔礼道歉了事。

即便是闻名遐迩的堕民京师艺术大师"麒麟童"周信芳，也免不了受到黑社会的敲诈勒索。周信芳曾被上海滩黑社会"四大金刚"之一的顾竹轩所控制。"京剧界一些名伶、艺人为维持生计，有个立身之地，不得不'拜老头子'。周信芳当年是应顾竹轩之邀，进入天蟾舞台当台柱的，开始讲好前后台拆账。但后来顾竹轩违背合同，百般克扣包银，弄得周信芳入不敷出，债台高筑。周信芳几次想走，但顾从中留难，并扬言要像对付常恒春那样置周信芳于死地。"②顾竹轩以极为优厚的条件，邀请周信芳到其控制的天蟾舞台演出。周信芳不知是计，乃与顾竹轩签了一年的演出合同。顾竹轩信誓旦旦地表示，一旦合同期满，愿留愿离随意，绝不强留，也绝不食言。起初三个月，周信芳都能依合同得到二千银圆的收入。但从第四个月开始，仅能得到一千五百元。第五月只能得到一千元。周信芳原本不想续约，但受到顾竹轩的逼迫，不得不续签合同。周信芳畏惧顾竹轩的权势，不得不采取消极抵抗，演出时荒腔走调，吊儿郎当，乃至举止失措，观众大喝倒彩。顾竹轩乃放出话来，周信芳若不乖乖听话，就要给点"颜色"看看。周信芳妻子裘丽琳不得不暗中买了一把手枪，每天演出都陪伴在周信芳身边"保护"。顾竹轩碍于周信芳的名望，不敢对其下手，最后与周信芳解

---

①　小七龄童：《"活八戒"七龄童"南猴王"六龄童》，浙江人民出版社 2007 年版，第 23 页。

②　沈鸿鑫：《周信芳传》，中国戏剧出版社 2010 年版，第 113 页。

除合同。周信芳在天蟾舞台为顾竹轩赚了不少钱,但顾竹轩却声称亏本几万元。周信芳不但未能赚到钱,还倒欠顾竹轩 10542 元。顾竹轩大方表示看在"朋友交情"的份上,将"零头"舍去,周信芳为了摆脱其控制,被迫在欠条上签字。周信芳的女儿周采茨回忆:"父亲要摆脱顾四(顾竹轩)的控制,脱离了天蟾舞台后,不敢在上海其他戏院演出,遂带了剧团北上。常恒春遭暗杀,使母亲日夜战战兢兢。她当时随身带着小手枪,以此保卫父亲——因母亲当时已怀身孕,身边只带了我大姐同去,将我交付与她的好友照管。"①恰好此时天津方面有人邀请,周信芳乃前往北方演出。

周信芳组织"移风剧社"到大连演出,竟然被日本特务盯上,以为周乃国民党特务组织"复兴社"特务。周信芳曾于 20 世纪 20 年代在上海拜郑孝胥为书法教师,此时郑孝胥出任伪满洲国总理。周信芳原本不愿提及,但现在日本特务纠缠不清,遂无意间提及郑孝胥的名字。日本特务忙送上其名片,声称遇上麻烦,递上名片即可迎刃而解。"移风剧社"在大连演出非常成功,天天客满。戏院老板乃是"地头蛇",为了多赚钱,尽管合同期满,仍强行要求续约。但周信芳已接好场子,无意续约,戏院老板就要起流氓手段,扣住衣箱,不让周信芳一行离开。周信芳的内弟刘斌昆向周信芳要了日本特务的名片,前往当地警察局求助。这一"以毒攻毒"的效果立竿见影,戏院老板被警察局逮捕,晚上回来时被打得鼻青脸肿,垂头丧气地吩咐手下让"麒麟童"走人。

周信芳流浪到汉口演出时,上海滩第一号"闻人"黄金荣在上海开设了一家黄金大戏院,并拟办成首屈一指的戏馆,需要一个能叫座的角儿登台坐镇,周信芳自然是最合适的人选。于是,黄金荣派人到汉口找到周信芳,邀请其为黄金大戏院当台柱,并保证其人身安全。天下乌鸦一般黑,周信芳及其"移风剧社"不可能总过着颠沛流离的生活,遂接受黄金荣的邀请。当周信芳及其戏班返回上海的第三天,黄金大戏院经理孙兰亭就请周信芳到一品香吃饭。孙兰亭于席间说明:"周老板回来之前,黄先生已经派兄弟找顾四先生谈过了。"顾四先生说:"既然是黄先生请周老板回来的,那他决不会难为周老板,以前的那些过节就算揭过去了。至于那笔欠项,黄先生也已经请兄弟同顾四先生了结清爽,本利共计一万二千元。周老板所出的字据也已经拿回,暂留在兄弟这里。这件事情周老板不用挂在心上,就只要安心在黄金唱好了戏,什么事情都好说的。"孙兰亭从包里拿出顾竹轩的那张欠据扬了扬,又放回包里。周信芳与顾竹轩的那笔"公案"虽说"了结",但其"债权人"却由顾竹轩转为黄金荣。周易如是说:"欠

---

① 周采茨:《我的父亲周信芳》,《中国戏剧大师回忆录》,作家出版社 2012 年版,第261页。

下黄金荣的债要比欠顾四的债使父亲稍为宽心些，因一则黄金荣在那些'海上闻人'中还不像顾四那样穷凶极恶，蛮不讲理；再则黄金荣一向爱看'麒派'戏，多少也算个'麒迷'，据他自己所说，对'麒麟童'一向是'讲交情'的。可是，话又说回来，债务总归是债务，'闻人'总归是'闻人'，在没有清偿这笔债务之前父亲总是没法完全安枕的。"①周信芳的"冤枉债"从一个"闻人"手中转移到另一个"闻人"手中，乃是逃出了"狼窝"又入了"虎口"。周信芳一家暂时入住八仙桥钧培里，就在黄金荣的住宅旁边，也是黄金荣名下出租的房产。钧培里离黄金大戏院也仅有数十步之遥，也算在黄金荣的眼皮底下。倘若顾竹轩要对周信芳进行报复，投鼠忌器，自然有所顾忌。周信芳为了求得这位"闻人"的保护，乃拜在黄金荣门下成为他的一个"门生"。

堕民巷三埭街堕民不仅要受到"外街人（平民）"的迫害，也受到迁入"里街"的"外街人"的迫害。杨家是入居三埭街的"外街人"，乃是三埭街臭名昭著的"恶霸"，成为三埭街人谈虎色变的"文明强盗"。杨老太爷生有六个儿子，除了第五个儿子没有做官外，其余五个儿子都在外地做官，据说都是大官。"五老爷"虽然没有一官半职，却可在三埭街倚官仗势，每年都要向三埭街每家每户堕民收取"什一税"。"收缴这些捐税不知依据何项政策法规？也不知为什么要上缴给他？收去用于何处？生性忠厚而又愚昧无知的三埭街人连问都不敢问，只能天真地将其想象为'保护费'。可是，无论从哪一方面、哪一件事上查证，这个五老爷对三埭街人何曾有过一丝一毫的保护？用现代话说，只不过在给鬼烧纸钱而已！而这个五老爷，确是'秀才不出门，能知天下事'，他指派其帮凶充当'包打听'，四处搜索情报，通报哪一户堕民赶'好日'，赚到多少工钱或米（当时大都以米折价）回来，他就准时上门去收取百分之十的'捐税'。尽管堕民无缘无故缴纳这种'苛捐杂税'心有不甘，但畏惧杨家势力，也只能忍气吞声如数上缴。后来，五老爷觉得一次次去收缴麻烦，遂硬性规定每年仅收一次，不管堕民一年之内有无'好日'，有多少'好日'，每家每户每年缴纳五至七斗米。在五老爷的眼中这数目并不算多，但以三埭街几百户人家计算，这也是一笔不菲的数目。"②杨家"五老爷"巧立名目，向三埭街堕民收取"保护费"。三埭街堕民不得不忍气吞声，如数缴纳。

---

① 树棻：《生死恋歌——周信芳与裘丽琳》，文汇出版社 2003 年版，第 80 页。

② 访问周春香，2017 年 3 月 16 日。"里街"乃堕民对堕民巷——三埭街的自称，"里街人"即堕民；"外街"乃堕民对平民居住地的通称，"外街人"乃平民。

第三节　官府差役勒索堕民

　　差役对富有堕民敲诈勒索的例子比比皆是,为此激起了堕民公愤。"越郡差役类皆凶横,有某堕民颇著富有。会稽县卯差孙成,一再向之诈扰。各堕民闻之,群抱公愤,投诉之新设之堕民局绅董。据通禀各大宪,已奉批扎饬绍兴熊守提案质讯,严行惩办。"①孙成之所以如此胆大妄为,以为堕民乃软柿子可欺。堕民局绅董接报后,控告当局责成绍兴知府严惩不贷。黄寿衮创办堕民子弟学堂,要求绍兴知府熊起蟠革除向堕民勒索的衙门陋规,将其作为办学经费,遭到胥役的反对,堕民对此极为不满,奋起抗争。"先是绍兴堕民,自奉除去堕籍恩旨后,即议设学校,以开民智而育公德。当禀请地方官,将历年征纳之戏班各种陋规悉数除去,以充学校经费。旋议将公立之庙宇作为学堂,顾是庙向为州县差役聚赌之所,适值主持学务者以开学在即,先为扫除,勒令差役迁去,遂触其裁免赌规之旧恨,又加以立时驱逐之新嫌,顿时龃龉,互相斗殴。"起初,堕民人数甚众,差役难于抵挡,乃搬来救兵增援,堕民受伤者有 8 人之多。堕民闻讯,鸣锣罢市,并将逞凶的 4 名差役扭送会稽县衙责办,且护送受伤堕民验伤。县差孙成喝令同伙关上县衙大门,聚众殴击,并将送来惩办的 4 名差役释放,另外找来 4 名差役伪装受伤请求检验。堕民请验的 8 人中只验了 5 人,成了被告。其余鸣冤堕民均被差役击伤,有杨姓堕民之弟见势不妙,即赴府衙击鼓鸣冤。府衙传问是否有"呈词",杨氏无言以对,乃饬令补呈,待缮呈递进,也置之不理。差役还肆无忌惮地到三埭街破口大骂。"堕民当未除籍之前,久为人所贱视,而衙署差役倚势作威,鱼肉良儒,又为人所共知,其以堕民为生财之源,以戏规为应得之利,几于习惯自然,一旦禀请革除,顿失一大宗利薮,其含恨在心,有触即发,固亦理之自然者矣。"②堕民羞愤交加,进行罢市,并赴杭州向抚署跪香上禀。"三埭街里堕民因为同会稽县衙役争闹,各店都罢市停工,已进省在藩台臬台两处跪香告状。"③浙江巡抚出面安抚:"尔等速即归去,候本院派员详查。"④于是,由浙江省学务处派遣汪某到绍兴查办。汪某对三埭街堕民软硬兼施,责令迅速开市。堕民性素懦弱,此次罢市,也是迫不得已,抚院既派员查办,乃遵令开市。

----

① 《饬府提讯县役逞凶》,《申报》1905 年 11 月 8 日。

② 《记绍兴差役殴辱堕民事》,《中外日报》1905 年 11 月 17 日。

③ 《绍兴近事》,《绍兴白话报》1905 年第 78 期。

④ 《记绍兴差役殴辱堕民事》,《中外日报》1905 年 11 月 17 日。

绍兴知府即呈浙江巡抚,说明事件的经过:

> 严阿四与县差之徒陈景福因事口角争殴,严阿四纠众将景福扭至明真观吊殴,陈景福之邻右徐阿福等前往劝解,该堕民即鸣锣聚众,胁同罢市,并将陈景福等扭送县署,该堕民等各携顶帽随同押送。其时观者人众,以堕民逞强,咸抱不平,群相诟詈,将其顶帽撩弃河内。两相争殴,附和者众,究竟何人在场殴闹,无从确查。县中锣帽人役亦在其内。所称捣毁学堂,查无其事。至堕民素来恃众强横,有呼为堕民者,即群相殴詈,现准开籍益无忌惮。所谓罢市者,仅杨长源、张正茂、张祥茂三家,余俱照常贸易,与学堂毫无干涉。该堕民以捣毁学堂捏词呈控,无非目无官长,借端挟制。①

绍兴知府是非不分,颠倒黑白,袒护差役。"如云堕民与县差之徒因事口角,按究因何事,何以不彻底查究,以得其衅端之所在,曲直之所分,一也。又云堕民纠众将县差吊殴,按此层情节,绍兴府何由得知,其必出于县差之口,可以预见。夫平民除非苟不得已,犹不敢与在官人役为难,况其为积轻之堕民,县差役苟不与堕民为,缘何致互相斗殴,二也。又云差役之邻右前往劝解,堕民即挟众罢市,按仅止劝解,何遽罢市?其不止劝解,显有避重就轻之意可知,三也。又云堕民将差役押送,观看人众,以其逞强,群相诟詈争殴,按仅止押送,何得云逞强?然则争殴之人即差役之同党可知,且堕民之于差役孰强孰弱不问可见,若谓事外之人咸愿助劣差而嫉堕民,恐绍兴人亦有所不任受也,四也。又云究竟何人殴斗无从确查,则以通篇重诋堕民,谓其逞强;又云县中锣帽人役亦在其内,是则斗殴之人即为差役已无可隐讳,何以全归咎于堕民而不言差役之强横?谓非助彼抑此,谁其信之,五也。又云堕民素来强横,按堕民当未除籍之前素服贱役,咸仰鼻息于人,何由强横?且此案两造,一为堕民,一为差役,今使人曰堕民最强横,差役最良懦,信之者谁欤?又云自准开籍益无忌惮,按据此言,是直以开籍之举为不然,将朝廷一视同仁之意视为秕政,而开籍后设学校、免陋规等等更视为不合理之事宜,其一意庇护差役而惟堕民是咎矣,六也。又云堕民捏词呈控,无非目无官长,按堕民所控者差役耳,今加以目无官长之罪名,岂即以差役为官长乎?抑谓差役为官长之代表乎?不咎差役之需索殴辱,而专欲归狱于堕民,又何理欤!七也。"②堕民开籍为清政府的"惠政"而为筹建堕民子弟学校者,乃是苦心孤诣。绍兴知府之所言,实为助长鱼肉者的嚣张气焰,让改良民俗的志士为之灰心丧气,也让堕民沮丧不已。

---

① 《记绍兴差役殴辱堕民事》,《中外日报》1905 年 11 月 17 日。
② 《记绍兴差役殴辱堕民事》,《中外日报》1905 年 11 月 17 日。

第四节　国民党军警骚扰堕民

官僚、兵痞流氓,无恶不作,耀武扬威,成为堕民的"死对头"。全面抗战前夕,绍剧堕民艺人筱扬松的遭遇颇为触目惊心。因母亲逝世,筱扬松从外地奔丧回家。巧合的是,绍兴宪兵队队长高伯泉做寿,得知筱扬松回来,派勤务兵前来传唤唱戏。筱扬松因母亲晚上入殓,无法脱身,允诺改日登门演唱。高伯泉不依不饶,又派勤务兵催促。筱扬松深知再推辞,定会惹出祸端,只得强忍悲痛,赶到高府。高伯泉坐在二堂,面色铁青,厉声责问筱扬松,派头如此之大,连请二次也不肯来。高伯泉说着往腰里一摸,将手枪猛地往桌上一拍,吓得筱扬松魂飞魄散。筱扬松连连求饶,表示马上献唱。筱扬松连哭带笑地唱了几段,才跌跌撞撞地逃离虎口。

老闸大戏院每次演出绍剧,台下总有不少戴铜盆帽,挂木壳枪的"拆白党",稍有触犯,便从中起哄。戏演完后,则扬长而去,演员辛苦一场,有时"白板",有时只能各分一包针线钱。小七龄童如是说:

> 老闸戏院,过去称老闸大楼,其实不是很大,只有四层楼,四楼晒台,三楼住宅,二楼戏院,底楼大门,大门两旁是柴爿行,经常柴爿堆积如山,有时堆得几乎与二楼戏院一样高。一天夜里,演出结束,铁门紧闭,演职员们吃过夜宵,上床休息。凌晨二点,突然十多个国民党海军官兵从柴爿堆上一点一点地爬上了戏院,冲进后台。他们翻箱倒柜,寻找财物,但找到的都是一些戏剧服装、刀枪道具之类,并没有值钱的东西,这使得他们恼羞成怒。他们依仗是国军,又人多势众,就摔戏箱,毁道具,嘴上脏话不绝于耳,称"老子前方为你们打仗卖命,你们却在这里享福",并指名道姓要老板出来问话。随后七龄童、六龄童、章宗汉等人赶来,好说歹说,这些人就是不肯走,赖在戏院里,因为他们是来抢劫和敲诈勒索的,无所收获怎么肯走呢?随后七龄童、六龄童、章宗汉拿来五十枚银洋和金戒指,这些"菩萨"才被请出了戏院大门。[①]

老闸大戏院位于苏州河畔的老闸桥边,为四层钢筋水泥结构的房子,中国人民解放军解放上海时,国民党军队以此作为堡垒,在戏院门口用米袋筑成工

---

① 小七龄童:《"活八戒"七龄童 "南猴王"六龄童》,浙江人民出版社 2007 年版,第 23 页。

事,几挺机关枪封锁四周,由两个排的兵力守卫。章家老小全部被赶到三楼的十七号房间,严禁进出,也不给他们任何食物,有士兵在门口把守。时章益生已瘫痪在床,由妻子周凤仙照顾。国民党士兵见财物就抢,见食物就吃。章宗汉在四楼养了许多鸽子,他们用枪打死,烧了就吃。老闸大戏院每间房子的财物都被洗劫一空,房里房外一片狼藉。时枪战十分激烈,被关在十七号房间的章家老小,老的还能忍受,小的却啼哭不止。经央求门卫同意,七龄童带着两个儿子章金元和章金云爬着前去九号房取食物。每个房间的窗户都用纸条封住,用棉被掩盖,突然一颗子弹从头顶飞来,吓得仨人连忙退回。七龄童有块昂贵的金表,军官假意过来询问时间,强行将表抢去。还声称"老子"保卫你们的生命财产安全,就应该有所回报。

苏州丐户(堕民)周传瑛及其"国风"剧团,受尽了国民党官兵的欺辱。"生活上的苦,倒还容易忍受,难以忍受的是国民党反动派对我们的迫害。那时候演戏也常常客满,但都是看白戏的国民党官兵,他们吵吵闹闹,一个钱都不给。有时候他们要我们唱黄色戏,我们不唱,他们就持枪上台殴打。有一次,有两个恶霸同时点了两出戏,我们唱了一出,另一个就怀恨在心,第二天演戏的时候,他用一张钞票包着一块石子狠狠地朝台上掷来,结果戏也演不下去了。"[①]1948年,周传瑛带着"国风"到江阴蒲鞋桥的草棚演出,戏已演完,两个恶棍同时吆喝,各点了一个小调,都要抢先,并为此争吵起来。一张嘴不能同时唱两支小调,总有个先后。周传瑛不得不两边说好话,两个小调张娴都唱了,当夜总算平安无事,以为已应付过去。哪知第二天唱《活捉张三郎》时,当唱到阎婆惜卖身葬父,张娴唱完"三十两银子卖与你"后到台口跪下,冷不防台下一句"我买了",接着飞上来一块用一张金圆券包着的三角尖石头,击中张娴身口。张娴被打得当场吐血,晕倒在台上。台上台下乱成一团,戏也被迫停演。肇事者就是昨晚点唱小调因放在后面,特地前来闹事的恶棍。张娴从此患上头晕咯血的毛病。周传瑛打听到该恶棍乃是江阴炮台上的一个"司军",只得忍气吞声,受辱负耻,惹不起躲得起,连忙卷起铺盖走人。

"国风"转移到常熟埭上的一家小戏馆唱戏,戏馆虽小,但戏班能进去演出已不容易。"国风"演出《剪舌记》(又名《血泪相思》),周传瑛对该剧能卖座有六七成的把握。那时,国民党在大陆的统治已摇摇欲坠,物价飞涨,民不聊生,像周传瑛这些等米下锅的"戏子",无法应付。周传瑛心里不踏实,开锣前询问前台卖座情况如何,前台摇头表示"危险"。刚问完不久,突然有人来说"客满"。

---

①　周传瑛:《从崎岖小径到康庄大道》,《昆剧一代宗师——周传瑛》,中国书籍出版社2013年版,第105页。

"一问才知拥进来一批打内战败下来的国民党军队的伤兵。他们一个人要占三个座位,坐一个,脚翘起来搁一个,拐杖儿又占一个,四五十个伤兵却把剧场全部占满了,还乱哄哄地大吵大嚷。已经买了票的正经观众一见这批伤兵进来,纷纷站起,全部退票,走得一个不剩。我们和前台走过去,想和这批伤兵商量一下,还没等开口,就差一点吃耳光。戏馆前台老板怕出事,也逼我们开锣。我们真是没有办法,强忍着眼泪唱,唱完了大家饿着肚子钻进被窝里出眼泪。"①时兵荒马乱,散兵游勇四处游荡,见人就寻衅滋事。"国风"白天不能出门,夜里不敢动锣,只能找深院、书场或蚕室,关上大门,请上几个老顾客听听清唱,依靠听客施舍的几文钱聊以度日。周传瑛的儿子周世瑞感慨地说:"在国风苏剧团这个被称作'叫化子戏班'的演艺生涯中,父辈们受尽了流氓地痞和国民党散兵游勇的欺凌,饱尝了生活的艰辛与苦难。"②周世瑞也跟着父亲的戏班巡演流浪,受尽了国民党官兵的欺辱。

绍兴永福街堕民乐户世家的吴阿牛,祖祖辈辈都以唱戏为生。阿牛出门做生意时,半路上被国民党军队"抓壮丁",送往东北前线抗日。东北天寒地冻,南方人难以适应,阿牛双脚被冻伤,溃烂难以行走,不能再上前线作战,被部队辞退返乡。阿牛历经磨难回到三埭街,可家中早已人去楼空。阿牛乃家中单丁独苗,父母得知阿牛被"抓壮丁"后,痛不欲生,双双病倒。堕民家无隔宿之粮,根本无钱医治,相继病逝。好心邻居找来破席子和破棉絮,裹上尸体葬于乱坟岗。阿牛家原先租住的房屋也被房东收回,成了无家可归之人。阿牛想到三埭街内还有一位叔叔,便前去敲门。婶婶见侄子衣衫褴褛,挂着双拐,连忙紧闭大门,将其拒之门外。阿牛在门外苦苦哀求,二叔隔门绝情辩解,并非二叔狠心不肯收留,实乃自家也是穷得揭不开锅,一家人吃了上顿没有下顿。且阿牛伤重需钱医治,不得不忍痛拒之门外。阿牛走投无路,身处绝境之时,恰巧绍剧名旦玉麟倌(林玉麟)路过,收留了阿牛。玉麟倌为阿牛求医问药,阿牛很快病愈。为了让阿牛自食其力,玉麟倌乃找表弟林泉源商量,兄弟俩向几个家境尚可的人发起一个民间自助储金的"斗会",筹集五十块大洋,嘱咐阿牛到上海开爿年糕店。阿牛感激涕零,每天起早摸黑地干活。谁知事与愿违,终因积劳成疾,旧病复发,不仅未赚到钱,反而把本钱也蚀得精光。举目无亲的阿牛不得不再次回到三埭街,贫病交加的阿牛无颜再去找玉麟倌,暂时栖息永福庵。玉麟倌因忙于做春节的演出准备,给阿牛送去一些衣食,以解燃眉之急。然而,就在这辞旧

---

① 周传瑛:《昆剧生涯六十年》,上海文艺出版社 1988 年版,第 94 页。
② 周世瑞:《我的父亲周传瑛》,《昆剧一代宗师——周传瑛》,中国书籍出版社 2013 年版,第 31 页。

迎新之际,阿牛带着痛苦与凄凉,悲惨地死在破庙。①

凡是发现地方治安案件,堕民往往被扣上莫须有的罪名,遭到无端怀疑。"凡发生盗窃、抢劫案件,皂役、地保、警察、保甲长均无需履行当局所颁布之法令,可至堕民聚居区任意查抄或抓捕,堕民人身、财产较一般平民更无保障。"②只要有偷盗案件发生,堕民成为首先怀疑的对象,正如欧洲将小偷与吉卜赛人联系起来一样。封建社会的衙役和民国时期的警察,无须履行当局颁布的法令以及法律手续,即可到堕民家中随意查抄和逮捕,其权利得不到任何保障。绍兴籍作家柯灵也谈到绍剧演员大都是堕民,每人都有一页辛酸的历史。"过去当绍剧演员的基本上是一种人,那就是'堕民':绍兴社会上的贱民阶层。堕民聚居在划定的区域,和普通的老百姓轸域分明。富贵人家发生窃案,警察常到堕民聚居区侦查。堕民就在这样的屈辱地位中求生存。"③柯灵也为堕民打抱不平。家住三埭街的"六龄童"对此有着切身的感受:"他现在住的绍兴劳动路,原称学士街,与永福街和唐皇街并称为'堕民三埭街'。在解放前,凡绍兴有什么失窃,国民党政权的警察可以在三埭中任何一家住户翻箱倒柜,不需要其他法律手续。"④堕民地位极端低下,饱尝被歧视的辛酸。堕民被欺辱,也只得忍气吞声,逆来顺受。

第五节　日伪军残害堕民

全面抗战爆发后,日寇铁蹄长驱直入。1939年,杭嘉湖沦陷,绍兴频繁遭到日机轰炸,到处都是断壁残垣。除了外患,还有"和平军"(伪军),汉奸特务,烧杀抢掠,无恶不作。堕民艺人走投无路,寸步难行,绝大部分戏班解散。艺人自找门路,谋求生计,有的修鞋,有的换鸡毛,有的贩旧货,有的沿街乞讨。长年离乱,艺人在死亡线上挣扎,不少人死于战祸。抗战后期,老闸大戏院同春舞台的绍剧艺人从上海回到绍兴,伪绍兴侦缉队长周明德立即上门传话,要求上演三天"白戏",以"慰劳地方"。"六龄童"气愤难忍,断然回绝。绍剧艺人相约到大善寺观看"老大红寿"演出《九江口》。这原是一出有文有武的好戏,却不清楚其

① 访问陈顺泰,2017年3月16日。
② 任桂全主编:《绍兴市志》第5册,浙江人民出版社1996年版,第3372页。
③ 柯灵:《小浪花》,《西湖》1979年第1期。
④ 沈祖安:《绍剧概述》,《浙江文史资料选辑》第25辑,浙江人民出版社1983年版,第176页。

后台老板正是周明德。周明德担心同春舞台回绍兴立脚后，压倒"老大红寿"，所以，勒令同春舞台演三天"白戏"以倒其名声。第二天，又有人传话上海来了两个武戏演员，前去县前街的朱宝记茶店会面。"六龄童""七龄童"和陈鸣皋不知是计，毫无防备，腰间连练功带也未来得及扎，三人来到茶店门口，一伙流里流气的打手包抄过来。三人假装没有看见，径直进了茶店。周明德早已埋伏的打手一拥而上，责问昨晚为什么说三道四。"六龄童"和"七龄童"坚决否认，打手不依不饶，向"七龄童"扑过去。"七龄童"顺势跳上一张茶桌，可茶桌细脚伶仃，"哗啦"一声倒地。"七龄童"落入打手的包围之中，"六龄童"见状上前相救，也被团团围住。"六龄童"靠近后门，脱身窜到门外。"七龄童"且战且退，退出门外时，已是鼻青脸肿，胸前的衣襟也被撕破。站在门外的陈鸣皋也遭到一顿拳脚，满脸鼻血。"七龄童"不服，拉着"六龄童"和陈鸣皋到警察所告状。"那狡黠的周明德早有预谋，已抢先一步在警察所门口布下罗网，让一个打手满脸红糊糊的坐倒在那里，喊冤叫屈地诬告我们先动了手。先发制人，倒打一耙。还是我们吃亏，此状告不成，反要我们在唐明皇像前点蜡烛（艺人赔礼的最高形式）。"①"六龄童"和"七龄童"一肚子闷气踏入家门，周明德已持手枪跟了进来，洋洋自得地表示讲得好就讲，讲不好就再打，仍要挟同春舞台的艺人演三天"白戏"。与其演"白戏"受辱，不如挺直腰杆再上征途。同春舞台的艺人受到地方黑恶势力的逼迫，在家乡绍兴无法立足，不得不重返十里洋场，混迹江湖。堕民艺人流浪四方，备受欺凌。

上海沦陷后，周信芳所演的进步戏剧被禁演，日伪还三番五次胁迫周信芳为日伪演出。伪上海统税局局长邵式军邀请周信芳去唱堂会，被周信芳拒绝。1941年秋，上海日伪特务机关"七十六号"的警卫大队长吴世宝邀请周信芳唱堂会，周信芳称病拒绝。周易如是说："哪知吴世宝差人派车来接父亲前去，先请父亲吃了饭，随后带父亲参观七十六号刑房，是有意恐吓他。"②吴世宝派人以请周信芳吃饭为名，强行将周信芳从戏院接走。吴世宝于席间派两个彪形大汉领着周信芳参观拷打折磨犯人的天牢和地牢，有老虎凳、电刑床以及烙铁等刑具，还听到受刑人员的阵阵惨叫声。"那两个特务便带领父亲去看了天牢——便是把抓来的人日夜吊在下面任凭烈日烤晒或是寒风砭骨的天棚；看了地牢——便是那些囚禁犯人的地窟，那里面伸手不见五指，闷郁得使人无法透气；还去看了放刑具的房间，里面放着老虎凳、皮鞭、铁链、电刑床和其他各种触目惊心的刑

---

① 六龄童：《取经路上五十年》，上海文艺出版社1988年版，第51页。
② 周易：《我的父亲周信芳》，《中国戏剧大师回忆录》，作家出版社2012年版，第268页。

具,在参观刑具的时候,还能听到一阵阵撕裂人心的惨叫从隔壁的房间里传送过来。"①吴世宝以"七十六号"弟兄工作很辛苦为由,新年拟请周信芳唱堂会进行慰问。周信芳妻子裘丽琳拟请黄金荣说情,黄金荣也不敢插手。周信芳不得不硬着头皮前去"七十六号"唱了三段戏,开锣戏为《挑滑车》,中间为《拾玉镯》,大轴为《追韩信》。周信芳以为敷衍过去,可是有人挑唆吴世宝,以周信芳演《追韩信》,乃以将周信芳比作受胯下之辱的韩信,而将吴世宝指为市井泼皮。吴世宝闻言勃然大怒,欲报复。周信芳不得不以"患病倒嗓",避入妻子裘丽琳的同学、葡萄牙人的别墅避难。裘丽琳还给吴世宝的老婆佘爱珍送了一个 3 克拉重的钻戒,才平息事态。

日据绍兴期间,绍兴"和平军"的叶副官因欲强娶绍剧名伶林玉麟年轻貌美的女儿林杏仁不成,转而对林家进行敲诈勒索。叶副官利用手中权势,以各种理由和借口,多次对林家进行勒索。林玉麟为求得一家太平,如果勒索的数目不多,咬一咬牙,仅作"花钱消灾"。但叶副官变本加厉,得寸进尺,毫不收手。伪绍兴县政府颁布告示,修筑绍兴护城河向民众捐款,叶副官借此机会,摊派到林玉麟家时,竟然狮子大开口,非得林家捐出数万大洋不可。林家被这种没完没了的勒索逼得走投无路,林玉麟乃带了全家老小,乘着天黑逃出绍兴城,躲到柯桥阮社乡下,在光相寺旁租了一间房屋,隐姓埋名,苦度光阴。

兵荒马乱的战争年代,实行全面禁戏,三埭街堕民艺人失去了主要的谋生职业,也失去了生活来源,不得不弃艺改行,背起"二斗篮",收购破铜烂铁、废旧物品,以此赚钱养家糊口。堕民陈玉水从南池坡塘收购了满满一篮旧铜烂铁,兴奋地返回城里,心里盘算多称几斤"六谷粉",让妻儿饱餐几天。岂料走到城门口,就被 4 个守城的日伪军一把拦住,严厉责问其破铜烂铁从何而来?陈玉水回复从坡塘收集,伪军不信,无端指控从碉堡偷盗而来,并诬陷为"奸细",不由分说,举起枪托,劈头盖脸打来。陈玉水被打得头破血流,连连跪地求饶。伪军仍不罢休,欲置于死地,连打带踢将其打落南门护城河。幸亏陈玉水熟悉水性,忍着伤痛,咬紧牙关潜往对岸,绕道逃回家中,仍流血不止。家人看到这副惨状,围在四周痛哭流涕。"原本体弱多病的阿爹怎经得起如此凌辱,被打时额头上留下的瘀血块始终未消退,身体状况越来越差,病情日益加重,年仅四十八岁的他,撇下我们一群儿女撒手人寰,过早地离开了人世。"②陈家遭受这突如其来的变故,雪上加霜,陈顺泰母亲含辛茹苦,独自抚养五个子女长大成人。日寇侵华时期,堕民生活在水深火热之中,苦不堪言。

---

① 树棻:《生死恋歌:周信芳与裘丽琳》,文汇出版社 2003 年版,第 121 页。
② 访问陈顺泰,2017 年 3 月 16 日。

　　日机不断空袭绍兴,三堞街堕民为躲避日机轰炸,四散奔逃。周梅生带着年迈的母亲以及怀有身孕的妻子和三个年幼的儿子,逃往嫁到齐贤下方桥的大姐和二姐所在的堕民村——羊石岸头。周梅生租了一间荒废多年且四面透风的茅草屋暂时栖身,以为过不了多久,战争结束就能回城过上正常生活。谁知战事不停,又遇上严寒冬节。老母亲经不起风寒侵蚀,竟一病不起。乡下原本就缺医少药,加上兵荒马乱,老母亲病情加重,睡在床上昏迷不醒。眼看老母亲即将病逝,早已置备的棺材、寿衣等"老家俬"还存放城内学士街老屋,又无钱另买。周梅生拟回城搬运,唯恐被抓去充壮丁,一去无回。不得不让大姐和怀有八个月身孕的妻子钱阿花雇了小划船,冒险返城搬运。小划船上放着一口棺材,大姐和钱阿花挤在前艄。直到半夜十二点,才在风雪迷漫中返回羊石岸头。钱阿花因旅途颠簸,受到惊吓,孩子提前出世。仅仅过了十多天,老母亲也与世长辞。老母亲弥留之际,拉着媳妇的手,依依不舍。周梅生身无分文,无钱买墓地,只得将老母亲的棺材埋进田畈中间。周春香回顾祖母在颠沛流离中丧生,唏嘘不已。"我祖母在异乡离世的罪魁祸首,归根结底是万恶的战争所造成,是残酷的战争害得她这个年迈之人颠沛流离有家难归,一去不回死于异乡。战争稍停空隙,我们家暂时结束了逃难生涯,从下方桥回到学士街自己家里来了。去时,老祖母健步走出了她当初嫁进的这个家门,并在这间屋子生儿育女、相夫教子,记载了她许多勤劳俭朴身影的家,回来时却是捧在我阿爹手中的一块木牌(死者牌位)。阿爹既愧又悔,心里纠结,从此郁郁寡欢一病不起,我娘四处借贷为他请医买药,大妈和三个姑母也多次来家探望他,并给予了耐心的劝慰,足足病了半年之久未见痊愈。每当我爹生前对我讲述此事时,他总是面带愧疚,令爹抱恨终身。"[①]当初周梅生带着一家人出逃学士街时,老母亲身体仍很健朗,妻子想多带一点东西出逃,还遭到老母亲的阻止,以为十天半月就会回来。谁知老母亲竟会命丧他乡,这让周梅生终生愧疚。

　　日军随意抓捕民众修建炮楼,堕民也不例外。1944年初冬格外寒冷,家住三堞街的周梅生穿着单薄的破衣烂衫,一大早就空着肚子,背着一只"二兜篮",拟出门收购破烂。刚走到东街清道桥,就被日军五花大绑,押到"九缸山"修建炮楼。血气方刚的周梅生,有着强烈的民族自尊心,宁死不做亡国奴,磨起了"洋工"。周梅生原本生得矮小,且两天没有进食,还发着"抖抖病"(疟疾),被抓建造炮楼也非所愿。因此,宁愿忍受日军的鞭打,也不愿卖力劳动。穷凶极恶的日军为了杀一儆百,对着周梅生的胸口,就是致命的一脚,将其踢下"九缸山"。周梅生被踢下山崖后昏迷过去,在山脚下不知睡了多久,被一场大雨淋

_____

① 　访问周春香,2017年3月16日。

醒,四周一片漆黑,伸手不见五指,浑身伤痛,既冻又饿,胸口和腰部严重受伤,想站起来走路,却无法站立。周梅生冒着倾盆大雨,在泥泞的山路上爬行,远远望见一丝亮光,找到一所孤零零的草舍,一个寡妇救了其性命。寡妇仅带着一个不满周岁的孩子,丈夫一个月前上山砍柴,被日军当作"奸细"枪杀,还禁止其前去收尸,残忍地将其丈夫的遗体喂了狼狗。周梅生妻子钱阿花带着一班嗷嗷待哺的孩子,左等右等不见丈夫回来,乃派长子周阿兔四处打听。周阿兔获悉五云门外城门紧闭,不让民众出入,前几天日军抓了一批民夫,押往"九缸山"做苦力,音讯全无。妻子悲痛万分,心想丈夫此去凶多吉少。谁知三天后,周梅生竟奇迹般地回来,一家人再次相聚,悲喜交集。周梅生从此落下两个毛病:一是腰痛病,每当要下雨时,就像"天气预报"一样准时,疼痛难忍;二是胸口被踢伤后,肺部严重受损,从此不能再吹笛子和唢呐,否则就会吐血。而周梅生原在绍剧做"场面堂",擅长吹笛,属于正吹师傅。周梅生一直卧病在床,疟疾反复发作,有时接连几天高烧不退,有时又冷得瑟瑟发抖。周梅生不能工作,一家人生活没有来源,有病也无钱医治。周家遭此大难,一落千丈。钱阿花不得不独自挑起养家糊口的重任。①

战火无休无止,遥遥无期,日寇飞机有恃无恐,不时盘旋绍兴上空,对着手无寸铁的民众狂轰滥炸,周梅生因疾病缠身无法再带领全家去逃难,钱阿花只得带着四个儿子逃到五云门外凌家山脚下一间坟茔屋躲避。五云门外凌家山距学士街有十五六里路,每天一早,长子周阿兔挑着满满一担,前头是打棕绳所需的原材料,后头是全家人的口粮及饮具,诸如六谷粉、锅、瓢、碗、筷等;老二周小蛇专门负责搀扶生病的父亲周梅生;幼小的老三周庆云则背上席子和破棉絮,以便给父亲铺在坟茔屋地上休息;钱阿花则抱着尚在哺乳中的老四周志方,一家人肩挑背驮手抱,一行逃难队伍,经过长途跋涉,步行到凌家山这个临时"避难所"。周阿兔将一家送到坟茔屋后,再返回城内,先去米店排队购买第二天吃的"六谷粉",此乃头等大事,否则,第二天全家人都得挨饿。然后,再挑起"换糖担",前往城乡收购废品,向渔民兜售棕绳,卖几个钱勉强维持一家人半饥半饱的生活。坟茔屋面积不大,除了周梅生睡觉的地方外,一家人活动的场所全在坟茔屋外,钱阿花摊开"棕脚头",开始打棕绳,老二周小蛇将钱阿花打出来的棕线两线合拢"革"成绳子,老三周庆云专门看管弟弟和给父亲递茶送水打杂差。年仅六岁的周庆云也学会了搅(烧)"六谷湖",从附近农民那里买点青菜,与"六谷粉"搅在一起,以节约一点"六谷粉"。每当听见天上传来飞机的轰鸣声,钱阿花就像"老鸡娘带小鸡"一样,领着孩子纷纷逃进坟茔屋躲避,等飞机离

---

① 访问周春香,2017 年 3 月 16 日。

开后再出来。如果天气晴朗,还可以在露天活动,要是碰到下雨天,全家人只能挤在狭小的坟茔屋里生活。每天都在野外挨到天黑,估计日军夜间不再派飞机来投掷炸弹,一家人才敢返回学士街。有时遇到天气阴冷或雨雪天路上难行,周梅生唯恐拖累妻儿,就拒绝离家到凌家山避难,情愿留在家里。三埭街人被日寇践踏在铁蹄之下,饱受欺压与蹂躏,每天都过着食不果腹、衣不遮体、提心吊胆的生活,每时每刻都挣扎在死亡线上,日复一日,年复一年。①

战时各地严禁演戏,家住绍兴马鞍夹渎的原绍剧司鼓钱如林,不得不耕种几亩薄田为生,有时背起"二兜篮",奔波于城乡之间收购破烂。傍晚,钱如林从城内收完旧货返回夹渎,途经昌安吊桥,被守城的伪军拦住,指控其为四明山游击队派来的"奸细",将其押往钱塘江边修筑炮台,被逼做苦工六七天。钱如林早年丧妻,家里唯有独子,他放心不下,乘夜偷逃返回夹渎。②

日军侵华的兵荒马乱岁月,有些艺人因此而无端丧命。永福街乐户世家出身的周传忠,绰号"螳螂阿毛",妹妹周传康嫁于七龄童。周传忠从主顾家做完鼓手坐船返回三埭街时,中途遇到"乱毛党"(伪军)的洗劫。"螳螂阿毛"被劫后抢白了两句,竟被一枪毙命。

> 永福街的乐户周传忠,绰号"螳螂阿毛"。1943 年的某一天,阿毛前往绍兴鲁西清水闸一份主顾人家做完鼓手回家途中,划船途经行宫庙时,已是晚上六时,天色也渐渐暗了下来。只见官塘一座小桥边,有三个持枪兵痞,俗称"乱毛党"。兵痞朝小船喊叫:"小船赶快靠岸来,靠岸来,如果不靠岸,我们就要开枪了。"阿毛心想不好,今天碰上"乱毛党",不得不将小划船靠近岸边。一个兵痞立即跳下船,要阿毛交出钱来。阿毛回答:"我们是做鼓手的,身上没有钱,主人家仅仅给了一点米,折算为工钱。"兵痞也不嫌弃:"钞票没有,米我们也要。"兵痞一把拎过米袋就跨上岸去。阿毛心有不甘,忍不住骂了一句:"你们这些不要脸的流氓!"岸上站着的另一个兵痞不由分说,对准阿毛胸口就是"呼"的一枪。阿毛应声倒在船上,三个"乱毛党"扬长而去。阿毛胸口血流如注,同去的鼓手急忙用毛巾捂住伤口,并吩咐"划船头脑"赶紧划往福康医院进行抢救。终因失血过多,抢救无效,阿毛一命呜呼。家里连做梦也想不到,周家失去了这根顶梁柱,原本殷实的家境,从沸点降至冰点,从此周家日渐衰落,家庭经济陷入困境。③

---

① 访问周春香,2017 年 3 月 16 日。

② 陈顺泰:《功深艺湛 华藻纷呈——忆我的恩师钱如林》,《绍剧名伶录》,中国戏剧出版社 2016 年版,第 406 页。

③ 访问陈顺泰,2017 年 3 月 16 日。

第六节　女堕民被侮辱

明代"良贱相奸"条规定,"凡奴奸良人妇女者,加凡奸者一等。良人奸他人婢者,减凡奸一等。奴婢相奸者,以凡奸论"①。清代的"良贱相奸"律也规定:"凡奴奸良人妇女者,加凡奸罪一等;良人奸他人婢者,(男妇各)减凡奸一等;奴婢相奸者以凡奸论。"②贱民强奸良人妇女罪至斩决,比凡奸罪重至十一等之多。相反,若婢女被主人奸污,《大清律例》并无相关处罚。家长强奸奴婢,乃尊者降而自卑,良者降而自贱;且婢女乃是"服役家长之人,势有所制,情非得已,故律不着罪"③。浙江奴婢没有人身自由,其自身及其子孙均为主人私有财产,主人有权力任意买卖和转让。年轻的婢女命运更加悲惨,不仅大多被禁锢不嫁,而且时常遭到主人的奸淫蹂躏,成为主人泄欲的工具。"浙江有缙绅寓吴门,御下最残忍。性好淫,家中婢姬无不污狎之者。然稍有不遂,则褫其下衣,仰天而卧,一棰数十,有号呼者,则再笞如数。或发烙铁烫其胸,或以绣针刺其背,或以剪刀剪其舌,或以木枷枷其颈。其有强悍者,则以青石一大块凿穿,将铁链锁其足于石上,又使之扫地,一步一携,千态万状,难以尽述。"④该劣绅虐婢行为,令人发指。

女堕民也称"老嫚",作为贱民,可以随意欺辱。"老嫚是贱者,这在不熟掌故的人,也会望文而意会的。查字典嫚音慢,谏韵,与慢同,易侮也。老嫚就是从小到老,一直可以被人侮辱的女人。"⑤特别是稍有姿色的女堕民,遭到平民,特别是主顾侵犯和骚扰,比比皆是。女堕民执业时,受到骚扰,应属常态,司空见惯。明代沈德符在《万历野获编》记载,女堕民"如吴中所谓伴婆者,或迫而挑之。不敢拒,亦不敢较也"⑥。明代万历《新昌县志》记载:"又有乐户十余姓,业鼓吹歌舞役,自相婚配,男妇多听大家使令,凡饮宴率用之行酒。游侠之徒,多

① (明)刘惟谦撰:《大明律》卷二十六《良贱相奸》,日本景明洪武本。

② (清)三泰修:《大清律例》卷三十三《良贱相奸》,文渊阁四库全书本。

③ (清)薛允升撰:《读例存疑》卷四十三《刑律犯奸》,光绪刊本。

④ (清)钱泳:《履园丛话》(下),上海古籍出版社2012年版,第314页。

⑤ 周锦涛:《绍兴的老嫚和一般妇女生活——被贬削的一群民族》,《申报月刊》(中)1935年第7号。

⑥ (明)沈德符:《万历野获编》卷二十四《风俗·丐户》,道光七年姚氏刻同治八年补修本。

聚饮于其家,使其女供歌唱,或宿卧于其房,不拒也,不如意则唾骂鞭挞之,不敢逆。"①绍兴老嫚时常带着年轻漂亮的媳妇和女儿执业,往往遭到客人调戏。"老嫚有随带少年媳女者,常为贺客开心,或吊客大悦的资料,俗呼'嫚线'。绍兴有鳗鱼如鳝鱼而色白,初生幼鳗其细如线,此盖假名,以喻纤细。"②日据萧山时期,堕民行当难于开展,生计惨淡,濒临绝境。汉奸地痞王继发以为"贫仔"(堕民)可欺,胁迫"堕民埭"严家底的一个姑娘做妾,还强奸了姑娘的母亲。中华人民共和国成立后,这位姑娘的母亲在镇压王继发的控诉大会上,当众揭发其令人发指的罪行,激起群众的公愤。"替新娘子做喜娘,须对贺客们的作弄予以得体的应付,不是一件容易的事,非普通女佣所能胜任愉快的,这是'走脚埭'的专门技能之一。"③年轻漂亮的女堕民在婚礼上"做老嫚",遭到戏弄乃是常态。

> 旧式婚姻闹新房,识者非之。号称缙绅之家,女儿出阁,不甘使受闹房耻辱,遂使李代桃僵之计,雇艳慧之喜娘以护之,于是世俗闹房,转其鹄的以闹喜娘,诚别开生面也。喜娘之事,随小姐至婿家,供住期闺房伺应,实同陪嫁,犹法曹之陪审,丧家之陪哭,乃至如时下之滑稽家所谓选举之陪票。妇女有以此为恒业者,江浙通称伴娘。新式婚姻之女傧相,亦其类也。富家嫁女选喜娘,以妍丽轻佻为尚,重金犒之。闹房时候,喜娘当众周旋。客劝新娘饮,引杯代盏之;客观新娘面,掩袂遮搁之。故作轻颦娇笑,不啻魂受神与,翻弄簧舌,卖弄风情,任人调戏,不以为忤,借此聊博浮浪子弟之欢,稍解娇怯新人之辱。客见喜娘可喜,往往闹定思闹,一宵不足,闹到三朝。以一少妇而当无数恶勇,虽仅口手迎拒之劳,然心身亦疲惫不堪。恃此以谋衣食,诚女人之悲哀也。④

绍兴的"三姑事件",则是典型的"嫚线"遭到戏弄。三姑"布裙粗服,不掩其美,而聪明伶俐,能言善辩,令人之意也消。一般贺客,目眩神迷,罔不倾倒。新郎默念,倘得拔赵易汉,庶几无憾,于是怡颜怡色,日伺妆台,进以游词,赏以厚币。三姑艳若桃李,冷若冰霜,初不假以辞色。新郎益重之,所以承其欢心者,无微不至。无何,三姑意不自持,遂定情焉。密月届满,遣发伴姑,例犒之外,新郎益以私蓄,丰逾常额。三姑既归,渐觉信水不至,腹部隆起,一索而得,竟出意外。家人穷诘,姑不能隐,悉陈颠末"。于是,三姑家人"亟亟为留椟还珠之计,

---

① (明)田管修:《新昌县志》卷之四《风俗志》,万历刻本。
② 秦人:《杭甬段沿线的特殊民族——堕民》,《京沪沪杭甬铁路日刊》1937年第1914期。
③ 越人:《奉化的堕民》,《京沪沪杭甬铁路日刊》1937年第1917期。
④ 《喜娘送嫁》,《中央日报》1948年2月4日。

制谐狼剂,强令服下。逾夕而胎下,事遂外泄,颇受戚鄙揶揄。且姑已罗敷有夫,婿家索返聘金,谋退婚。三姑不能忍,抑郁而死"①。美貌的堕民姑娘三姑做伴娘,被新郎勾引,不慎怀孕,最终导致抑郁而亡的悲剧。

主顾雇佣老嫚,原本喜欢年龄稍大、经验丰富的中年或老年妇女,然而,有些心术不正的主顾,却别有所图。"但到国民党统治时期,则情形大变,老的喜娘除尚可役于一般乡下人家外,在地主阶级和资产阶级的一些人家,根本不吃香了。他们有权可以任意点名,要叫堕民的青年女儿或青年媳妇来服役,作取乐开玩笑的对象。其中也有不少的青年女喜娘,受金钱诱惑而失身的。但女喜娘的父母,有碍体面,不敢声张,主人可以随便跑到堕民家中去玩,侮辱青年'老嫚'的事情则更多,到国民党统治末年,这种风气更盛。"②国民党统治时期,年轻貌美的老嫚,公然受到侮辱,堕民迫于生计,也不得不忍辱相从。

宁波女堕民从事"送娘"(伴娘)工作时,遭到戏弄也是家常便饭。"在普通人家陪送新娘中,送娘尤其长相标致的常遭夫家帮忙人的捉弄,如向送娘出难题、罚唱、喝酒,甚至猪油调镬煤,把送娘的脸抹得像包公一样黑。"③作家王静曾目睹"送娘"遭客人调笑。"儿时,我跟外婆去她的故乡,看到了送娘子。那时我才七八岁,什么都不懂,只觉得送娘子很好笑。大人们有的在取笑,有的拼命地往她身边挤,一些男人还起哄:'谁敢摸她的屁股?'当时,是满堂的笑声。"④王静幼时到外婆家参加婚宴,看见新娘背后紧跟打扮怪异的"送娘子"。男宾百般戏弄,"送娘子"却不恼不怒,仍笑着为新娘张罗,王静颇感诧异。

堕民艺人地位低下,经常受到侮辱,以前绍剧并无女艺人,女性均为男演员扮演,男扮女装的艺人也被作为"女艺人"遭到侮辱。"就是男角扮演花旦,也被归属女性一类,低人一等,倘有豪门贵族摆酒,即令他们化妆陪酒,强作妇人之状,供人取乐。"⑤自从章艳秋成为绍剧第一个女艺人后,陆续有女性加入绍剧班社。

不屈的绍剧女花旦钱某因抗拒萧山土匪头子"次坞阿兴"的强暴,惨遭粗暴虐待,令人发指。萧山临浦有个臭名昭著的土匪头目俞继鹏,老家乃萧山河上店次坞,绰号"次坞阿兴"。俞继鹏祸害乡里,无恶不作,杀人不眨眼,乃是将人心挖了沾老酒吃的恶魔。1946年,绍剧祥金舞台前往萧山临浦演出时,俞继鹏

①　《越国春秋》1933年10月25日。

②　陈延生:《绍兴堕民被压迫和斗争生活片断》,《文史资料选辑》第3期,1960年,第91页。

③　谢振岳:《鄞县堕民》,《鄞县史志》1993年第1期。

④　王静:《中国的吉普赛人——慈城堕民田野调查》,宁波出版社2006年版,第139页。

⑤　陶仁坤、罗平、严新民:《绍剧史料初探》,1980年,第89页。

也在台下看戏,竟然看中了戏班中年轻漂亮的女花旦钱某。戏散场后,俞继鹏大摇大摆地来到后台,勒令陈四八班长第二天带几个演员到府上唱堂会,并且点名钱某非去不可。谚语曰"人怕出名猪怕壮",被点到名的几个演员听说要到俞继鹏家唱堂会,吓得彻夜难眠。第二天,四八班长如约带着演员战战兢兢地来到俞继鹏家,小心翼翼地演唱,如履薄冰,丝毫也不敢怠慢,生怕惹火烧身。酒席上的俞继鹏酒足饭饱之后,将手一挥,示意演员退下。演员悬着的一颗心刚放了下来,谁知俞继鹏眯着淫邪的眼睛,盯着钱某,要把钱某单独留下。四八班长立即跪地叩头,哀求俞继鹏放过钱某,声称自己带姑娘出来,万一有个三长两短,无法向其家人交代。俞继鹏勃然大怒,将手枪"啪"的一声扔在桌上,威胁四八班长和钱某。四八班长和几位演员不敢多言,明哲保身地返回戏班。俞继鹏不顾钱某苦苦哀求,将其拖进房间,强迫就范。钱某早已许配人家,自然不愿屈从,奋起反抗。俞继鹏霸王鞭上弓,将钱某强暴。俞继鹏作恶后,命人将钱某抛入小船,送回戏班。钱某年仅十八岁,父母早亡,两个姐姐也已出嫁,一个哥哥去上海做生意,家中还有两个既聋又哑的妹妹,平时生活来源就靠两个出嫁的姐姐瞒着夫家来接济。三姐妹相依为命,钱某经人介绍来到戏班学戏,原指望赚点微薄的工资抚养妹妹,谁知招惹飞来横祸,害得卧病在床,非但挣不到钱,反而在家疗伤达半年之久。①

　　堕民乃"底边社会"的"底边阶级",所受压迫和欺辱最为严重。四民"戏弄"堕民习以为常,且以此为乐。堕民演员到各地演出,也受到地方豪强势力的欺压。堕民乃是任人宰割的"唐僧肉",公然遭到清末衙门差役的勒索。国民党军警也无端骚扰堕民,凡发生治安案件,可不必履行正常的法律手续,径直闯入堕民家中搜查。绍兴沦陷期间,堕民挣扎在死亡线上,堕民遭到日伪军的任意伤害,生命安全也没有保障。稍有姿色的女堕民,遭受侮辱更是家常便饭。

---

　　① 访问陈顺泰,2017年3月16日。

第二章　清初堕民除籍的失败

学术界对清初堕民除籍看法颇不一致,有的认为乃一纸空文,徒具形式;也有的过度美化,认为堕民从此正式改贱为良,废除了法律上对堕民的歧视,人身依附关系有所削弱,社会生产力得到进一步发展。[①] 明初绍兴设立禁止再呼堕民碑,朱元璋试图解放沦为贱籍的宋代忠臣子孙,因无法操作而归于失败,且朱元璋也不断将政敌贬为堕民。清初雍正颁布堕民除籍令,却遭到地方绅士的反对,中央和地方对除籍令的解释也莫衷一是。乾隆年间陕西学政提出堕民应以本人直系四世皆清白无污,亲属不再从事贱业,方准应试报捐,致使清初自上而下的堕民除籍完全归于失败。

第一节　明初设立禁止再呼堕民碑

解放堕民的文献,明初即已颁布。"此诏书文理不甚可解,但亦可略见堕民之来历,及此项堕民当明初已解放也。"[②]该诏文于明洪武四年(1371)八月十二日,由朱元璋颁发。该碑由民国时期的绍兴律师严东晖抄录,名为《洪武四年禁止再呼堕民铜牌》,竖于绍兴府桥。碑文叙述了南宋军民英勇抗击元军,最后踏海自沉。元朝建立后,贬原宋臣于浙江的八府为堕民。朱元璋欲将宋室忠臣子孙改贱为良,严禁再称为"堕民",否则,严惩不贷。

自宋南迁以来,有文天祥、董槐丞相等护驾至绍兴。因先皇理宗、孝宗

---

① 关于清初堕民除籍,学术界有不同争议。冯尔康所著的《清人社会生活》以及经君健所著的《清代社会的贱民等级》,对清初堕民除籍持否定看法。俞婉君在《绍兴堕民》中认为清初堕民除籍乃"一纸空文",其原因在于地方绅士的反对,政府未能为堕民改贱为良提供必要条件,堕民也没有改业从良的积极性。而白寿彝主编的《中国通史》第10卷以及吕思勉所著的《中国通史》,却高度评价清初堕民除籍,认为从此堕民改贱为良。

② 《堕民文献之一页》,《京沪沪杭甬铁路日刊》1937年第1947期。

先附于永福庵,后葬于攒宫,众等隐居绍兴府,守其皇陵。朱希丞相隐居诸暨,宋元帅张世杰、陆秀夫等护驾至宁波,渡海而逃,船至广东崖山,霎时风卷浪涌,事在危迫,对天泣祷:宋兴则存,亡则没。即时海浪喧天,波涛滚滚。张世杰等心惊惜主,抱主同沉,言毕船沉。后元主登基,大臣张洪范出奏诏聘宋臣。宋朝总制谢枋得隐居温州,出辞本不愿受职。本曰:"贬我牛者,牛而应之;贬我犬者,犬而应之;贬我游堕民者,堕民应之。"元主见本,龙颜大怒,准贬堕民。张洪范又奏:可将宋臣散于八府为民,免其同心蓄谋;赐田千顷,自耕自种,永免皇粮,以安其心。元主依奏,将宋臣散于金、衢、严、处、宁、绍、温、台八府为民,派拨民田,自耕自食。众民曰:我等民田,今元主上赐于忠臣,量其子孙何以耕种?我等商酌诱转可也。元主虽贬为堕民,我等是庶人等,以念忠臣子孙,称为大民。宋臣不思,久后当受骗也。田归元主,分派供给养之。日久日长,他子孙厌其食之,民心齐变,供给不付,上门取止,贬为大贫。百人欺十,十人欺一,以致辱贱。后明主登基,洪武四年,朕登基以来,只知一体良民,唯有江南宋室忠臣子孙,昔被元主贬为堕民,辱贱无地,今朕派他军民灶匠四籍当差,一体良民。传旨士庶人知悉,如若再呼"堕民"两字,豁肠碎剐。即命地方官吏竖铜碑,上镌圣谕,千古特恩。

大明洪武四年八月十二日

碑文提及南宋抗元名臣谢枋得拒绝元朝诏聘《上丞相留忠斋书》,元朝统治者怒不可遏,将宋室忠臣贬为"堕民"。1284年,元朝为了笼络人心,下诏赦免所有抗元的南宋遗臣。元贤学士程文海举荐宋臣22人,以谢枋得为首,却遭到断然拒绝。1286年,江浙行省左丞相忙兀台又奉旨诏降谢枋得,又被拒绝。1289年,原谢枋得的"座师"时任元朝尚书留梦炎再次举荐,并亲自写信劝说谢枋得出山。谢枋得致信留梦炎,严词拒绝其荐举,表明自己不能仕元的理由。"夷齐虽不仕周,食西山之薇,亦当知武王之恩;四皓虽不仕汉,茹商山之芝,亦当知高帝之恩。况蒸藜含粝于大元之土地乎?大元之赦某屡也,某受大元之恩也厚亦矣。若效鲁仲连蹈东海之死则不可,今既为大元之游民矣。庄子曰:'呼我为马者,应之以为马;呼我为牛者,应之以为牛。'世之人,有呼我为宋之逋播臣者亦可,呼我为大元游惰民者亦可,呼我为大宋顽民者亦可,呼我为大元逸民者亦可。为轮为弹,与化往来。虫臂鼠肝,随天付予。若贪恋官爵,昧于一行,纵大元仁恕,天涵地容,哀怜孤臣,不忍加戮,某有何面目见大元乎?"谢枋得视死如归,毅然表示:"某与太平草木,同沾圣朝之雨露。生称善士,死表道曰:'宋处士谢某之墓。'虽死之日,犹生之年。感恩感德,天实临之!司马子长有曰:'人莫不有一死,死或重于泰山,或轻于鸿毛。'先民广其说曰:'慷慨赴死易,从容就义难。'公亦可以察某之心矣。"①福建行省参政魏天佑强行将其送往大都,逼其事元,谢枋得乃绝食而死。

朱元璋颁布的解放堕民令,并无实际效果。朱元璋将江南作恶多端的被俘获的蒙古人,以及与之对抗的陈友谅部、张士诚部、方国珍部,包括受胡惟庸案牵连的人,一概贬为堕民。朱棣居位后,又罗织"方孝孺案",将忠于建文帝的忠臣也贬为堕民,壮大了贱民队伍。明代声称欲解放堕民,又不断将政敌和俘虏贬为堕民,其解放堕民的成效可想而知。

第二节 雍正颁布堕民除籍令

清初的堕民解放运动,由山西乐户的除籍拉开序幕。1723 年,浙江道监察御史年熙以乐户处境"殊堪悯恻",上奏建议削除乐户贱籍。"山西两省乐户另编籍贯,世世子孙勒令为娼。绅衿地棍呼召即来侑酒。间有一二知耻者,必不相容。查其祖先,原是清白之臣,因明永乐起兵不从,遂将子女编入教坊,乞赐削除。"雍正皇帝认为年熙"此奏甚善",责令"交部议行"。"并查各省似此者,概令改业。"②雍正皇帝令礼部议拟办法。礼部商议:"压良为贱,前朝弊政,我国家化民成俗,以礼义廉耻为先。似有此伤风化之事,亟宜革除,使数百年相沿陋习一旦廓清,并通行各省一体遵依。"③并建议除山西、陕西以外的其他各省有类似乐户者,均按此原则执行。"山西等省有乐户一项,其先世因明建文末不随燕兵被害,编为乐籍,世世不得自拔为良民。至是令各属禁革,俾改业为良,……与编氓同列。"④山陕乐户通令改籍为良。

1723 年 8 月 11 日,巡视两浙盐课御史噶尔泰上奏,请除堕民贱籍。"为请除堕民丐籍,以广皇仁,以端风化事。臣于雍正元年三月内,见御史年熙以山(西)、陕(西)乐籍沉沦日久,题请削除,以正风俗。当蒙皇恩悯恻,敕部遵行,中外臣民闻风欢舞。臣今奉特旨巡视两浙,访闻绍兴府属之八邑有所谓堕民者,细问土人,并查绍兴府志书,相传为宋罪俘之遗,故摈之,而名以堕民。其内外率习污贱无赖,四民中居业不得占,四民中所籍不得籍,即四民中所常服彼亦不

---

① 谢枋得:《谢叠山集》卷一《上丞相留忠斋书》,商务印书馆 1936 年版,第 8 页。
② (清)阮葵生:《茶余客话》卷二《乐户惰民丐户之世袭》,中华书局 1959 年版,第 80 页。
③ (清)萧奭:《永宪录》卷二,中华书局 1959 年版,第 103 页。
④ (清)官修:《清朝文献通考》卷十九,浙江古籍出版社 2000 年版,第 5027 页。

得服,特别以辱之者也。又籍曰丐户,自言宋将焦光瓒部落,以叛宋故被斥曰堕民。男子只许捕蛙、卖饧、逐鬼为业,妇则习媒或伴良家新娶妇,为人髻冠梳发或穿珠花,群走市巷,兼就所私,丑秽不堪,辱贱已极,实与乐籍无二。间有流入他方者,人皆贱之。臣细思此辈在宋有应得之罪,处之固宜。今已堕落数百年,生息蕃衍,岂皆尽无廉耻?实因无路自新,是以终沉孽海。伏乞皇上特沛恩纶,请照山(西)、陕(西)乐籍一并削除。使尧天舜日之中,无一物不被其泽,岂独浙省堕民生者衔环,死者结草,即千万世之后共戴皇恩于无既矣。为此专折跪奏,伏乞皇上敕部议奏施行。"①绍兴八县也有堕民,与山西和陕西乐户一样,从事下贱之役,请求参照乐户除籍。

雍正皇帝命礼部衙门议复噶尔泰奏折。10 月 18 日,礼部议定,山西和陕西的乐户,"世世子孙,娶妇生女,逼良为娼,有伤风化。臣部等衙门会议奏准除籍,行文在案。今该噶御史既称浙江绍兴府八邑之堕民,丑秽不堪,辱贱既极,实与乐籍无二等语,应如该御史所奏,将绍兴府属八邑之堕民,行令该府削除其籍,俾其改业自新,与民同列,毋得习为贱。如有仍前自甘丑秽,有伤风化,及地方豪强之人倚势抑勒者,严行可也"②。雍正皇帝准其所请,下发浙江巡抚,由宁绍台道转饬绍兴府所属八县执行。宁绍台道郑重其事,转饬各县,指示"查照来文,即便遵照备案,仍将发来告示或大书遍贴,晓谕毋违"③。并要求各级政府遵令执行,以助堕民改业从良,如有土豪勒逼堕民,严惩不贷。

1727 年,雍正皇帝责令内阁转山西和浙江督抚,再次重申削除山西乐户、浙江堕民的贱籍,要求安徽督抚将类似于贱民的徽州伴当和宁国世仆的情况上报:"山西之乐户,浙江之堕民,皆除其贱籍,使为良民。近闻江南徽州府则有伴当,宁国府则有世仆,本地呼为细民,几与乐户、惰民相等。又其甚者,如二姓丁户村庄相等,而此姓乃系彼姓伴当、世仆,凡彼姓有婚丧之事,此姓即往服役,稍有不合,加以棰楚。及讯其仆役起自何时,则皆茫然无考,非有上下之分,不过相沿恶习耳。著该督查明,定议具奏。"安徽巡抚魏廷珍遵旨议奏:"江南徽(州)、宁(国)等处,向有伴当、世仆名色,请嗣后绅衿之家,典买奴仆,有文契可考,未经赎身者,本身及子孙俱听从伊主役使。至年代久远,文契无存,不受主家豢养者,概不得以世仆名之,永行严禁。"④皖南的佃仆凡有文契可考者,仍为

① 《朱批噶尔泰奏折》,《景印文渊阁四库全书本》第 222 册,第 832 页,乾隆三年成书。
② 《雍正元年宁绍台道转饬各县遵照除堕民丐籍文》,《民国绍兴县志资料》第 2 辑第 4 册,广陵书社 2011 年版,第 56 页。
③ 《雍正元年宁绍台道转饬各县遵照除堕民丐籍文》,《民国绍兴县志资料》第 2 辑第 4 册,广陵书社 2011 年版,第 56 页。
④ 《世宗诏除乐户等籍》,《清稗类钞》第 11 册,中华书局 1986 年版,第 5271 页。

"世仆",形同奴婢;凡"文契无存""不受豢养"者,不得称其为"世仆",依照山西乐户和浙江堕民开豁为良,解除其贱民身份。

雍正元年堕民除籍,仅限于浙江堕民,并未涉及江苏丐户(堕民)。1730年,江苏巡抚尹继善奏称:"苏州府属之常熟、昭文二县,旧有丐户,不得列于四民,尔来化行俗美,深知愧耻,欲涤前污,请将乐籍堕民之例,除其丐籍,列于编氓。"①雍正皇帝批准户部议复的尹继善奏折。"覆准江南苏州府属之常熟、昭文二县丐户,与浙江堕民无异,族居沿海,久陷沉沦,准其削除丐籍,同列编氓。"②江苏堕民也被除籍改良。

雍正颁布的"除籍令"要求堕民向地方官府申请,由地方官府批准,脱离原来贱籍,转入民籍,由贱民转为良民。堕民成为平民,必须抛弃原先的贱业,改业自新,并严禁地方豪强逼勒堕民重操旧业。堕民改贱为良后,必须与平民一样,承担向政府当差的义务。

第三节　堕民胡楚珩悬匾争斗案

乾隆元年(1736)十二月,绍兴府会稽县有堕民胡楚珩因悬挂同姓举人胡文铣匾额,绍兴劣绅以此有辱斯文,策动民间人士哄闹,以豢养之棍徒纵火劫掠,堕民起而反抗,以致酿成社会动乱。绍兴劣绅欲以此兴大狱,必置堕民于死地而后快。乾隆谕旨浙江总督嵇曾筠查证:"堕民名色何故? 此事本末查明具奏。"嵇曾筠出身寒素,生性秉直,时值古稀之年,身染痰症,官居正一品大学士,莅任浙省总督、海塘工程总督、盐政、关税高职,兼吏部尚书,集全省工、兵、政、刑、财权于一身。嵇曾筠查明堕民系南宋罪民,男子以优唱、逐鬼为业;女子群走市巷,卖艺卖身。其中一部分为民间流散乐户。绍兴府及沿海各郡县称其为"堕民"。嵇曾筠以雍正元年堕民已除籍为据,给予堕民与四民同例,改业自新之路,而堕民仍不耕不织,也无恒产,依赖贱业糊口者仍比比皆是,乃甘为污贱,自甘丑秽,自堕非民之列。并提出种种堕民从良办法,诸如或改业,或迁居,或地方乡校通融保举倡优子弟读书应举。嵇曾筠的奏折于二月十五日得旨奉行:

> 臣查《绍兴府志》内载:"堕民不知其所始,相传为宋罪俘之遗,以叛宋故摈斥之,匾其门曰丐,内外率皆污贱无赖。其男子习优唱、捕蛙、卖糖、逐

① (清)官修:《清实录·世宗宪皇帝实录》卷之九十四《雍正八年五月》,清内府钞本。
② (清)允祹等奉敕撰:《乾隆朝大清会典则例》卷三十三《户口下》,四库全书本。

鬼为业。妇女则习媒，或伴良家嫁娶，为人髻冠梳发；或穿珠花，群走市巷，兼就所私，辱身丑秽，不齿四民之列。此堕民名色之所由来也。雍正元年间，前盐臣噶尔泰奏请除籍改业，以正风化。经部议复准，奉旨：依仪，钦遵。行文消除其籍，俾改业自新，与民同例，如有仍前习为污贱，自甘丑秽，有伤风化，及地方豪强倚势抑勒者，严行治罪。等因通饬在案。十余年来，历经督、抚、学政诸臣谆切劝勉，冀其改业。乃奉旨已久，其男妇人等于秽贱不堪之理，尚习为固然，只缘若辈不耕不织，恒得饱食暖衣，是以陋俗相沿，牢不可破。查浙东沿海各郡县皆有堕民，而绍兴府城聚属居住尤为繁衍。内中情愿改业者间有其人，而倚赖行业糊口谋生者亦比比皆是。既不便任其沉沦踣坠，又不便尽绳之于法。臣蒙恩委任封疆，惟有宣布皇仁，推广教化，使之家喻户晓，感激愧励，共为圣世良民。但伊等并无恒产，因循濡染，亟难煎除，应请饬各州县逐一清查。如能遵旨向化自新勉为良善者，许其另迁居住，若子弟果能读书优通文理，即取具里邻、生童保结，一体考试，并令于姻党族类中转相告诫，提醒羞恶廉耻本心，以沐浴向化，俾除籍之人群相景慕，渐涤其旧染之污。庶不负湛恩厚泽，而于风俗人心大有裨益。①

嵇曾筠认为"惰民业蒙世宗宪皇帝加恩，削免丐籍，虽或仍沿旧业习，而其中有改业为良者，自当遵旨办理，不得偏徇绅士，以启强横之风"。嵇曾筠以案情重大，乃责令布政使张若震和按察使胡瀛秉公处理，并嘱细加研讯。又根据两司审拟，"复逐一研讯，与两司会审案情无异，当即加看具题"。为匡扶正义，维护堕民权益，嵇曾筠罢参会稽知县杨沛、举人胡楚珩，并"大张告示，痛切晓谕"。然而，一石激起千层浪，嵇曾筠因此捅了马蜂窝，绍兴部分官绅对此百般诋毁，上折题参。嵇曾筠奉乾隆皇帝密谕，密查、甄别、参劾省府州县各级恶劣巨贪，涉及工程和盐政，但巨贪、朝野、官商沆瀣一气，以攻为守，联袂反诬，煽动"民事"制造动乱，唆使绅衿折参。

乾隆二年（1737）十月二十二日，乾隆密谕嵇曾筠："近日闻卿署中，卿子与家奴辈不安分，物议纷纷。在卿分地，自然无庸朕谕，然愚子痴奴，若不严加约束，将来恐于卿名望有损，此并非出于妒卿者之口，虽甚爱卿者亦云：'莫若令其还阁，以全晚节云云。'卿其知之，即旧岁惰民一事，尤召物议。"嵇曾筠不得不作《辩诬折》，答辩以维护自身清白，字字珠玑，句句铿锵：

臣跪读之下，惊惶战栗，无地自容，仰蒙圣恩，复载委曲矜全，不即显加

_____

① 《闽浙总督嵇曾筠遵旨查明堕民本末折》，《历史档案》2001年第1期，第36页。

严遣，谆切训诲，俾臣得稽查约束，所以惜臣颜面，保臣末路者，无微不至，敬捧朱谕，感泣失声。伏念臣一介寒儒，叨荷国恩三十余载，至深至厚，唯凛矢血，诚上以仰报天高地厚之恩，下以兼慰父忠母节之苦，复蒙皇上畀任海疆，殷切告诫，特揭"任劳任怨"四字，勉励微臣，臣铭心刻骨，竭蹶办理，不辞劳瘁，不避嫌怨，即竭十分努力，尚难报称纤毫，何难轻蹈不肖，自污身名，如臣稍蒙不肖之心，只效前督，臣所为于盐政引费内取用，已觉裕如，何必请减引费至四万余两，以平价值；又浙盐每年行销约四万万斤，每斤价添一文，即有四十万两，若以从前每斤卖至十五六文，十七八文，则为数无算，尽足以饱奸商之欲，而弃司盐政之蠹，乃微臣凛遵圣谕，力行减费，以减价痛除痼弊，是臣于旧有成规，尚不肯染指以病民，岂敢为非分之求，竟不自爱以病己，一片愚诚，早荷圣明洞鉴也。

至臣儿子、家奴，诚属痴愚，臣子共八人，长子早故，次子嵇瑛，仰蒙恩荫，于上年九月，赴部带领引见，现在京候选员外；第三子嵇璜，现任詹事府右谕德，蒙恩在南书房行走；第四子嵇𣲍，年二十二岁，缘本年钦奉御书"人伦坊表"匾额，令其回籍，敬谨摹勒建坊；第五子嵇瓒十八岁、第六子嵇璇十七岁、第七子嵇城十五岁、第八子五岁，俱在署中延师训读，臣督课颇严，非臣有事呼唤，不许跬步出书馆门，绝不预外事。又臣家本寒素，并无奸黠家奴，及入仕途，深有鉴于势宦豪奴之流弊，所选择使用者老仆、小僮数人，俱朴实无能不识字者。臣署大堂，后即是二堂，臣终日在二堂办事，与大堂相连，凡宅门出入、语言，俱臣目睹耳闻，不许内外人等与管门人交头接耳，如臣赴海塘，即令键门，不令一人出入，如杭州西湖为游玩之地，两年以来，不许家人擅到一次，是臣于家人防范稽查，加意严切，伊等亦兢兢畏法。

兹奉密谕，臣遵将儿子、家奴细加察讯，俱各茫然，即拷讯亦无一词，臣思果有其事，外间必有传闻，因乘布政使张若震、按察使胡瀛及各道员进见之时，开诚布公，谆切密询；据云实无其事，臣恐其以上司嫌疑之间未便指说，反复开导，终无异言，然臣犹虑耳目或有未周拘管，或有未到凛遵训谕严加约束，再容臣悉心访查，并属司道等共相稽查，如有不安分之处，此等逆子、恶奴岂容圣世，臣即尽法重处，断不忍稍为姑息以负圣恩。

至绍兴府会稽县"惰民"一案，上年十二月内，臣据该府县禀报，即恭折星驰奏闻，又经臣将会稽县知县杨沛、举人胡文铣题参，奉旨究审，旋访得绍郡绅衿，在本坡地招摇撞骗，经臣大张告示，痛切晓谕，始各帖然。臣查此案，缘堕民悬匾，童生以有玷斯文，一时哄闹，适值堕民邻家失火延烧房屋，棍徒因火抢夺，惰民持械戳伤，又复挟嫌诬告差役婪赃，酿成案牍；在绍郡绅士意见，必欲悉除惰民而后快。查惰民业蒙世宗宪皇帝加恩，削免丐籍，虽或仍沿旧业习,而其中有改业为良者,自当遵旨办理,不得偏徇绅士,以启强横之风。臣以案情重大,檄令布政使张若震、按察使胡瀛秉公会审会详,又谆饬细心研鞫,随即两司审拟,招解到臣,臣复逐一研讯,与两司会审案情无异,当即加看具题。是臣于惰民一案与两司办理甚为详慎,而犹招物议者,臣实不解其何故?臣上年奏折及本年题参、题结各本,圣明赐览,自蒙昭雪,而谤诽之言,凭空驾捏,臣实深兢惕,幸蒙皇上格外矜怜,密赐训谕,提撕警觉,鞠育保全,臣自此有生之年,皆君恩再造之日,唯于心身政事,凛矢精白,儿子家奴严加约束,以敬付圣主委曲求全至意。至海塘大工,现在兴举,臣竭力督催,虽图告竣。伏念犬马余生,唯有圣恩未报,瞻望阙庭,孺慕情殷,日深一日,仰求圣明鉴察,臣不胜感激,悚惶之至,为此沥陈下悃,恭谢天恩,所有未到朱谕,敬谨赍缴,伏祈皇上睿鉴,谨奏。

乾隆二年十一月初三日①

乾隆阅过嵇曾筠的辩诬折,坦言:"朕之待人,从来开诚布公,有所闻必欲实之其人。总之卿之忠诚,朕所素信,既有此物(议),朕若隐而不告以卿,朕之待卿,反不诚矣!卿所奏辩,知道了。有则改之,无则加勉耳。"②乾隆推心置腹,信任如故。

乾隆三年(1738)九月,嵇曾筠奉旨离任赴京莅任,疏请途经原籍就医,乾隆为寥慰在朝公忠大臣,赐人参十斤,特遣太医直驰无锡嵇曾筠宅邸专为诊治,又赐诗念旧"料想微疴应早复,丹诚平格享遐龄"。然而,嵇曾筠仅病历两月,就溘然长逝,享年六十九岁。嵇曾筠逝世后,胡楚珩案也被推翻。"堕民胡楚珩悬挂同姓举人胡文铣匾额,合郡之人以胡楚珩陋习未改,有玷斯文,致启衅端,将胡楚珩依律杖流。"③堕民胡楚珩受到刑事处分。

第四节　除籍堕民毛光宗捐纳功名案

堕民除籍为良,却遭到地方绅士的反对。关于堕民是否有权应试、捐纳以及出仕的资格,引起激烈的争论。平民通过应试或捐纳,从而出仕,得到功名和顶戴,进入绅衿等级或缙绅等级,其政治地位、经济地位和社会地位立即发生重

①　嵇曾筠:《辩诬折》,《无锡嵇氏传芳集》,上海辞书出版社 2012 年版,第 325 页。
②　嵇曾筠:《辩诬折》,《无锡嵇氏传芳集》,上海辞书出版社 2012 年版,第 325 页。
③　《乾隆二十年绍兴府晓示削除堕民丐籍文》,《民国绍兴县志资料》第 2 辑第 4 册,广陵书社 2011 年版,第 61 页。

大变化。平民得以进入缙绅等级,得膺名器,被列入统治阶级行列。应试与捐纳乃是通往高等级的必经之路,拥有这些权利,才有成为统治阶级的可能。而堕民等各类贱民的共同特征乃是从事贱役,如果贱民豁免为良,就享有应试与报捐的权利。1755 年,礼部和地方政府就龙游除籍堕民"毛光宗案",展开了激烈的争论。浙江龙游除籍堕民毛光宗因捐纳贡生,被绅士余孔嘉控告,以其乃堕民毛茂生之子,依例应革斥其功名。

礼部责成浙江巡抚,转绍兴府查证"监捐贡生毛光宗案"。"毛光宗实系毛茂生之子,不容微贱之人厕身冒滥。况《学政全书》再载倡优隶卒之家,侥幸出身,访出严行究问斥革。今毛光宗既系丐户毛茂生之子,祖父相传之业至今不改,不便厕于衣冠之列等因,咨请斥革到部。"①绍兴知府根据调查,上报浙江巡抚,同意绅士革斥毛光宗功名。礼部却以堕民于雍正元年即已改贱为良为由,不得使其再习贱业。如果仍习贱业,毛光宗的功名应予革斥。如果已改业为良,就属于豪强倚势勒逼,将予严惩。"经本部查,雍正元年题准浙江堕民削除其籍一案内开,绍兴府八邑之堕民,其籍曰丐,行会该抚削除,俾其改业自新,于民同列,毋得习为污贱。如仍有污贱,有伤风化,及地方豪强倚势抑勒者,严行治罪。"②据此浙江堕民已经除籍,应属良民。毛光宗原属堕民毛茂生之子,祖父相传的贱业至今未改,习为污贱,即应将毛光宗治罪,还要斥革贡生。如果有豪强倚势抑勒,将已改籍为良之人,以其祖父从事贱业,而永远禁锢其子孙不准捐纳,则与原议不符。要求浙江巡抚依照雍正元年原议,再次查证有关详情报送礼部。

浙江巡抚查证毛光宗的父亲毛茂生确系堕民遵旨改业,毛光宗的功名应予革斥。"缘光宗之父毛茂生原系丐户,曾为污贱,后遵恩旨改业。毛光宗捐纳贡监,有已故生余孔嘉因其出身不正,攻讦咨革。奉部以原议不符驳查,遵即转行去后。嗣据该县详复,毛茂生原习污贱,后经遵旨改业等情,卑府查《学政全书》内开,娼优隶卒之家,侥幸出身,访出严行究问斥革等语。今毛光宗之父毛茂生本系丐户,曾为秽贱,虽遇恩旨改业,似应不准其纳等情到司。"③依据《学政全书》规定,贱民不得获取功名,查出应予革斥。还引用学院彭任内咨请萧山县陆嘉谟因祖父曾任皂隶,礼部同意禁止其参加应试,坚持革斥毛光宗功名。

---

① 《乾隆二十年绍兴府晓示削除堕民丐籍文》,《民国绍兴县志资料》第 2 辑第 4 册,广陵书社 2011 年版,第 59 页。

② 《乾隆二十年绍兴府晓示削除堕民丐籍文》,《民国绍兴县志资料》第 2 辑第 4 册,广陵书社 2011 年版,第 59 页。

③ 《乾隆二十年绍兴府晓示削除堕民丐籍文》,《民国绍兴县志资料》第 2 辑第 4 册,广陵书社 2011 年版,第 60 页。

礼部并未接受浙江方面关于撤销毛光宗功名一案的建议,以《学政全书》规定"倡优隶卒"之家不许考试,主要是防止下贱之人,忝列衣冠,玷辱宫墙。娼优隶卒之人,则为娼优隶卒之家。如果"倡优皂隶"之家已无其人,无世世子孙不许考试的规定。况且雍正元年浙江堕民皆令削籍为民,自然允许与平民一起参加考试。"况浙省丐户并各省学籍,皆令削籍为民,既经为良,自准与民一体考试,其余更可类推,无永禁之例。唯是《全书》既无明文,士林终得借口咨请,参酌定例示复等因。查《全书》并《会典》内载娼优隶卒,侥幸出身士习,访出严行究问黜革。又议复两浙盐政噶条奏内开,绍兴府八邑之堕民,辱贱已极。今该抚削除,俾其自新。又堕民胡楚珩悬挂同姓举人胡文铣匾额,合郡之人以胡楚珩陋习未改,有玷斯文,致启衅端,将胡楚珩依律杖流等因各在案。查娼优隶卒乃下贱之人,其本身自无通晓文墨可以与考,《会典》所载原指其子孙而言,即堕民削籍为良,亦不过除其贱业,不许勒令为丑秽之行,俾之迁改自新,齿于齐民之末,并未许其考试得附士林。陆嘉谟既系皂隶之孙,正与娼优隶卒不准考试之例相符等因。该本司查得毛光宗捐纳贡监,前据通禀,毛光宗系丐户毛茂生之子,不准捐纳。奉部咨浙省丐户久经削除,若茂生之子,祖父相传之业至今不改,即应治罪,不但斥革可以蔽辜,如或豪强倚势抑勒,将已经改业为良之人禁锢,其子孙不准捐纳,于原议不符。"据该府县查明,毛茂生虽然改业,但毕竟属于丐户子孙,削籍为良也不过除其业,不便准其捐纳。毛光宗贡生仍应革除。至于原生员余孔嘉因已经身故,现在附议的曹仪鹏经讯问乃余孔嘉砌名,也无抑勒情事,应予免议。"查定例娼优隶卒之家,侥幸出身,访出严行斥革究问。是以前经本部议复,萧山县皂隶陆嘉谟不准应试。其浙江堕民丐户、山西乐户、广东蜑户,皆经奉旨削籍,令为良民,概与自新。毛光宗家既遵旨改业,即不在娼优隶卒列,至其同族之人尚为污贱,则系地方官不能实力奉行所至。若因此将毛光宗贡生斥革,则功令并无因族人连坐之例,相应行文该抚,严饬各所属地方官吏,遵照雍正元年原议办理可也。"毛光宗既然遵旨改业,并无因族人而连坐之例,应准其捐纳。"仍饬各所属地方官照雍正元年原议办理。如有未改者,令其悉遵恩旨,概行改业,无许地棍豪强抑勒,实力奉行毋违。"①萧山陆家谟乃皂隶之孙,依据《学政全书》,"倡优隶卒"禁止考试,与其并不矛盾。而毛光宗之父已改籍为良,早已不在"倡优隶卒"之列。至于毛光宗同族之人仍习贱业,乃是地方官员不作为所致。毛光宗的捐纳贡生的身份应予承认。

礼部有鉴于此,责成浙江方面加大堕民改籍为良的力度。"除饬衢州府知

---

① 《乾隆二十年绍兴府晓示削除堕民丐籍文》,《民国绍兴县志资料》第 2 辑第 4 册,广陵书社 2011 年版,第 61 页。

照外,合行通饬,仰即便严饬所属地方官,遵照雍正元年原议,明切晓示,如有未改者,令其悉遵恩旨,概行改业,取具依结,详送转呈存案,毋许地棍豪强抑勒,实力奉行毋违。"要求各县官吏"遵照雍正元年原议,明切晓示,如有未改者,令其悉遵恩旨,概行改业,取具依结,详送转呈存案,毋许地棍豪强抑勒,实力奉行毋违"①。礼部要求浙江各地方政府,督促堕民概行改业,具结备案,并重申严禁豪强勒逼,否则,严惩不贷。

　　毛光宗的捐纳贡生得到承认,给堕民参与政治带来希望。龙游堕民胡育赞、陈圣贤、吴益昌等人,立即呈请县府,请求改业备案。"为叩请批示遵行事,窃育等堕籍一案,为宋贬斥,相沿成例,自新无由。幸于雍正元年盐宪题请,荷蒙恩旨,削除与民同例,此诚千载一时,踊跃凛遵向化,具有依结在案。复蒙历任各宪暨仁天渐摩化道,鼓舞陶融三十有年矣。敢不宜加砥砺。今缘龙游县毛光宗由监捐贡借口攻讦,咨部核议,蒙通饬行查,如有未经改业者,悉令遵旨改业,取具依结,送查存案。但育等久经改业者居多,内有贫不能改者,在亦有地。总奉票取具遵依,不分皂白,概行混取,又不明白晓谕,致有事之禀。"现在胡育赞等乃向来未经改业各家,为宣布仁天化民成俗,先劝后惩之至意。"今各家情愿改业,出具遵依。似此(胡)育(赞)等久经改业,相应免出遵依结。现在改业者,恩免册查。是否允协。伏叩县主彭老爷批饬遵行。"龙游县令批示:"已经改业者,原可毋庸具依,候饬总知照可也。"②龙游县令准许胡育赞等堕民的改业请求。

第五节　金华童生拦阻脱籍堕民科考案

　　龙游脱籍堕民毛光宗捐纳功名案刚刚尘埃落定,金华又发生童生拦阻脱籍堕民参加科举考试案,闹得沸沸扬扬,满城风雨。1755 年,义乌脱籍堕民金选士、郑应尚、郑云开、王润玉等拟参加科举考试,而地方豪强却四处招贴告示,严禁脱籍堕民参考,义乌县令赵弘信迫于豪强压力,不准脱籍堕民参考。金选士等向金华知府提出申斥,以"丐籍雍正元年奉恩旨削除,与四民同例,民例业儒相应与考,不意豪强妄行招贴,抑勒不容。今年正月缘龙游毛光宗由监捐贡,伏

① 《乾隆二十年绍兴府晓示削除堕民丐籍文》,《民国绍兴县志资料》第 2 辑第 4 册,广陵书社 2011 年版,第 62 页。

② 《乾隆二十年龙游县胡育赞、陈圣贤、吴益昌等具呈改业文》,《民国绍兴县志资料》第 2 辑第 4 册,广陵书社 2011 年版,第 63 页。

该部议有同族之人尚为污贱,则系地方官不能实力奉行所致,功令并无族人连坐之例,准其捐纳贡监,仍饬各所属地方官遵照雍正元年原议办理"。且金选士等人久经改业,以耕读传家,现届试期,请求金华知府杨志道饬义乌县令,允许参加科举考试。义乌县令赵弘信辩解:"卑职查得本县有丐户一项,雍正元年奉恩旨削籍改业为良,诚一道同风之盛治,唯此是此丐户相沿不知几百年矣,世远代更势成积重,人情不无鄙薄之意,在丐户也鲜奋起之心,盖良贱成为风俗,而品类判自祖宗,非有豪强为之抑勒,实缘渐积难于骤返也。卑职奉文饬照原例悉令改业等因,除晓示外,协同儒学实力劝勉,俾改积习。迄今各知悔悟,如金选士等上年并未投考,亦无照贴抑勒之事。伊等现有龙邑毛光宗许其捐贡之具文,呈宪案预作考试捐纳之地,奉批查议。卑职伏查丐户一项既奉恩例削除,即与齐民无异,部议毛光宗捐贡得准是试,亦与例符。将来金选士等逢岁科试之期,果有志上进报名投考,卑职即当照例取与挨热廪保押结,及同考童生互结,一体收式,凭文录送,无庸歧视。"①金华知府杨志道为此颁发《准堕民一体考试文》,准许金选士等参加科举考试,仍责令义乌知县赵弘信晓谕民众。

义乌知县赵弘信于1756年两次颁布告示,禁止阻拦脱籍堕民参加科举考试。6月12日,义乌知县赵弘信鉴于考试届期,为了防止拦阻脱籍堕民考试的意外事情发生,颁布第一次告示:"丐户一项,既奉旨削除改业,既与齐民无异,其有读书向上者,应听一体考试。"现奉知府批示准许堕民参加考试。"今届县试,访闻有等好事童生在谤贴,希图拦阻,殊干逆旨,违宪严谴,合亟出示饬禁,为此示仰合邑与考文武童生知悉,如有不遵示禁,临期敢于拦阻喧哗,立即严拿详究,决不姑贷。"②义乌童生不愿与脱籍堕民为伍,集体罢考。义乌知县赵弘信再次颁布严禁拦阻脱籍堕民考试告示,并责令罢考童生报名补试。"削除丐籍改业之丐户应准出考,现奉宪示,严切其在愚昧童生或尚不知定例辄行阻考,而查报名册内填开三代,每有本童之父身青衿,岂亦不知定例,训诫其子内竟任不赴考名籍,以为挟制官长。不得不抑勒改业之户永不出秀之,殊不思功令禁严在尔等,或甘蹈法纲,而本县岂肯代人受过。况本县素重读书士子,每怀兴起斯文,犹期珥鬻于将来,尚冀挽回于此。"为此向未经报考的童生重申,"如愿补试,定限三日内赴房填册送核,以凭示期收考。倘始终执迷不悟,自外门墙,虽竟可置之度外,然若不严加惩创,则无以昭国宪,而戢刁风。本县唯有查出本童之父

① 《乾隆二十一年金华府准堕民一体考试文》,《民国绍兴县志资料》第2辑第4册,广陵书社2011年版,第67页。

② 《乾隆二十二年义乌县赵令饬禁拦阻丐户考试文》,《民国绍兴县志资料》第2辑第4册,广陵书社2011年版,第69页。

已列胶庠者,按名详请裭革衣顶,照例治罪,以为不行约束者戒"①。如若仍执迷不悟,阻拦脱籍堕民参加考试,童生"罢考聚众挟制官长",将追究已有功名的长辈责任。

金华知府杨志道闻报后,谕令制止拦阻脱籍堕民参加科举考试,堕民自雍正元年既已改籍为良,自应与民同例。"浙江堕民丐户皆令确查改籍为良,若土豪地棍仍前逼勒凌辱者,依律治罪。又例载如有俗事聚众罢市罢考打官等事,均照山陕题定光棍之律为首拟斩立决,为从拟绞监候。又例载地方有罢考聚众挟制官长等事,审定照例分别治罪。其逼勒同行之生员裭革,童生记档俱停考试。如合学罢考全裭衣顶,全停考试,仍分别杖责。"并重申,"金郡地方丐民久经改业为良,多有读书向上,可以出考。昨今详奉学宪准一体考试在案,诚恐无知童生狃于故习,混行阻挠不许同考,甚至鼓众罢考酿成事端,一经地方官通详,查丐民仍有应考之日,而阻考生童已先蹈斩绞之罪,难以挽回,且有罪及父兄叔伯不行约束者,与其追悔于后,何如安静于先。本府不忍不教而诛,合先示谕,为此示仰府属应考生童知悉,尔等均须安分守己,因丐民出考混行阻挠滋事,自罹法网,倘经地方官详报,本府唯有执法拟罪,断不能尔等宽宥也"②。杨志道严厉警告拦阻罢考童生,如仍知法犯法,将依法惩办。清律规定邀约罢考者,将罢考之人停其考试;若全县考生罢考,则停止全县考试;若勒逼同行罢考的生员,则裭其衣顶,童生停其考试资格;并照例分别杖责。

第六节 脱籍堕民钱宏业冒滥捐监案

脱籍堕民的考试捐纳问题远没有解决,围绕脱籍堕民钱宏业冒滥捐监案,中央和地方又引起激烈的争论。1766年,浙江鄞县士绅何楠等人控告脱籍堕民钱宏业冒滥捐监。钱宏业原为堕民,其父钱殿章于1755年将久已改业的情形赴县呈明。1760年,钱宏业之弟钱清标呈请考试,镇海堕民洪九也呈请其侄参加考试,礼部却引用陆嘉谟案,以堕民削籍为良,不过除去贱籍,未许其考试得附士林以驳回。"钱宏业本属丐户,自乾隆二十年间,伊父钱殿章将久经改业情由赴县呈明,与民同列。嗣于乾隆二十五年,钱宏业之弟钱清标于前学院李任

① 《乾隆二十二年义乌赵令再谕禁阻丐户考试文》,《民国绍兴县志资料》第2辑第4册,广陵书社2011年版,第71页。
② 《乾隆二十二年金华府杨守谕禁阻挠堕民考试文》,《民国绍兴县志资料》第2辑第4册,广陵书社2011年版,第73页。

内呈请收试,批行府县议详。时因镇海县丐户洪九呈请伊侄文照等与考,详奉前院庄批,查前学院咨准部复,堕民削籍为良,亦不过除其贱业,不许勒为丑秽之行,俾之迁改自新,齿于齐民之末,并不许其考试,得附士林等语。是削籍堕民,不准考试,部行甚明。通饬遵照在案。"①钱宏业乃隐瞒其堕民身份,远赴甘肃,并捐纳监生功名。其同乡钱聘照见其家张贴功名报单,乃联合贡生鄞县何楠、生员钱日高、监生陈学飞、民人忻孝权等人,以堕民不应冒滥捐监,提出控告。

浙江地方官员提出异议,以陆嘉谟案而言,礼部解释堕民脱籍,仅为允其改业,并非准许考试,得附士林。"丐户即属堕民污贱,雍正元年钦奉恩旨,削除其籍,概准改业为良,与民同例。嗣经前学院彭咨请萧邑皂隶之孙陆嘉谟考试案,内奉部复,堕民削籍为良,不过改其贱业,不许勒为丑秽之行,俾之迁改自新,齿于齐民之末,并未许其考试,得附士林等因。至乾隆二十年,有龙游县丐户毛光宗捐纳贡生,士民呈控,咨准部复,以毛光宗既经改业,即不在娼优隶卒之列。其同族之人尚为污贱,亦无连坐之例。行令照雍正元年原议办理等因各在案。今钱宏业捐纳监生,若以前学院咨部复不准考试而论,则监生亦因附士林,即因族不应准其捐纳,但续有毛光宗之案,部复既未斥革,则又事同一例,亦准与遵捐。是前后部复两歧,未能划一办理。"②而礼部准许脱籍堕民毛光宗捐纳贡生,却不准脱籍堕民钱宏业捐纳监生,同属脱籍堕民,而礼部却前后歧异,未能划一办理,殊为不解。

礼部做出最后裁决,以堕民若削籍为良,仍甘于贱业,不知悔改,或改业未久,则禁止其考试捐纳。"浙省堕民一项,于雍正元年本部复御史噶条奏,绍兴府八邑之堕民,行令该抚削除其籍,俾其改业自新,毋得习为污贱。奉旨允行,知照该省在案。如该堕民等于部复削籍为良之后,仍前甘污贱,未能悛改,或改本业未久者,自不便准其考试捐纳。若祖父既经改业,其子孙已属良民,并不习为污贱,而犹不准与考试报捐,殊非原议之意。本部前于乾隆七年议复陆嘉谟一案,内称堕民削籍为良,不过除贱不许勒为丑污之行,俾之迁改自新,并未许其考试得附士林等语,原指其本身改业而言。至乾隆十九年毛光宗一案,其父毛茂生已经改业,自应准其捐纳,前后并非两歧。今钱宏业已经该抚查明,伊父钱殿章已经改业,应遵照雍正元年原议及本部议复毛光宗成案办理可也。"至于

---

① 《乾隆三十一年绍兴府王守示遵部议堕民准报捐与试文》,《民国绍兴县志资料》第2辑第4册,广陵书社2011年版,第75页。

② 《乾隆三十一年绍兴府王守示遵部议堕民准报捐与试文》,《民国绍兴县志资料》第2辑第4册,广陵书社2011年版,第76页。

毛光宗和钱宏业等人,其父均已改业从良,自然准其捐纳应试。因此,礼部重申:"浙省堕民自雍正元年奉旨削籍,与民同列,如父已经改籍者,准其报捐与试,毛光宗、钱宏业各省案一体遵照办理可也。"①至于先前禁止脱籍堕民钱清标和洪文照应试,也是改业未久。

第七节 脱籍堕民捐考期限规定

堕民究竟脱籍改业多长时间才能参加考试与报捐,这是一个颇具争议的问题。乾隆三十六年(1771),陕甘学政刘壿提出堕民应试报捐的时限。"削籍乐户捐纳应试,宜酌定限制,应如所奏,凡削籍之乐户、丐户、疍户、渔户,应以报官改业之人为始,下逮四世,本族亲支皆清白者,方准报捐应试,该管州县,取具亲党里邻甘结,不许无赖人借端攻讦。若本身脱籍,或仅一二世,及亲伯叔姑姊尚习猥业者,一概不许滥厕士类。"②堕民应以本人直系四世皆清白无污,且亲属也无再习贱业,方准应试报捐。刘壿的建议,得到礼部和户部的同意,并将其扩大到广东的疍户、浙江的九姓渔户以及各省类似的贱民。"凡开豁为良之乐籍、堕民、丐户及已改业之疍户、九姓渔户等,耕读工商,听其自便。仍以报官改业之人为始,下逮四世,必其本族亲支均系清白自守者,方准应试报捐。若豪棍籍端攻讦,欺压讹诈,依律治罪。"③此议奏得到乾隆皇帝的批准。

根据乾隆三十六年的条例规定,堕民捐考应符合三个条件:一、四代以上祖先报官申请改业;二、亲友均清白自守,不再从事贱业;三、亲党邻里必须出具甘结。因为得官后按例封赠三代,得豁为良的贱民除本人外,其子孙也不得捐考,以免父祖受封。"查律严良贱,户籍不容混淆,例许自新,剪除亦当渐,考其由山西之乐户、浙江之丐户,托业卑污,不齿齐民,流传已久。迨雍正元年都御史年照噶尔泰条奏,敕下部议,准会各该抚除其籍,俾改业自新,得为良民,在定例之初,原因此等人户,之所以杜其邪避之路,并非即许其邀幸上进,厕身衣冠之士类也。今据陕西学政以前籍乐户巩黑子,欲行捐监,未足以压服人心,请酌定例禁。臣伏思定例,倡优隶卒之家,不准应试,若乐户、丐户一任改业,即准报捐赴

---

① 《乾隆三十一年绍兴府王守示遵部议堕民准报捐与试文》,《民国绍兴县志资料》第2辑第4册,广陵书社2011年版,第75页。

② (清)勒德洪等:《大清高宗纯(乾隆)皇帝实录》卷八百八十六《乾隆三十六年六月庚辰条》,清内府钞本。

③ 《大清律例汇辑便览》卷八《户部则例》卷三,光绪二十九年刊本。

考,既与定例抵牾,且奴仆不过服役,尚以其微贱子孙,不得妄干名器,矧此辈向甘污辱,竟可朝离秽籍,暮践清流,定非情理之平。在其中或不无自爱之子,恪遵功令改行学文,原可不在摈斥之例。而其祖若父固齐民不肯与齿之人也,即许其报捐应试,即不能限其所至。若遇覃恩便邀封典,定例母妻再醮者,尚不准请诰封,而此辈祖父转得以无禁而冒纶绰之荣,尤非慎重名器之道。"①鉴于从事贱业的堕民,骤然摇身一变而成为缙绅,有损官府的清誉。

中央行令浙江巡抚,将堕民毛光宗原纳贡生及钱宏业原纳监生均以斥革。"所有该学政所奏巩黑子自行污贱,未便觊厕士绅,应如此议,将其报捐之处,即行禁止。至该学政所引礼部办理毛光宗之案,查系乾隆二十年浙抚谘称,龙游县捐纳贡生毛光宗之父毛茂生,龙游丐户改业,而同族尚习贱业,请行斥革。臣部以功令并无同族连坐之例,未准办理,实歧误是非。又查乾隆三十一年浙抚谘称鄞县捐纳监生钱宏业,本属丐户,因伊父钱殿章改业未久,不便准其捐纳,请示到部。臣部亦因其已经改业,准其捐纳,俱相沿误,应请一并更正,行令浙抚,将毛光宗原纳贡生,钱宏业原纳监生,均行斥革,追照缴部。但此等甫经改业之户,惟不准遽行捐纳应试。"并重申:"从前毛光宗、钱宏业二案,礼部折行准其捐纳,均属差误,着将办理此案之部堂官,交部察议。"②绍兴也有类似堕民毛光宗的情况,也一并斥革。"闻后街彭姓曾于乾隆年间中举,当时有堕民称王之谣,后因人命被革,事或属实,如其子孙尚在,或有史料可寻。"③雍正元年堕民既已除籍为良,但半个世纪后的乾隆中叶,却又对堕民的政治权利加以剥夺。

嘉庆年间,仍在重申区分良贱。"四民为良,奴仆及倡优隶卒为贱,其山西、陕西之乐户,江南之丐户,浙江之惰民,皆于雍正元年、七年、八年先后豁除贱籍。如报官改业后已逾四世,亲支无习贱业者,即准其应考出仕,其广东之疍户,浙江之九姓渔户,皆照此例。凡衙门应役之人,除库丁、斗级、民壮,仍列于齐民,其皂隶、马快、步快、小马、禁卒、门子、弓兵、仵作、粮差及巡捕营番役,皆为贱役,长随亦与奴仆同,奴仆经本主放出为民者,令报明地方官,咨部覆准入籍,其入籍后所生之子孙,准与平民应考出仕,京官不得至京堂,外官不得至三品。"④并严禁贱民隐瞒身份,参加科举考试。"出身不正,如门子、长随、番役、小

①　(清)诸自谷修,程瑜、李锡龄纂:《义乌县志》卷七《风俗・丐俗》,嘉庆七年刊本。

②　(清)诸自谷修,程瑜、李锡龄纂:《义乌县志》卷七《风俗・丐俗》,嘉庆七年刊本。

③　《杨祖谋述堕民故实函》,《民国绍兴县志资料》第2辑第4册,广陵书社2011年版,第101页。

④　(清)托津等:《嘉庆朝大清会典》卷十一《户部》,光绪朝版本。

马、皂隶、马快、步快、禁卒、仵作、弓兵之子孙，倡优、奴仆、乐户、丐户、疍户、吹手，凡不应试者混入，认保派保互结之五童，互相觉察，容隐者五人连坐。"①凡冒贱为良，指良为贱，敲诈勒索，严惩不贷。堕民四世改业才能参加科举考试的规定，成为地方无赖诬良为贱，敲骨吸髓的"尚方宝剑"。

1866年，严州知府戴槃上奏要求为漂浮钱塘江的贱民——九姓渔户除籍，时任闽浙总督的左宗棠不仅大力支持，还进一步指出乾隆三十六年条例的不合情理。左宗棠批示："既准概令改贱为良，复不准其报捐应试，必俟四世清白自守方准捐考。虽系遵奉从前雍正年间谕旨办理，然未免仍涉拘泥。计自雍正元年至今一百四十余年，已历四世矣。此次既已准其改贱为良，若仍俟四世清白准捐考，是同治五年奉行雍正元年谕旨，也徒与势豪土棍欺压之柄，没（九姓）渔户清白自守之实，于议无取。"并指示下属"悉心核议，改详备案"。② 左宗棠欲改变祖宗成法的尝试，遭到浙江巡抚马新贻的反对。"捐考两途须清流品"，如果三代中曾经从事"猥业"，其子孙则不准捐考，乾隆三十六年条例规定各类贱民报考改业后第四代子孙才能获得捐考资格。九姓渔户的捐考问题，也只能"照此办理"，不能突破旧规。

第八节　堕民后裔周景先冒考案

1877年，宁波因管理财神殿李镐儿子李孝廉参加科举考试，廪保李贤焜等30余人以廪生宋宗果滥保袒护，向宁波府提出控告，引起轩然大波。宁波庙祝多系堕民，乃其低贱行当之一。但管理庙宇者，并非全是堕民，也有贫民涉足其中。李孝廉之父李镐原习泥匠，曾捐监生，受财神殿首事相托，代为管理庙宇。宁波府以李孝廉之父从事泥匠，兼理庙宇事务，也未从事平民婚丧杂役，与堕民不可同日而语，并非堕民后裔，依例可以参加考试。

> 童生李孝廉之父，向住湖西财神殿，系属贱役，其子应不准与考，以清士类，廪生宋宗果滥保袒护等语。本府查此案，业由该廪保等票县，移学查覆，当经面谕该学教官详查，票明核办。旋据李孝廉之父、监生李镐即李益镕，以伊系习泥匠，经财神殿首事托令代管庙宇，于同治六年捐监。廪生李景祥挟嫌耸众，谓庙祝之子不应与考阻挠等词，赴学宪衙门票。奉札府传质票复，本府查郡城庙祝多系丐户充当，并为各家婚丧服役，该廪保等恐庙

① （清）托津等：《嘉庆朝大清会典》卷二十五《断狱》，光绪朝版本。
② （清）戴槃：《裁严郡九姓渔课录督部堂左批》，《戴槃四种纪略》，同治七年刊本。

祝之子，一经收考，将来援为成式，恐致流品不清，系为杜微防渐起见。惟李镐虽曾充庙祝，并非丐户，未为各家婚丧服役，尚与其他庙祝不同，其子自应准其考试。李镐禀供，廪生李景祥挟嫌阻考，传讯该廪生诘以所挟何嫌，本亦不实，姑念究由伊子不能考试，一时情急，以致禀词失实，现已自知悔悟，从宽免议，详复学宪外，所有童生李孝廉一名即令赴府补考，以凭转送此谕。①

然而，一波未平，一波又起。1878年，宁波又因堕民后裔周景先假称早已出籍，"贿嘱廪生认保"，众童以其"流品不清"，群集邑庙分所，具禀于众廪保，提出异议。

禀为别良贱以崇学校事，窃维吾宁士习向重名节端士品。凡遇身家不清者，无不同心屏斥。盖童生为士人进身之基，诚如圣祖仁皇帝谕云"士为四民之首"。唯恐立身一败，致玷宫墙，是出身不得不清白，学校不可不隆重。迩来世风日卑，虽有二三自重之士，发愤区别，甚且目为迂腐，已不堪痛哭流涕也。兹更有堕民，即丐户周安北之嫡支周景先等，贿串不肖廪保，妄称已经出役入场混考。生等非谓该民之必不可考，但有无出役、应否入场以及蒙廪耸准等弊，认保不难贿嘱，必须两学廪保秉公彻底清查，出具可考切结，则生等既可坦然释疑，而该民亦可公然入场，似此案必须清查明矣。乃缙绅先生既置之不问，而众廪保又复畏首畏尾，敢怒而不敢尽言。嗟乎！众人既不为螳臂，吾侪何复为蛙怒耶。虽然士各有志，挥坚金百镒而不受，不愿为若辈伍，故宁言之而见辱，不忍不言而见弃。为此乞祈众廪保先生自爱自重，秉公裁夺，毋使他邑士林笑，无贻后士子孙羞，并乞转禀府宪大宗师大人台下，专饬两学廪生秉公清查，复夺斯良贱别，而学校重矣。临着楮不胜愤激之至，亟切上禀。②

鄞县众廪生以此上禀宁波府，要求彻查堕民周安北嫡支周景先的考试资格问题。

禀为准予饬查事，窃生等于本月二十日正在邑庙亲填互保册纸之际，据各儒童禀称，有堕民即鄞志称丐户，向在民间服役，不准与考者。今有丐户周安北之嫡支周景先入场混考等语，当收各儒童公禀一个，因未奉宪谕，不敢专擅，亟将原禀粘呈，伏叩宪台大人先将丐户周景先扣除，一俟准予饬查后秉公禀复，乞赐宪裁。再按鄞县向例，凡有身家不清虽有呈明在案准

---

① 《宁波府谕》，《申报》1877年3月9日。
② 《攻举滥保》，《申报》1877年12月27日。

予入考者,亦先由两学禀保,彻底清查应否与考,秉公请示施行,从未有如该丐户周景先不俟查明,私自入场混考,以致各童均动公愤,致酿事端,一并声明,亟切上禀。①

鄞县儒童又向宁波知府呈递禀词,以堕民即使改业脱籍,其宗族以及四亲并未改业仍属贱籍,依例不得参加科举考试。堕民周安北嫡支周景先却"贿串不肖廪保"企图混入考场,强烈要求宁波知府就"贿嘱认保入场混考"进行彻查。

鄞县众儒童公禀,禀为别良贱以崇学校事,窃维吾宁向重名节端士习。凡遇身家不清者,无不同心屏斥,诚以儒童为士人进身之基。迩来世风日卑,趋炎附势,虽有二三自爱之士略为区别,反目为迂腐,已不胜世道人心之慨矣。兹更有惰民周安北之嫡支周景先等预埋地步,朦禀出役,抑知伊即或出役,而其宗族以及四亲等并未出役,乃属惰民。生等实羞与伊等为伍。讵伊贿串不肖廪保,入场混考。县试时,曾经面禀邑尊,因有姓无名,无从察核。今生等查明具禀在案。兹于邑庙取具互结时,生等备禀具禀众廪生,恳祈转禀大人。因伊挽中理说,不愿入场,事已中止。该廪生亦不转禀。生等唯恐伊财势两旺,朦禀苟准等毙(弊),不得不具禀备案。查伊等惰民向有十三项事业,在民间无论富贵贫贱之家,婚丧等事无不服役当差,较奴婢为更卑污。若准其与考,将见文庙有事宫墙内与之齿让者惰民也,学校中与之抗礼者惰民也,且献酬拜跪于圣位前者亦惰民也。与言及此,非特有关一邑士人之羞辱,抑且有关官绅之愧怍,倘不沐大人准予饬查,生等固有脑面目。想凡有血气者,无不共怀不平,何以服舆情也!嗟乎!该认保乡先生之哲嗣也,上年保李孝廉,今兹保周景先,乡党即不为之计较,其何以对先人于九京也哉?为此公叩府宪太宗师大人恩准,照向例饬两学廪生彻底清查,果否出役,有无朦禀,以及宗族并姑姊妹四亲等均皆出役与否,一并查明禀复,斯良贱别而学校崇矣,亟切上禀。②

正当闹得不可开交之际,宁波某绅士唯恐因此酿成事端,不忍坐视,乃出面调处,既劝阻众廪生暂缓禀报宁波知府,息事宁人,又派人阻拦周景先也暂勿入场。"奈周姓心犹未死,于二十四日在感存公所特设盛馔八席,托人转邀各廪保,意图贿之,以缄其口。无如到者寥寥,食者更无一人。周又念教官可以挟制众廪生,于是央人关说,假修文昌阁之名,愿出洋三百,曲为周旋,送府补考。"③

① 《攻举滥保》,《申报》1877 年 12 月 27 日。
② 《再述宁波试事》,《申报》1878 年 1 月 10 日。
③ 《宁波府试琐闻》,《申报》1878 年 1 月 2 日。

原来周景先确为堕民后裔,但已改业四世,按例有权参加考试。"周固丐户之后而饶于资,周安北之父向曾禀请出役,已蒙批准。"张医生欲娶周安北孙女为妻,遭到张姓族人反对,以堕民周安北即便改业,也是门第不当,天下美妇人众多,何必非周安北孙女不娶。但张医生贪图张安北孙女丰厚的嫁妆,不愿到手明珠得而复失,乃不顾张姓族人忠告,依然我行我素。"此次景先之认保,宋某亦即由张医玉成,而张又从中分润也。宁郡童生初以宋独享其利,群起而攻。周亦具呈,将出役全卷声明,又挽宋辗转托人弥缝其阙。几于杨枝之水,洒遍众生,计用去二千余金矣。第出役固已四代,此次既为众所排挤,能否一律应试尚难预定,且既入场,也未知一领青衿果能拾芥否。"①鄞县学宪以堕民后裔周景先已改贱为良四世,准其参加考试,并严厉斥责鄞县童生"妄行攻讦"。

> 查童生周景先之父周昌龄本籍堕民,报官改业,已逮四世。前据布政司详经前院批准捐考在案,并粘抄。此案已据该县通详抚部院,咨部有案。今廪生王信德、童生邵康琪何得将曾奉部文准考之童妄行攻讦,仰提调官立传廪生王信德、童生邵康琪等讯明详报。②

1883 年,4 名堕民子弟冒籍考试,在杭州府试再次发案。"越中之有隋贫,曰惰民,犹衢严之九姓渔户也。越志所载谓系焦光赞部曲降金,故世世禁锢不得齿于齐民之列,越人至今犹鄙薄之,无与通往返者。本月初六日,杭州府试,富阳余杭等六县正场,林太尊高坐,堂皇点名散卷。忽闻诸考童群相哗噪,传有攻讦冒籍之事。太尊当即查问,富阳各考童齐声曰,某廪生所保之某某冒籍也,某廪生所保之童生堕民也,可指名者,共四人,一旦混入胶庠,我辈实羞与为伍,计不如不考为愈。太尊闻之大怒,即传该廪生查问,有廪生三人应声而出,代为饰辩。诸童众口一词,指证确实,太尊亦不加穷诘。总之,冒籍实则情真罪实,遂传该学老师,将三廪生押行发学,其本童四人则一齐扣考。"③官府扣压冒籍童生,严加惩处三名担保廪生。

清代李璋煜对浙江童生动辄以堕民未改业四世,阻挠堕民后裔参加科举,乃至波及依靠苦力谋生的平民,加以谴责。"人户以籍为定,府县志乘,固可考而知也。乃浙江各府,豪强之徒,不知以籍为定之律,于乡儒温饱之家,其族有一二负肩与者,索诈不遂,即指为堕民丐户,捐考则任意攻讦,遇事则扰害与讼,不思小民自食其力,何贱之有。乃一人扛抬,害及九族。诬告者之居心,大堪痛恨也。而官吏不察,或以被诬者,家无生监见疑,或以其四世前,未经呈报改业

---

① 《出役续闻》,《申报》1878 年 1 月 15 日。

② 《悬批准考》,《申报》1878 年 3 月 16 日。

③ 《廪保失察》,《申报》1883 年 5 月 28 日。

见责。夫本非贱籍，何业之可改。今责其未报改业，是责本非僧道者之未报还俗也。一县之人民，已有数万户，安得比户皆有青衿乎。伏愿为民上者，仰体圣朝之德政，勿惑刁健之浮词，则淆混色目以冤人者，其风或少息矣。"①李璋煜认为自食其力的贫民，原本并非堕民，不必呈报改业。地方豪强以此阻挠贫民报考，纯属无理取闹，强词夺理。

沈家本对堕民改业四世才能捐考，提议删除。"各省乐籍并浙省堕民丐户，皆令确查削籍改业为良，若土豪地棍仍前逼勒凌辱，及自甘污贱者，依律治罪，其地方官奉行不力者，该督抚查参，照例议处。"沈家本认为："谨按此条系雍正元年定例，乐籍系沿明旧，至堕民丐户令其削籍为良，悬为定例，迄今百数十年，在朝廷即宽予自新之路，在若曹岂竟无羞恶之心，况阅时已久，子孙亦断无永远自甘污贱之理，此项名色永远留存于例内，乡党之中，仍不能无歧视之见，不如并其名而去之，反得泯然无迹也，此条拟请删除。"②但直到清王朝覆灭，对堕民的歧视仍未改变。

雍正的除籍令对堕民的生活并无质的改变。Picrre Hoany也在清末提到："堕民的生活几乎没有变化，许多堕民忽视皇帝的敕令，满足于平静地生活，致力于改善经济状况。"③清初自上而下的堕民除籍完全归于失败。"因为堕民是政治上的被剥夺者，经济上的寄生者，在统治阶级时代受到层层的压制，落在人后，他们的人数也有限，而且分散在浙东各县，缺少团结，又因为时代的限制，未曾产生阶级觉悟而起来斗争，所以解放之前的堕民解放运动，是统治阶级'施恩式'的解放。"④封建统治者对待被压迫人民的解放，并无诚意，乃是口惠而不实。

第九节　清初堕民除籍失败的原因

清初雍正颁布除籍令，不过是表面文章而已。虽说雍正皇帝曾标榜："朕以移风易俗为心，凡习俗相沿，不能振拔者，咸与以自新之路，如山西之乐户、浙江之堕民，皆除其贱籍，使之为良民，所以励廉耻而广风化也。"⑤然而，雍正却因观

① （清）李璋煜：《是何色目人解》，《续增洗冤录辨正参考》，北京科学技术出版社2012年版，第301页。
② （清）沈家本：《大清现行新律例》卷四十一，宣统元年法律馆刻本。
③ ［丹麦］Anders Hansson：《中国的贱民——堕民》，《绍兴学刊》1999年第4期。
④ 陈志良：《浙江的堕民》，《旅行杂志》1951年第6期。
⑤ （清）勒德洪等：《大清世宗宪（雍正）皇帝实录》卷五十六《雍正五年四月癸丑条》，清内府钞本。

看昆剧《郑儋打子》，称赞演员曲艺俱佳，并赏赐食物。女主角因此而得意忘形，询问了当今常州知府是谁，雍正因其乃低贱的优伶，以此风不可长，竟将女演员杖杀击毙。雍正虽颁布除籍令，但废除贱籍的尺度有限，贱民即便废除贱籍，仍是专制皇权下的统治者可以任意处置的卑微生命。或许这是一种故作姿态的表演。（图 2.1）

图 2.1　昆剧《郑儋打子》

最早提出给山西和陕西乐户除籍的并非本地官员，而是千里以外的浙江官员。浙江也有三大贱民，即堕民、九姓渔户和畲族，浙江道监察御史年熙不关注浙江贱民问题，而注意山西和陕西的乐户问题，乃是因为其父年羹尧时任川陕总督，山西和陕西正属于其所辖之地。时年羹尧正红得发紫，故此案得到雍正皇帝的批准。"年羹尧案"发后，却被指控收受山西泽州富有乐户窦经荣（或窦荣）贿赂银十万两，作为请求削除乐户贱籍的谢银。1725 年 8 月 3 日，年羹尧在奏折中为自己辩护，声称削除乐户贱籍完全是雍正为改良风俗的"乾纲独断"，并否认收受窦经荣银两。"山（西）陕（西）两省乐籍之人，沉沦已久，蒙皇上圣仁御宇，首端风化，悉令改籍为良，实出乾纲独断。乃年羹尧擅为己功，播扬两省，传为美谈，更风闻有泽州乐籍窦经荣其人者，被年羹尧索谢银十万，尤为谬妄。"①然而,年羹尧九十二条罪状中"贪黩之罪四",仍为"收乐户窦经荣脱籍银十万两"。② 且中央和地方为堕民捐考以改业多长时间为限,意见不一,前后相异,无所适从。

地方政府对待堕民脱籍问题,以官样文章虚与委蛇。巴多明神父记述雍正皇帝的除籍令传到绍兴后,发生颇为戏剧性的一幕。绍兴绅士以堕民除籍,将向知府控告其罪行,为此提出反对。"该城的知府感到非常的棘手。因为当在民间出现骚乱时,知府深知将暂时失去其职位,那就如同一个缺少才能的人去施政一般。然而,知府是不缺乏才能的,他想出了一种可以获得成功的计谋。"于是,知府将堕民中的"显贵人物"传到大堂,宣布雍正皇帝的除籍令,堕民不仅不感恩戴德,居然也表示反对。"双方都有难处,他们便未作任何结案地下堂。各自悻悻地离去了。"③知府将此"棘手问题",轻易化解。即使是加入基督教的平民,也反对传教士为堕民洗礼。"这首先是致使他们有别于普通人的高傲,认为惟有他们才拥有升天堂的希望,与他们那些堕入了罪恶的黑暗之中的大批同胞不同。他们甚至认为不能同意给任意一个什么人举行洗礼。浙江绍兴的基督徒于某一天,反对巴多明(Parrenin)神父为'土民'(即堕民—译者)举行洗礼。'土民'系指居住在城中单独一条街道上的一类贱民。巴多明神父针对他们而写道只允许他们从事最卑贱和最微小的贸易,如出售田鸡和供孩子们吃的小糖块,在死人入殓时在他们面前吹唢呐。"④号称"人人平等"的绍兴基督徒,也不屑与参加教会的堕民为伍。

雍正颁布堕民除籍令后,要求地方官员实力劝导,而地方官员并不作为。堕民依赖贱业为生,平民对堕民歧视根深蒂固,"四民之所业,彼不得占",唯有改善堕民生存条件,消除对堕民的歧视,堕民才能获得新生。与此相反,地方官员仍依俗偏袒平民,除籍后的堕民仍未获得与平民一样的平等待遇。1755 年,绍兴堕民胡楚珩因悬挂同姓举人胡文铦匾额,绍郡人士以胡楚珩从事贱业,有辱斯文,致启争执,胡楚珩依律遭到"杖流"。⑤ 义乌也有豪强张贴告示,严禁改

---

① 《剖辩伊都立所参各款折》,《年羹尧奏折专辑》(下),台北故宫博物院 1971 年版,第876 页。

② (清)萧奭:《永宪录》,中华书局 1959 年版,第 251 页。

③ [法]杜赫德编:《耶稣会士中国书简集·中国回忆录》第 4 卷,大象出版社 2005 年版,第 135 页。

④ [法]谢和耐:《中国与基督教:中西文化的首次撞击》,商务印书馆 2013 年版,第122 页。

⑤ 《乾隆二十年绍兴府晓示削除堕民丐籍文》,《民国绍兴县志资料》第 2 辑第 4 册,广陵书社 2011 年版,第 60 页。

业已久的堕民参加科考,义乌县令也不准其参考。"今届县试,(郑应)尚等同子侄辈往赴观场,实有豪强拮贴,以尚有未经改业为词,邑主狃於故习,不查恩例,不准收考。"①1734年,绍兴发生堕民击杀读书人案件,引起绍兴绅士的强烈不满,以罢考进行抗议。"有惰民格杀士人,众哗,将罢试,(叶)士宽方勘三江闸,驰归,数言谕解之。"②绍兴知府叶士宽连忙从三江闸赶回,以对堕民严惩结案。浙江地方志书均称堕民为"俗之瘤",而"官兹土者知之则右民",也有个别官员将良贱平等对待,乾隆年间诸暨县令沈椿龄最为典型。然沈椿龄仅为个案,乃凤毛麟角。沈椿龄如是说:

> 浙东之有丐户,不知所自始,谨案郡志云云,椿龄揆之圣贤之道,窃以为过矣。夫天生人赋之以性,人受于生,孔子言相近,孟子言无不善。自习俗污之物欲敝之。其相远者,非性也。然苟克拔自新,圣人未尝终绝之。子曰人而不仁,疾之已甚乱也。又曰人洁己以进与其洁也,不保其往也。孟子曰虽有恶人斋戒沐浴,则可以祀。上帝圣贤之道大,名教之途宽也。若贵贱之等差,术业之高下,不足言矣。丐户也受性以生,越人摈之。在四民以外,厮役奴隶且不屑齿,小有过辄以威势相劫之。有司不辨良莠,惟丐是曲。说者曰彼其先得罪于宋,故斥之。夫宋斥之,宋之法也,其子孙固未尝得罪于越也。易代改姓,宋且不得争,何有于越之人耶。或又以其业贱摈之。夫择术固不可不慎,民所业彼不得业,民所籍彼不得籍,聪明材力一无所施,执业既卑,志气污下,势使然也。夫水抟而激之,可使在山。丐之苟廉鲜耻,抟激之者众也。椿龄治暨,民丐之交讼者,一准之以理,袒丐固不为,徇民也不肯也。朝廷授田按籍并无异制,前奉谕上命曰新民宽大之诏,举世咸知,而仍坚执偏见,谬固不解,必使其局蹐高厚,冤抑之气久而必伸,所望于士君子之达理义者,不以予言为迂而垂听焉,或亦为仁之方也已。椿龄附识。③

地方绅士对堕民除籍极力反对和阻挠。绅士乃封建社会基层社会的实际控制者,凡地方官吏举利除弊,体察民情,必须先向绅士咨询。昔日贱民,现在摇身一变,跃为平民甚至上升为缙绅,不仅有伤风化,有损官府清誉,也有辱绅士阶层的名声。因此,雍正的除籍令,遭到浙江绅士的公然抵制。巴多明神父进行了生动地叙述:

① 《乾隆二十一年金华府准堕民一体考试文》,《民国绍兴县志资料》第2辑第4册,广陵书社2011年版,第66页。
② (清)赵尔巽:《清史稿》卷二百三十六《叶士宽传》,民国十六年版。
③ (清)沈椿龄修,楼卜撰:《诸暨县志》卷九《风俗志》,乾隆三十八年刊本。

雍正在一份为反对一种如此发指的差异而颁降的诏书中,命令堕民们应受到与其他臣民们同等的待遇,他们可以参与科举并取得爵位,以便其中出现贤士时,也能够充任国家公职。这道圣旨颁降天下,任何人都未曾提出过异议,惟有绍兴文士们例外。这些人思想活跃,他们的部分荣誉便是侮辱这些不幸的人,他们有权随意极端轻蔑地对待这些人。他们反对有人希望对这些人作出的赦免或圣宠,会乱哄哄地去向该城的知府告状。①

清代范寅继承明代徐渭对堕民的看法,将堕民定性为"下愚不移",乃是"天生贱胚"。天地生人有尊有卑,有贵有贱,有大有小,有君子也有小人。"尊君父,卑民子也;贵官长,贱工役也;大长老,小少幼也;君子守道有德,小人聋昧玩嚚也。自古圣王遵此则治,违此则乱。虽甚仁,覆只能一视同仁,不能使尊卑、贵贱、大小、君子小人毫无区别而混同也。"故《易》云:"天尊地卑,乾坤定矣。卑高以陈,贵贱位矣。"天地非有意区别,圣王也非无心拔濯。其所以自贱,非贱于其自身,乃贱于其心其性。孔子云:"性相近也,习相远也。""唯上知与下愚不移。"越之堕民,犹徽州伴当,严州九姓渔户,江西贵溪的畲族,均为五官四肢,世代锢为人役,自为婚姻,不与民齿。徐渭作《会稽县志风俗篇》,以其为宋焦光瓒降金所部,故贬为堕民。茹敦和作《越言释》,以世无终古之罪,应化贱为良。严州太守劝谕九姓渔户弃船居岸,奏除其贱籍。但九姓渔户仍以船为家,以娼为业。畲族冠如狗头,世为农役,不敢取值,妻子借养而已。畲族传为黄帝狗官正,已届几千年,何尝锢之。此证孔子所言"习相远"而"下愚不移",也即韩非子所言"有性恶"者。

乃堕贫者,徐(渭)《(会稽县)志》未必可疑,茹(敦和)《(越言)释》终嫌其凿。前不见古人,何由质证以传信?第迹其行事,为人比周顽嚚,自为风气;不分孤寡,不恤穷匮;饮食是贪,货贿必冒;不可教训,不知话言;男不耕,女不织;贫富民家皆其畎亩,婚嫁男女譬其刈获;祭埽则乞墦间,生死必往聚敛。其境堪怜,其情堪悯,而其行实可贱焉。此不必锢而自锢,即欲化而无由化者,非天地之有意区别,实以乃祖乃宗贪逸豫而逃勤苦,丧廉耻而习谄谀,甘居人下,安之若素。如其积习不振,贸然拔伍凡民,是率天下弃农桑而召冻馁;是使卑逾尊,贱妨贵,少陵长,君子道消、小人道长也;是使世人皆君父而无民子,下学禽兽之无别。若是者,彝伦攸斁,天下大乱。故徐(渭)《(会稽县)志》秉笔直书,不失传信传疑之旨;而茹(敦和)《(越言)

释》煦仁孑义,尽属谀世媚世之私。抑又闻之越城三大街,堕贫开店,小康
辄往徽、扬商贾,潜入民籍。圣王宽大,何尝根究,不与其自新乎? 在自振
作,岂在人哉? 沾沾焉去锢是急,是昧谋治之大道,违天地,要圣王,执一偏
私之见耳。堕贫有知,其去雷狗民几何:其无知,虽有严州太守,其不类九
姓渔船者,希矣。①

然而,大多数平民仍视堕民为另类,不愿与之通婚。极少数从事贱业发家
致富的"脱籍堕民",希望能与平民通婚,甚至将女儿嫁入地方士族大家。《诸暨
钟氏族谱》就记载了光绪九年(1883)的一个案例。诸暨县有一位来自祝家庄的
陈姓堕民,曾向地方官吏申请改业脱籍,地方官以其未过三代清白家世,尽管发
布了严禁豪强勒逼凌辱堕民的通告,仍保留其"堕民"称号。钟氏家族的钟邦
化,经由媒人介绍,拟娶陈姓堕民的女儿为妻。此事在钟氏家族中引起轩然大
波,钟氏族长责令终止婚约,并另外选了一个未婚妻,还提供了一笔不菲的礼
金。但钟邦化不为所动,仍然固执己见。钟氏族人乃召开家族会议,决定告官
诉讼,以保持家族的清白血统。地方官依据雍正元年除籍令,堕民已属良民,不
应再受到不公平对待,阻碍"脱籍堕民"与平民通婚乃违法行为,据此驳回了其
诉讼。钟氏族长怒不可遏,将钟邦化逐出祠堂,其子女也不得入谱。

堕民作为清初除籍的得利者,本应感激涕零,却并不领情。巴多明神父记
述绍兴知府召集堕民中的"显贵人物",宣布除籍的"浩荡皇恩"。"他将堕民中
的显贵人物传到其大堂,用华丽而动听的词藻向他们宣布了皇帝的浩荡皇恩。
他然后又如同用自己的语言一般地补充说,这种皇恩是有条件的,其中第一项
条件就是他们自己不从事普通职业。这些可怜之辈于是便怆天呼地打断了他
的话,声称有些人为了自己的荣誉,想让他们饿死,因为他们没有其他的谋生手
段。"②堕民除籍前提,乃是不再从事贱业,遂怀疑除籍别有用心,欲置其于死
地。"惟有明二百七十七年何以不与昭雪,有清二百六十七年屡予自新,则由堕
民自乐其业,不愿改操所致。"③清末,绍兴一位开明的陈姓读书人,善意地劝导
堕民勿自甘卑贱。陈姓读书人对老嫚说:"你逢年过节不要来了,现在,你们的
地位已和我们……"未等陈氏将话说完,老嫚即现惊异神色,急切地反问:"侬来
话啥西? 伢勿靠主顾靠啥人去? 侬好比伢格再生爹娘、救命恩人,怎么能抛弃

---

① (清)范寅:《越谚》卷下《论堕贫》,光绪八年刻本。

② [法]杜赫德编:《耶稣会士中国书简集·中国回忆录》第4卷,大象出版社2005年
版,第136页。

③ 《安昌风俗补》,《民国绍兴县志资料》第2辑第4册,广陵书社2011年版,第97页。

伢呢?"①堕民以为平民抛弃其不顾,而堕民依赖平民主顾为生。陈氏一时语塞,无言以对。堕民习于贱业,不思进取。

堕民虽然从事贱业,但收入尚有保障,另改新业,与其他平民竞争,势必遭到排挤,难于为生。"清末及民国初年迭经政府谕令解放并改良职业,但堕民既以生活习惯,久成定型,怠于改进,复以原有职业工作不苦,又可男女合作,工作时间又非终年固定,狃于安逸,不乐改变,所以直到现在还是依然照旧。"②堕民除籍有诸多前提条件,必须改业,还要四世清白,亲友也不能从事贱业,才能获得遥不可及的参加捐考的权利。而堕民目前最需要的乃是解决自己的生存问题。"雍正间,虽有除籍之谕,然民间之贱视如故。"③清初堕民被除籍后,在日常生活中仍被歧视,被豁者本人也不能取得全部的政治权利,但准许从事农业、手工业和商业,也准许习文读书,却不准应试出仕或捐纳为官,直到第四代孙及本族亲友均清白自守,才准许报捐应试。

但是,雍正的除籍令仍具有重要的历史意义。除籍令毕竟从法律上为堕民解放提供了可能,清政府放弃对堕民的严格控制,使贱民有了脱离贱籍的法律依据,堕民只要依据政府提出的条件申请改业从良,就能够逐步成为正常的社会成员,若干代后还能应试做官,为堕民的解放开辟了道路。堕民若与平民发生纠纷,也能以平民的身份提起诉讼,不再因贱民身份而不受法律上的保护,遭受不应有的歧视与侮辱。

---

① 裘士雄:《鲁迅笔下的绍兴堕民》,《绍兴话旧》,中国戏剧出版社 2011 年版,第 82 页。

② 秦人:《杭甬段沿线的特殊民族——堕民》,《京沪沪杭甬铁路日刊》1937 年第 1912 期。

③ 诸暨民报社编著:《诸暨风俗志》,《诸暨民报五周年纪念册》,1924 年。

第三章　清末收教堕民运动

堕民被严禁接受教育，不得参加科举考试。堕民是何时被允许建立堕民子弟学校，有哪些著名的堕民子弟学校？堕民子弟学校的成效如何？[①] 清末宁绍绅士卢洪昶上奏清廷，创建宁波最早的堕民子弟学校——育德农工学堂。绍兴绅士黄寿衮四处呼吁，历尽艰难，创建绍兴最早的堕民子弟学校——同仁学堂，培养了堕民子弟从事农工的技能，为堕民改业从良，融入主流社会，打下了坚实的基础。

第一节　晚清浙江绅士倡导"教育救国"

堕民被剥夺接受教育的权利，不能读书识字，更不得参加科举考试。明清的法律严禁堕民接受教育，明代晋王府有一乐工颇受晋王宠爱，乐工子弟欲入学读书，原任提学副使已同意考送入学。后来，陆文裕出任山西提学，却行文将其黜出学校。虽经晋王再四求情，陆文裕也不给面子，并声称："宁可学校少一人，不可以一人污学校。"[②] 钟毓龙在《科场回忆录》中记载，凡是参加科举考试，必须有廪保，由廪膳生担任，以担保考生身家清白。"凡娼、优、隶、卒之子孙，均

---

① 堕民子弟学校的创办，引起学界的关注。经君健在《清代社会的贱民等级》中提及清末宁波和绍兴堕民子弟学校的创建，称赞卢洪昶解放贱民的义举。俞婉君撰写《贱民捐资办学的创举：绍兴同仁小学的历史地位》，盛赞同仁小学是第一批贱民学校，由堕民捐资创办和维持，由堕民组成董事会监管，成为绍兴城区颇有知名度的新式学堂，为推动贱民解放取得成绩。俞婉君撰写《论堕民解放运动的发轫》认为堕民解放运动发轫于清末宁波绅士卢洪昶发动的捐建农工小学堂，原因在于受到商品经济的冲击，以及思想启蒙运动的影响。裘士雄也撰写了《黄寿衮和他创办的绍兴同仁学堂》，对黄寿衮创办同仁学堂的经过做了详细介绍，对其创办同仁学堂的贡献做了高度评价。但学界对堕民子弟学校的成效，缺乏翔实而客观的评价。

② （明）焦竑：《玉堂丛话》卷之五《方正》，新华书局1981年版，第160页。

不得应试。"其他,"若家人、长随、司阍者之子孙,剃头者、剔脚者之子孙,喜娘、轿夫之子孙,皆谓之身家不清,不得考试"。喜娘和轿夫乃特指"丐户"。"宁绍等处,有堕民,其子孙亦不得应试。"究其原因,"盖旧时考试为士子进身之阶,考取之后,异日举人、进士而作显官,例得褒封三代。倡、优、隶、卒而受褒封,谓之有玷名器,故不许其子孙考试,以杜绝其根本"①。《大清会典》三令五申:"童生考试有冒籍、顶替、请代、匿丧、假捏姓名、身遭刑犯,及出身不正,如门子、长随、番役、小马、皂隶、马快、步快、禁卒、仵作、弓兵之子孙,倡优、奴隶、乐户、丐户、蜑户、吹手,凡不应应试者混入,认保派保互结之五童,互相觉察,容隐者五人连坐,廪保黜革治罪。"②堕民后裔因其"身家不清",被法律排除在科举考试之外。但也有极为罕见的例外,晚清堕民画家蒲华曾三次参加科举考试,虽然仅得秀才,但已是凤毛麟角,也不知其何以能够蒙混过关。(图 3.1)

图 3.1　晚清考取秀才的堕民画家蒲华(1834—1911)

绍兴"城乡开设的私塾和学堂,堕民的子弟不能插足,同学们认为与堕民的

---

① 钟毓龙:《科场回忆录》,浙江古籍出版社 1987 年版,第 5 页。
② (清)昆冈、李鸿章等修:《光绪朝大清会典》卷三十二,光绪朝版本。

子弟为伍,有损人格,即使是有天赋的堕民子弟也终为学界所摈斥。因此,几百年来,堕民始终被剥夺受教育的权利,文盲占绝大多数。堕民不得赴考。即使稍有资产,也不得捐资纳官"①。清末三埭街已有专门招收堕民子弟的私塾,以培养堕民"戏文子弟"。家住堕民巷唐皇街的绍剧"当家老生"李玉水也曾在三埭街的私塾接受教育。"清光绪末年,李玉水曾在绍兴三埭街私塾读过《四书》,所以文化程度比一般绍剧演员稍高。因为旧社会绍剧子弟,大都无力入学,很少有文化。"②李玉水因在绍剧同业中文化水平较高,故能读懂台词,熟读剧本,成为著名绍剧演员陈鹤皋的老师。

慈城自宋以来产生过 5 位状元,534 名进士,以及上千名举人。"慈城是个崇尚教育的古城。慈城的堕民身处这样的环境中,也认识到教育对人的成长至关重要,尤其是像他们这样迫切希望改变命运的人。同时,堕民也早从自己接触的脚埭东家的兴衰之变中明白:教育,包括家庭教育,于他们的孩子是何等重要呵!"③但堕民却被禁止读书识字,更不用说科举及第。慈溪天门下女堕民回忆,夫家七代都是剃头师傅,逃离了天门下。从公公上数五代祖太公都会读书,特别是太公,一门心思想考个秀才。"太公自幼喜欢读书,他常常翻入同村邻家的矮墙,伏在私塾的窗台听先生讲课,因而常常被邻家当作贼而捉。大家都乡里乡亲熟悉的,如此辱之,太公的父亲为争一口气,就替太公请了先生。当时的先生是不愿教我们这号人的,而太公的先生家也很穷,可能是个败落秀才,也是出了名的'馋痨先生'。但这个先生肚里的墨水倒也不少,教了太公很多学问,对课对得特别好。"太公被誉为村里的"土秀才",能写一手好字,过去村里穷人请菩萨、祭祖宗的祭文,大都是请太公代劳。每年的对联也是太公书写。太公的理发店门口有一副颇为大气的对联:"遇我盈升冠,逢人皆剃面。"太公年轻时前往沈家剃头,见东家换了对联:"青山有约皆当户,流水无情自入地。"遂与东家少爷递头时,建议更换二字。沈家乃书香门第,堕民有何资格说三道四。沈家老爷请太公前去一趟,太公全家都怨其祸从口出。太公来到沈家后院的书房,太公指着上联的"约",建议改为"影";指着下联的"情",建议改为"声"。对联遂为"青山有影皆当户,流水无声自入地"。沈家老爷拍案叫绝。衙门的公差带了一纸,要求作对。上句为"容易春秋佳日过"。太公脱口而出"最难风雨故人来"。公差将太公带进衙门,县官老爷看了对联,击掌叹息:"只可惜吃错轧头

① 浙江民俗学会编:《浙江风俗简志》,浙江人民出版社 1986 年版,第 281 页。
② 沈季刚:《绍剧艺人陈玉水》,《绍兴文史资料选辑》第 1 辑,1983 年,第 57 页。
③ 王静:《中国的吉普赛人——慈城堕民田野调查》,宁波出版社 2006 年版,第 192 页。

饭。"①太公虽然有学问，却从未圆过秀才梦。

余姚堕民被禁止参加科举考试，禁止做官，也不得读书。"不过，文堕民要把赞礼的程序和祝辞，念得有板有眼、宛转圆润，把文意深奥的字句、曲调，唱得韵清字正，那非要读书识字不可。而堕民想入学，学堂拒收，到私塾里去，也会受到排挤欺侮，所以只得请位教书先生来，在自己村子里开课，教出自己的堕民先生来。这样，学习婚丧喜庆各种礼仪、祝辞文意、曲艺腔调，就有入门之途了。"②绍兴堕民只能从事唱戏等贱业。"他们没有其他职业可就，也就一心一意专在这套吹唱本领上下功夫。在学堂创办以前，其中较为富裕的艺人延师教他们的孩子，用曲本当课本，教拍板和工尺，随带教几首与唱曲有关的诗歌，准备加入文班。"③堕民被剥夺参加科举考试的机会，自然也就堵塞了其担任官职的仕途。明代堕民甄某欲以重金捐官，被检举揭发而未成。"近日一甄姓者，绍兴人也，善医痘诊，居京师。余幼时亦曾服其药，后起家殷厚，纳通州吏，再纳京卫经历，将授职矣。忽为同乡掾吏所讦，谓其先本大贫，安得登仕版。甄刻揭力辩其非，云大贫者，乃宋朝杨延昭部将焦光瓒家丁，得罪远徙，流传至今，世充贱隶，甄氏初非其部曲也。然其同乡终合力挤之，迄不敢就选，而行医则如故。"④甄某虽百般狡辩，但终与官场无缘。史籍没有堕民混迹于官场和政界的记载，堕民接受教育也仅仅局限于从事堕民吹唱行当所必需的知识。

鸦片战争以后，中国进入半殖民地半封建社会，给人民带来深重的灾难。特别是1894年的中日甲午战争，令中国人民深深地背上民族的耻辱。有识之士积极参与挽救民族危亡的维新变法，提出种种挽救民族危机的方案。资产阶级维新派的代表康有为，在其秘不示人的《大同书》中，提出《去级界平民族》的建议，认为"凡多为阶级而人类不平等者，人必愚而苦，国必弱而亡，印度是矣；凡扫尽阶级而人类平等者，人必智而乐，国必盛而治，如美国是矣"⑤。康有为为此提出在中国废除等级制和奴隶制，解放所有奴婢以及疍户、乐户、堕民、倡优，改贱为良，阶级平等。

> 疍户、乐户、丐户之别异流品，不过以其执业过贱而抑之耳。然疍户操舟，与为农工何异。乐户执篾，尤为雅业，何贱之有。丐户则宜编于恤贫

---

① 王静：《中国的吉普赛人——慈城堕民田野调查》，宁波出版社2006年版，第150页。

② 吕衷才：《谈余姚的堕民》，《余姚文史资料》第8辑，1990年，第172页。

③ 沈季刚：《绍剧史片断及绍剧名艺人史略》，《绍兴文史资料选辑》第1辑，1983年，第215页。

④ （明）沈德符：《万历野获编》卷二十四《风俗·丐户》，道光七年姚氏刻同治八年补修本。

⑤ 康有为：《大同书》，上海古籍出版社2014年版，第86页。

院,督以作工而教诲之,岂可永远黜弃,摈出平民,俾其世代子孙贱不得伸矣。若夫优倡、皂隶并斥流外,原其执业太贱而身近官人,恐其转瞬变化,即服官在上,以浊流杂清流,以贱人凌贵人耳。此在君权独私之世,故虑防宜深,若宪法既立,清议盈途,报纸溢国,岂易私一下流而授以官哉!若夫优者实为乐人,古之贤者所托而今各国学校之所学,风俗教化恒必由之,今中外贵人亦多戏友,此更无待于摈斥矣。皂隶虽役于官,然力抑其进上之途,则彼愈无发扬之望。夫人必有希望之心,乃有进上之志,今既绝之以进上之途,则彼不从恶而包羞,作奸而犯法,将何为矣?是迫之使为恶,甚不然也。立法者将导人以上达,则人争向上而为义;将抑人以下达,则人争向下流而为恶,夫何事导人为恶哉!今中国皂隶无耻而为恶至矣,民受其害甚也,为良吏者开口辄言严胥差,盖由习俗之深而先以恶人待之矣。夫皂隶既不能免,则岂可使环官之左右者皆恶人,而待官之一人严之乎!此亦立法者之过也。古之府吏胥徒,皆为庶人在官,汉之吏役,并与登进,各国同之。然则摈黜皂隶,乃近法不平之法也。人权之自立既明,男女绝无怨旷之苦,时无倡家,可不须禁。然而向来所有蛋户、乐户、丐户、优倡、皂隶,皆多为品流,有害平等之义,有损生民之用,宜予蠲除,概为平民,一变至道,近于太平矣。①

八国联军的侵华战争以及因战败而签订《辛丑条约》,让中华民族陷入深重的民族耻辱。近代中国社会大动荡、大分化和大转折时代,绅士阶层也发生分化。绅士乃退职乡居的官员和生活在地方的举贡生群体,属于特殊的特权阶层。他们凭借原来的官品和功名身份,享受许多法定和法外的特权,对地方事务享有极大的发言权或影响力。绅士属于承上启下的中间等级。朝廷和官府的旨意需要依靠乡绅的努力贯彻民间;而思想教育也必须通过绅士的示范和说教,推行伦理教化。绅士是传统社会秩序的维持者,也是封建统治的重要支柱。但绅士又在野,生活在基层。他们较少有思想束缚,更能感受到社会的要求,受到社会变化的影响。空前的民族危机和社会危机,促使许多绅士走上"教育救国"的道路,晚清浙江绅士兴起一股声势颇大的兴学热潮,从省城到各州县乃至乡村创办各种新式学堂。其中著名的有1896年孙诒让创办的瑞安学计馆;1897年浙江当局创办的求是书院,绍兴绅士徐树兰创办的绍兴中西学堂;1898年杭州知府林启创办的杭州蚕学馆,宁波绅士创办的储才学堂,湖州绅士创办的湖州中西学堂,温州士绅创办的中西时务学堂。宁绍绅士创办的堕民子弟学校,更是别具一格。

---

① 康有为:《大同书》,上海古籍出版社2014年版,第88页。

第二节 宁波绅士奏建堕民子弟学校

清末浙江绅士揭开了"收教堕民"运动的序幕。揭开宁波"收教堕民"运动序幕的是宁波绅士卢洪昶。卢洪昶,原姓戎,9岁为同里卢氏养子,改姓卢,又名鸿沧,鄞县人。14岁赴杭州,在纺织学校当学徒工。后到上海一轮船做工,升为副理。甲午战争爆发时,船只被征运送军备,往来于渤海辽东之间,屡次以奇计脱险,颇著声望,为盛宣怀所器重。应盛宣怀邀请,参与汉口铁工厂等经营管理,继提举船政,并在宁波等地兴办教育。他目睹宁绍地区的堕民,其子弟虽有才智也不得上进,遂以解放堕民为己任,捐资创办堕民子弟学校。"宁绍二府属旧有丐户,堕民之族为人群所贱视,虽有材智不得自见于世。洪昶悯之,为之奔走时贵之门,代吁不平,乞类请解放。一时显宦高其义,合词上闻,准旨解除丐籍,得与齐民齿。洪昶又创办学校三所,以收教出籍子弟,在宁波者二所,曰育德,在绍兴者一所,曰同仁。其由校毕业者,洪昶又各因其材,或升学或资遣出洋学习农工各科,或即令人商界,期必各有成就,一时舆诵比诸林肯之放黑奴。然洪昶历年所积赀倾矣。"[①]卢洪咏先后任汉口交通银行经理、汉口总商会首届总理,第二四届议董,第七八届特别会董。辛亥武昌首义,南北骚动,富豪纷纷从银行提款汇解北方各商埠。卢洪昶被诬告"私通"清政府,"逃匿"资金,"破坏"革命。汉口银行界对卢洪昶群起而攻之。忽传宁波发难为其子卢成章及其创办的育德农工学堂子弟,群言始息。卢洪昶受此无妄谤毁,乃退隐杭州,筑室宁波月湖边,自号"极乐阁",潜心养性,享年82岁。卢洪昶致力于堕民解放之举,时人比为美国总统林肯解放黑奴。(图3.2)

卢洪昶同情堕民的悲惨处境,主张解放堕民。"堕民之目,不知起自何代,相传为宋罪俘之遗,元称怯怜户,明太祖定户籍,扁其门曰丐,故亦称丐户,不与齐民齿,男女自相配偶,为人执猥下役,以活其族,未始无材智出众者,人亦群相困辱之,不使小有上进。在元时本分置苏松浙民间,今惟浙东宁绍二郡有之。而宁人虐该族较绍尤甚。"卢洪昶"见而怜之曰,同是人曰,而强名丐,名堕,以辱之不平,何如焉,吾誓拯之出,以全人道"。卢洪昶遂四处奔走,为解放堕民不遗余力。"时洪昶提举船政,达官显宦往来江海间者,多与之识。洪昶遂以情告,皆诺其请。初拟由浙绅联名呈浙抚请代奏,为堕民出籍,并议建立农工学校,收

---

① 《卢洪昶》,《鄞县通志·文献志》,上海书店出版社1993年版,第200页。

图 3.2　虞辉祖与卢鸿沧(陈一鸣供图)

教出籍子弟。"①卢洪昶联合同情堕民处境的绅士联名请浙江巡抚代为上奏,要求为堕民除籍,创办堕民子弟学校,教育堕民子弟,以重新做人。(图3.3)

　　具禀江苏候补同知卢洪昶、翰林院庶吉士高振霄、举人叶梧春、范贤方、邵遵南、孙祖烈、汪宪章、魏友枋、贺绍章、梁锡瓒等。为钦遵恩旨筹办农工小学堂,谨拟章程敬乞核咨备案事,窃职等于上年九月初三日禀请招建农工小学堂,收教堕民,敬乞奏准立案,削除贱籍等情,业蒙钧部核准具奏,钦奉恩旨俞允在案。伏读钧批,该绅卢洪昶独力创建学堂,专教堕民子弟,仰即切实筹办所有,拟定该学堂章程,及一切开办情形,仍应随时禀呈本部咨行学务处查核,等因奉此,窃维此项堕民,自宋迄今屈辱殆及千年,仰荷仁宪奏奉恩旨,一旦予以自新,准令就学,二万余户同深钦忭。职等遵即详订学章,妥拟办法。其一切课程规则,敬谨遵照钦定学堂章程内艺徒学堂、初等农业学堂、初等小学堂各学章参酌拟订,以期合于此项学生程

---

　　①　陈训正:《堕民(丐户)脱籍始末记》,《鄞县通志(二)·文献志》,上海书店出版社1993年版,第380页。

度。俾得普通智识，从事农工实业为宗旨。职洪昶遵即先设学堂两所，即筹措开办经费，度地定名，修盖斋舍，延聘教员，购备仪器图籍，并预筹常年的款，以期持久。职洪昶竭尽绵力，妥慎筹办，敬以副朝廷惠保民生之至意与钧部广励实业之苦心于万一。谨开呈学章清单及开办情形清折各一扣，敬乞钧部恩赐核准，咨行学务处备案，再此禀信，职洪昶主稿，谨会同高振霄等合词敬陈，嗣后学堂事宜，即归职洪昶独力支持，仍随时禀陈一切，合并声明，陈具禀闽浙督宪、浙江抚宪登核备案外，所有领遵恩旨筹办农工小学堂谨拟章程，敬乞核咨备案，缘由是否有当，伏乞恩准施行，实为公便，职员卢洪昶等谨禀。

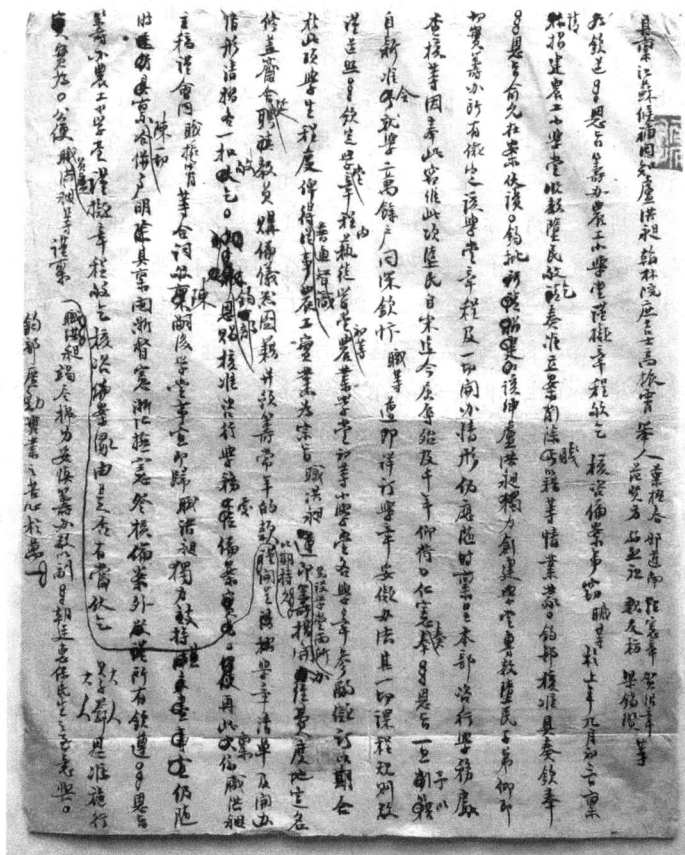

图3.3　卢洪昶等宁波绅士联名请浙江巡抚代奏筹办堕民子弟学校原件①

---

① 原件由骆炀提供，2021年4月5日。

鉴于清廷热心创办新式学堂,农商部左丞王清穆建议由商部代奏较呈浙江巡抚转奏更为快捷,乃采纳其建议,以捐建农工学校的名义呈文商部,请求朝廷再申成宪,永远除去堕民丐籍,除去堕民称呼,准与齐民同列。"既而农商部左丞王清穆与洪昶遇,洪昶告以故,王曰:何不以捐建农工学校名义具呈本部,本部可专本具奏,请特旨开放,较呈抚转奏为捷。"①1904 年 10 月 11 日,宁波绅商卢洪昶、高振霄、叶梧春、范贤方、邵遵南、孙祖烈、汪宪章、魏友枋、贺绍章、梁锡瓒等 10 人,为了谋求堕民解放,要求捐建堕民子弟学校,收教堕民,削除其贱籍。商部遂以此上奏光绪皇帝。

奏为浙绅捐建农工小学堂,收教堕民,仰恳特旨,申明成宪,永除丐籍,以宏教育而光皇仁,恭折具陈,仰祈圣鉴事:窃臣部据浙江绅士、江苏候补同知卢洪昶等呈称,浙省堕民,散处各郡,不下二万余人,相传为宋将焦光瓒部落,由宋降金,故编其籍曰"丐户"。男女操业卑微,群萃州处,自为种类,不得与齐民齿。伏查雍正元年九月己未,世宗宪皇帝扩如天之仁,特除浙省堕民丐籍,俾得改业自新。而习俗相沿,厥界未化,非第报捐应试,万无可望。即耕读工商,亦且动遭钳制。职等居同邑郡,目击详情,窃意若辈同系子民,同在圣世,何可使之不学无术,囿于贱业。职洪昶拟就堕民处所,犹力捐建农工小学堂两所,延聘教习,购置仪器,招致堕民子弟入堂肄业。拟请遵照雍正元年成案,禀恳恩旨永除丐籍,销去堕民名目,准与齐民同列。将来毕业学生,准其升入官私各学堂,给予出身,呈请酌核,具奏等情前来。臣等窃查,浙江丐户,始于南宋,沦入卑贱,几及千年。迨我世宗宪皇帝仁慈遍覆,禁网宏开,悯彼无辜,始得宽典。伏查《会典》事例,雍正元年,部议复准浙江绍兴府属之堕民,贱辱已甚,行令删除丐籍,改业自新。又乾隆三十六年,部议复准乐户、丐户改业为良,耕读工商,悉听自便,下逮四世,准其报捐应试,各等语。是丐户名目早已删除,以历史绵远,习俗相沿,部章虽许其自新,乡曲或未能遍喻,加以土棍势豪借端压制,致令深仁厚泽未能遍沾。伏念国家德化翔洽,沧浃寰区,凡属编氓,咸登衽席,即如山陕之乐户、广东之蜑户、安徽之世仆,自弛禁除籍以后,民间一切相安。丐户事本相同,未便仍沿旧习。方今朝廷推行新政,各省广设学堂,并振兴农工商各项实业,海内士民,承流仰化,版册蕃庶,学务革革。此等堕民,既准改业为良,岂忍听其自为风气。且自雍正元年至今一百八十余年,脱籍已逾四世,沐浴圣泽,被濯旧污,岂无颖异之才,足资造就。臣等博考掌故,

---

① 陈训正:《堕民(丐户)脱籍始末记》,《鄞县通志(二)·文献志》,上海书店出版社1993 年版,第 380 页。

旁谘舆论，该绅等所禀各节，确系实情。可否仰恳天恩，明降谕旨，申明成宪，永远删除丐籍，不准再沿堕民名目。该学堂毕业学生，准其升入官私各学堂，一体予以出身。其就农工商各项生理者，准与平民一律宽待，俾营实业。庶几宣爸圣泽，广育人材，于治理实有裨益。所有绅士捐建农工小学堂，收教堕民，仰恳特旨，申明成宪，删除丐籍缘由，理合恭折具陈，伏乞皇太后、皇上圣鉴训示。①

商部上奏时，特别说明解放堕民的意义，目前朝廷推行新政，要求各省广设学堂，振兴农工商各项事业。堕民于雍正元年既准其改业为良，乾隆再次以堕民四世家世清白准许捐考，自雍正元年迄今已近二百年，脱籍已逾四世。应徇浙江绅士所请，创建农工学堂，收教堕民子弟，准其毕业后升入各级学校，一视同仁。慈禧太后当天即阅览了商部奏折，并颁布谕旨，同意商部意见，至于堕民子弟毕业后待遇，批转学务大臣依例办理。有的学者据此认为1904年的"收教堕民"诏令，明确宣布整个堕民阶层脱籍，堕民从此在政治上获得了平等地位，恐非事实。②

第三节　宁波育德农工小学堂的创建

商部接到以慈禧太后和光绪皇帝的名义颁布的谕旨后，于1904年12月11日向浙江巡抚衙门发出有关文件。1905年4月21日，宁波知府喻兆蕃公布《为堕民设立育德小学堂告示碑》，明确表示按照请廷上谕办理，开办育德小学堂，议订学章，所有课程遵照钦定学堂章程拟定，赞赏卢洪昶等人设立学堂2所，筹措开办经费，延聘教员，购买图书仪器，并要求各县将贱籍姓名人数造册具报，责成各县堕民将年幼子弟报名送学，毕业后即可给予出身。《为堕民设立育德小学堂告示碑》设于宁波西门堕民聚居区盘诘坊老郎庙。"上谕商部奏浙绅捐建农工小学堂，收教堕民，恳恩除籍一折。浙江堕民，雍正年间已准除籍。自乾隆年间议准本身改业，下逮四世清白自守者，准其报捐应试等语。现在该绅议设农工小学堂，俾营实业，以广造就，著照所请。至毕业后应如何一体给予出身之处，著学务大臣查照成案办理。钦此。"③20世纪90年代，该碑被征集到北仑

---

① 《商部原奏光绪三十年十月二十二日》，《绍兴县立同仁小学校廿周年纪念刊》，1925年，藏绍兴市图书馆。

② 俞婉君：《绍兴堕民》，人民出版社2008年版，第187页。

③ 《光绪三十年十月二十二日上谕》，《商务报》1904年第34期。

博物馆,现珍藏于宁波中国港口博物馆。碑质为梅园石,通高 175 厘米,宽 72 厘米,厚 13 厘米。碑文为楷书,17 行,147 字。碑额为"圣旨",两边饰有龙纹。中间为告示,由宁波府知府喻兆藩撰文。(图 3.4)

卢洪昶等人将农工小学堂章程送宁波知府喻兆蕃审阅,喻兆蕃大加赞赏,指示将各县堕民人数上报。"现有宁郡卢绅洪昶议立堕民学堂一所,业由该绅捐集巨款,拟提定章,禀府立案开办。宁府喻庶三太守阅禀,颇为嘉赏,批饬各县将境内原有堕籍详查禀复。"①喻兆蕃一再"札饬各县将合郡原籍堕民查明造册外,一面示谕各堕民,俟卢绅办有端绪后,即将幼年子弟送入学堂肄业"②。1905 年 11 月 6 日,宁波农工小学堂正式开学。"宁郡创建堕民农工小学堂,现已告成。定于初十日开堂,浙提宁道率同宁府鄞县各官到堂,举行开校礼。"③卢洪昶拟于西门设立二所农工小学堂,其中一所将雷祖殿作为校址。"甬绅卢洪昶前筹集巨款,设立堕民小学堂,兹已议妥章程,拟于西门江东二处各设学堂一所。现已将西门雷祖殿改为学堂,住持僧由卢绅给以洋银五百五十元,立据迁让,大约不日可先开办。"④浙江巡抚也谘照学务处:"据浙江宁波府绅士卢洪昶议立堕民学堂一所,现经捐集巨款,建房开办,并将拟定章程,呈明照章立案。"⑤浙江巡抚也支持创办堕民子弟学校。

1905 年底,卢洪昶在西门盘诘坊白华庵、雷祖殿、义火祠创办育德初等农工小学堂,招收堕民子弟 70 余人,分设三班。聘请林端辅、俞鸿楷、虞菱舫、张世枸等为教师。校中大礼堂前悬挂一块匾额,朱底金字,边饰双龙,上书光绪谕旨全文。1908 年,卢洪昶鉴于堕民子弟增多,原有校舍不敷使用,遂再次筹集巨资,在江东忠介街购买广福庵屋宇,改筑一所洋房,创建育德第二小学堂,也招收堕民子弟入学。两江总督端方为育德农工学堂撰写二付对联,一曰:"群族竞争,观以佛家平等法;十年教训,养成君子六千人。"⑥二曰:"尧舜皆可为,人贵自立;将相本无种,我视同仁。"⑦孟子曰"人皆可为尧舜",贵在自立。陈胜曰"王侯将相宁有种乎",人人平等。

卢洪昶在宁波创办的二所堕民子弟学校,均聘请陈训正担任校长。陈训

---

① 《禀设堕民学堂》,《申报》1905 年 5 月 12 日。

② 《堕民学校续志》,《申报》1905 年 5 月 7 日。

③ 《堕民农工小学堂开校》,《申报》1905 年 11 月 10 日。

④ 《堕民学堂将此开办》,《申报》1905 年 5 月 17 日。

⑤ 《议设堕民学堂》,《教育杂志(天津)》1905 年第 7 期。

⑥ 端方:《宁波除籍堕民学堂》,《宁波楹联集》,宁波出版社 2011 年版,第 45 页。

⑦ 端方:《题浙江宁波除籍堕民农工学堂》,《古今行业楹联》,中华书局 2008 年版,第 87 页。

图 3.4　为堕民设立育德小学堂告示碑(现藏宁波港口博物馆)

正,字屺怀,为慈溪西乡官桥(今属余姚)人,陈训正与陈布雷兄弟追随孙中山参加辛亥革命。1903 年应考中举,但目睹清廷腐败,外侮日亟,注意经世致用之学,赴日访求图书仪器,并带回所觅蚕种。陈训正接受西方自由、民主、平等观念,主张教育平等,他非常同情堕民。"宁绍两属,有所谓堕民者。相传为明初元降将之裔,男女自为婚姻,不齿齐民,止服贱役,禁其读书。府君(陈训正)谋之卢洪沧先生,捐资创立育德小学校,择其秀者,导之入学,舆论哗然,群尼其事,府君不为动。而宁波知府萍乡喻公庶三,独左右之,为请于朝,废除堕民之禁。成立至今,且四十年,卒于是校而蜚声于世者,不乏其人。"①陈训正协助卢洪昶创办二所育德农工子弟学堂,并应邀出任二校校长。育德学堂专门招收堕民子弟入学,教他们识字,并掌握一两门技能,以便日后能在社会上谋生。"这一学校除文化基础课程外,着重工农业知识,当时所用之课本,即系陈氏自编,专用于务农学工而有成者,如高年级的课本中,有介绍贫农青年林、王二生有志办学,终于分别由专门研究工艺与农学而成才,对社会作出贡献。其主旨就在鼓励学生自力求知与兴办工业、改良农业。"②育德农工小学堂除了文化教育外,特别重视工农常识,所用的语文教本,就有陈训正自编的教科书。数百年的败俗被革除,堕民脱籍入学,义声振于一时。"数百年来深受封建势力压迫的堕民,从此获得解放,陈训正和卢洪沧为争取堕民脱籍之举,获得成功,时人比之为美国林肯之解放黑奴。"③陈训正乃倡导堕民职业教育的先驱,为宁波堕民的解放做出了重要贡献。(图3.5)

育德农工小学堂由卢洪昶独资承担,不堪重负。1906年,卢洪昶建议仿绍兴同仁学堂办法,将宁波原戏班帮贴各衙门的陋规,改充学堂经费,得到宁波知府喻兆蕃的批准。"甬郡农工小学堂昔年由卢绅洪昶独力捐资创设,至今已着成效。近因经费不敷,拟令各戏班将常年帮贴文武各衙门陋规,拨充该学堂经费。日前具禀宁府请为核示,由喻庶三太守批饬各属县遵照办理,至武营各衙门系提督主政,并饬该绅具禀吕军门核示。"④1909年,育德农工小学堂增添金工、木工和图稿绘画等实业科目。"宁波府教育会函致郡署,略谓前月奉到照会,转奉学部札催各处实业学堂应于本年按照奏定章程,加入实习科目,等因。当由敝会转知本郡育德农工小学堂,赶速增办。兹据该经董陈绅训正来称,刻拟遵章定设金工、木工、图稿绘画等三科,正在设法集资,商请校董卢绅洪昶置备机器工场,实地练习,并拟由陈绅前往各处调查实业学堂办法,以求完备而符

---

① 陈建风、陈建斗、陈建尾:《陈训正行述》,《革命人物志》第6集,1971年,第79页。

② 陈训慈、赵志勤:《热心兴办宁波地方教育的陈屺怀》,《浙江文史资料选辑》第45辑,浙江人民出版社1991年版,第279页。

③ 陈昌拔:《爱国爱民的文化名人陈训正》,《战斗在大上海》,东方出版中心2004年版,第265页。

④ 《禀请将陋规拨充学堂经费》,《申报》1906年7月7日。

图 3.5 育德农工学堂校长陈训正(1872—1943)

定章。"①卢洪昶按照实业科目要求,筹集款项,为育德农工学堂添设实习工场。"宁波育德工业学堂系由该府巨绅江苏候补道卢洪昶经营组织,成立三年,成效昭著。旧冬该绅又创捐巨款,拟即添设实习工场,购备机器锅炉,在甬东建造房屋,具呈省宪请予立案,当经增中丞批饬劝业道以机厂马力巨大,建设厂屋是否与地方民居别有窒碍,即仰饬查复夺,以昭郑重。兹据鄞县详复,谓该学堂添设实习工科,在甬东一图地方场所空旷,宜于建筑,与居民毫无窒碍,业呈送图表等件,由道转详,业奉抚宪核准,立案开办。"②1910 年 10 月 17 日,《四明日报》报道农工小学堂举行成绩展览会的盛况,会场有男女学生百余人,教育家五十余人,先由校长宣布开会宗旨,继由学生游艺,分唱歌、语文、理化、手工、算学、史谈、英语、演说、代镂画、黑板画、钢笔铅笔画等科目,学生均心灵手敏,精神活泼,参观者无不赞叹。迄 1911 年,育德农工学堂毕业三届学生,共七十余人。卢洪昶各因其材继续加以培养,有的升学,有的帮助出洋学习农工各科,有的安排进商界工作。卢洪昶热心堕民教育,历年所积罄尽。

辛亥革命以后,育德农工学堂完成其历史使命。"宁属各地之堕民,渐得与常人相同入学就业,这个学校才停办。"③1911 年冬,甬上绅士何育杰、叶秉良、

---

① 《育德小学遵添实业要科》,《申报》1909 年 8 月 4 日。

② 《农工小学添设实习工场》,《申报》1910 年 2 月 26 日。

③ 陈训慈、赵志勤:《热心兴办宁波地方教育的陈屺怀》,《浙江文史资料选辑》第 45 辑,浙江人民出版社 1991 年版,第 279 页。

陈训正、钱保杭等以"私力之经营,施实用之教育,为民治先路"为宗旨,以严复所译《天演论》中有"物竞天择,效实储能"之句,改名"效实中学"。1912 年,得到绅士李镜第资助,借堕民聚居的西门外盘诘坊育德农工小学堂原校址,创办"效实中学",招收学生 62 人,教员 10 人,学制 4 年。效实中学继承育德农工小学堂讲求"实学"传统。中学草创之初,颇为艰难,仅有楼屋两间。由于学生人数少,学费收入有限,教职员生活艰苦。教师爱校如家,学而不厌,诲人不倦,不慕虚荣,安于清贫。学校形成"热爱学校,勤奋教学,注重实学,讲求实效"的优良校风。效实中学自开创以来,师生共同努力,确定"以施实学为主旨",作为教学目标和准则。1928 年,旅沪等地同乡募款建造"中山厅"。1937 年 9 月,学校迁往鄞县高桥,学生 336 人。1938 年,又于上海牛庄路设立分校,学生多为旅沪宁波子弟。宁波沦陷后校本部停办。1942 年,上海分部改称"储能中学"。1945 年 10 月复校,条件异常艰苦,因获秦润卿大力资助,得于继续维持。1956 年,改名为宁波第五中学。1980 年,恢复效实中学校名。育德农工小学堂的办学成绩有目共睹。

宁波第一批堕民学校的创办,敲开了禁锢堕民不得就学的坚冰。堕民由进入专门的堕民子弟学校,发展到平民入堕民子弟学校读书,堕民以及贱民前往普通学校读书,迈开了堕民求学的艰难历程。清末堕民接受普通教育,逐步成为社会的共识,凡再囿于良贱成见,禁止堕民接受教育,不仅遭到谴责,甚至惩办。

第四节　绍兴绅士筹建堕民子弟学校

绍兴堕民也被剥夺受教育的权利,绝大多数都是目不识丁的文盲,清末无论公立学校还是私塾,均不允许堕民子弟上学读书。三埭街广为流传堕民文盲夫妻进行"特殊书信"交流的故事。"从前,三条街里有一对夫妻,都目不识丁,丈夫外出当戏子,平常夫妻俩有要紧事体要联系,都靠画图示意。某日,妻子在家等钱,写信给丈夫,丈夫接信后,拆开细读,只见信上画了条凳,凳上立着个人。晓得家里立等钱用。便托人给家里捎去一百元钱,并在信纸上画了四只狗,八只鳖。带钱的人知道信上没有写明钱的数目,就私自扣下十元,将其余的钱和信都交给了那个戏子的老婆。那妇人拿信一看,便对来人说:'嗳,还少十元钱。'那人道:'你怎么晓得少给十元钱?'戏子的老婆说:'四只狗(九)等于三十六,八只鳖(八)等于六十四,总共不是一百元吗?'那捎钱人听了脸红耳赤,只得将兜里的十元钱乖乖地交给妇人。"①三埭街遗老以自豪的语气,诉说这个故事,以此说明堕民富有聪明才智。但堕民作为文盲,不能识文断字,被文明社会所遗弃,此乃堕民辛酸的例子。

1904年12月29日,绍兴知府熊起蟠收到浙江巡抚和学务处的文件,于1905年1月30日下发文件给会稽县知县。商部将浙绅卢洪昶等捐建农工小学堂以收教堕民,永远除去堕民丐籍的奏折上报,慈禧太后和光绪皇帝以雍正年间既已除去堕民丐籍,乾隆年间议准堕民改业四世清白准予捐考。今浙绅拟创办堕民子弟学校,以便堕民改业从良,自应鼓励。至于毕业后的出身问题,由学务大臣查照成案办理。

> 绍兴府知府熊札会稽县知悉:

> 本年十二月十一日奉学务处宪札开,本年十一月二十三日奉抚宪聂案行,光绪三十年十一月初五日准商部咨开,光绪三十年十月二十二日本部具奏浙绅捐建农工小学堂,收教堕民,请旨永除丐籍一折。同日奉上谕:商部奏浙绅捐建农工小学堂,收教堕民,恳恩除籍一折。浙江堕民雍正年间已准除籍自新,乾隆年间议准本身改籍下逮四世清白自守者,准其报捐应试等语。现在该绅议设农工小学堂,俾营实业,以广造就,着照所行。至毕业后应如何一体给予出身之处,着学务大臣查照成案办理。钦此。相应恭录谕旨,抄粘原奏,咨行贵抚钦遵办理可也。等因到院。准此行处,查照准咨,钦奉上谕事理,即便移行钦遵。计粘草等因。奉此,合行札饬。札府即便转饬查照,钦遵毋违。计粘草等因。奉此,合行札饬。札到该县,即便查照,钦遵毋违。②

绍兴三埭街乃堕民最大的聚居区,绍兴绅士也仿照卢洪昶的做法,创办堕民子弟学校以收教堕民。"在封建社会里,堕民受人歧视,孩子长到七八岁,还无处入学读书,因'外街人'不准他们子弟读书。直到清光绪末年,才有一、二有识之士,创办同仁学堂于学士街,收堕民子弟入学,也兼收'外街'穷苦人家子弟。同仁者,取一视同仁、平等相待之义,但毕竟还是受人歧视。"③三埭街著名乾旦林芳钰(人称"芳钰倌")为了让三埭街的子弟能够读书识字,乃联合几个同行,屡次向绍兴开明绅士张震昌、黄寿衮等人请求,恳请为三埭街子弟的读书问

① 赵锐勇:《别了,中国的吉普赛人——来自堕民后裔的报告》,《野草》1988年第1期。
② 《绍兴府札会稽县文》,《绍兴县立同仁小学校廿周年纪念刊》,1925年,存绍兴市图书馆古籍部。
③ 沈季刚:《绍剧史片断及绍剧名艺人史略》,《绍兴文史资料选辑》第1辑,1983年,第215页。

题呼吁。绍兴绅士张震昌遂发起倡建堕民农工学堂,毕业后给予出身。但堕民操业低贱,收入微薄,恐长期办学难乎为继。堕民大都从事戏业,建议向戏班筹款,以确保农工学堂的常年经费。无奈文武衙门巧立名目,借公勒索,尽管明令除弊,勒碑申禁,但积重难返,戏捐维艰,遂要求绍兴知府"严批申禁",俾堕民"情殷乐输"。

> 五月二十九日初呈具禀职员张震昌等,年不等岁,住会稽县安宁坊。为感化自新,遵建学堂,公叩恩准立案,并乞严批申禁,杜积弊而广造就事。窃职等均各开张经营,安分株守,因念丐籍小民,共沐恩泽,苦于不学无术,困于贱业,既蒙上宪宏慈,奏请成旨,叠蒙恩准,除籍自新,一体捐建农工小学堂,量予出身,以宏教育。如非遵谕力筹款项,实心创捐建造,延请教习,广招各户子弟肄业,则恩谕虽许其自新,乡农仍不能遍喻。仍恐因循坐误,厥界未化,非特报捐应试万无可望,而且耕读工商动遭钳制。是以职等恭颂谕旨,弥深鼓励,竭蹶捐输,不遑暇食。惟丐籍操业卑微,筹款无多,初基虽具,恐防毕业为难。转辗思维,筹得一法。查丐户小民习业梨园居多,拟即向此项中筹捐常年经费,以图永久告成。无如文武各衙书吏、差役、兵丁,往往借公索费,贪饱私囊,或成头包卖,借口侵蚀,积弊甚繁,碍难枚举。曾于乾隆四十八年禀蒙前宪革除此弊,并准勒石铭碑,严饬示禁有案。惟因积习未除,碍难允捐,伏乞恩宪俯念下民,有志振拔,查照前案,革除一切积弊,俾该戏子等情殷乐输,得以上体朝廷深仁厚泽,锐意振兴普通专门,得与士民一例学习,以佐国家,则恩宪造就之实德诚无涯也。为此粘呈官戏积弊各条,并官禁碑记,公叩大公祖电鉴下忱,恩赐准予立案,严批申禁,并乞剀切晓谕,通饬八县,以昭画一。顶德上禀,粘呈去弊四条、官禁碑记一纸。[①]

张震昌向学务处具禀,询问堕民子弟学堂尚无定章,是否先予开办。堕民出身问题,以本身改业作为标准。堕民从农工学堂毕业后,继续升学无望,仍遭到官私学堂拒收,其前途堪虞。1906 年 4 月 14 日,学务处据此做了明确回复。

> 查定例倡优隶卒子孙不准报捐应试,此项除籍子弟入学肄业应如何区别之处,现虽未奉明文,查商部原奏内声明此等堕民既准改业为良,岂忍听其自为风气,且自雍正元年至今 180 余年,脱籍已逾四世,沐浴圣泽,被濯旧污,岂无颖异之才,足资造就等语。又原奏内声明永远删除丐籍,不准再

---

① 《职员张震昌等禀请设学立案》,《绍兴县立同仁小学校廿周年纪念刊》,1925 年,存绍兴市图书馆古籍部。

沿堕民名目。该学堂毕业学生准其升入官私各学堂，一体给予出身，其就农工商各项生理者，准与平民一律宽待，俾营实业各等语，是丐户名目永远删除，除准与齐民同列学堂毕业，准其升入官私各学堂，一体给予出身，业已奏奉谕旨，允准钦遵在案。本司等参稽原奏，无非推广皇仁，查考例章，未便意为区别。方今朝廷推行新政，各省广设学堂，并振兴农工各项实业，海内士民承流向化，此等堕民自应一视同仁。查原详称学堂学生出身，将来亦入仕途定例，倡优隶卒及其子孙不准应考捐监，绍兴堕民为优伶者，十居八九，此次钦奉上谕，堕民虽已出籍，其为优伶之处，究难置之不议，似未便漫无区别，准其子弟一体入学，应先将此层厘定，方能开办。乃该职张震昌等称其子弟如何量入学堂，先请开校，再行酌议各等语，查例载倡优隶卒子孙不准收考，然并无不准读书识字之条。且查奏定章程，初等农业学堂、初等商业学堂、初等商船学堂、初等农商实业学堂、实业补习普通学堂、艺徒学堂，准其立学，总议不过授最浅近之知识技能，俾卒业后有谋生之路，此数项学堂，修业或以三年为限，或以二年为限，或以四年为限，均无奖励出身，堕民子弟甫经脱籍，弦诵之濡染未深，恐只能从事此类学堂得以教育普及，庶与谕旨准设农工小学堂俾营实业办法相合。乃该县会详及张震昌原禀，均未能剖析分明，徒纷争于开学不开学之争，未免互争意气。至出身一节，其向为优伶，现已改业者，自应钦遵三十年十月二十二日谕旨，准其除籍出身，奖励应无歧视，其未改业优伶旧业，而子弟入学堂者，遇有关出身奖励，仍应照平民之为。倡优子弟不准报捐应试，一律以免借口，应请核定后咨明定案，以资遵守等情，咨行核复等因前来。查堕民除籍出自我朝覆育之恩，虽以执业卑微，不能自齿于编户，而其中被濯旧污，有志向上者，当亦不乏其人。来咨于职员张震昌等禀设学堂，收教堕民子弟，以己否改业为衡，分别有无出身奖励，措置至为允当，惟是此项堕民前经浙绅卢洪昶等禀由商部奏请永远删除丐籍，不准再沿堕民名目，咨行有案，是堕民名目，本可蠲除，果其改业有据，自应准入官私各学堂，本不必有所歧视。若如该职员等建设学堂，而复标立收教堕民子弟名目，则于比肩来学之人，已令抱有历久不磨之玷，甚非一视同仁之本意。来咨所云，堕民子弟甫经脱籍，弦诵之儒染未深，恐只能从事初等农商实业各学堂等语，足见此外大小官私各学堂，皆不收教堕民子弟，致令猥贱之名，永无可以澌除之日，则所关于转移风化者至巨，应由贵抚饬属确查，除现操贱业而子弟入学堂者，应照倡优子弟不准报捐应试例办理外，其改业已久，自知奋勉者，各学堂亦应仰体皇仁与民间子弟一律收容，勿加钳制，并转饬该职员等于所办学堂，当一律收取民间子弟，毋得以收教堕民子弟为限，庶愚可以改良，成见归于浑化,办法较为持平,除分咨外,相应咨覆,查核办理可也,须至咨覆者。①

学务处准予开办堕民子弟学校,但倡优隶卒及其子孙严禁应考捐监。堕民十之八九从事优伶之业,自然不准报捐应试,但并无不准读书识字;设立农工小学堂,不过授予从事实业基本技能,以便从事实业,便于堕民改业;至于堕民入学未便因此脱籍为民,应以堕民是否四世改业为据。堕民子弟学校也不应限于仅收教堕民子弟,贫民子弟也应兼收并蓄。

第五节　黄寿衮为创建堕民学堂奔走呼吁

绍兴致力于创建堕民子弟学校功勋卓著的是绅士黄寿衮。黄寿衮,字补臣,初名中理,字子通。1860 年 4 月 5 日,出生于绍兴斗门镇,后迁居城区武勋坊。黄寿衮乃光绪己丑科(1889)举人,乙未科(1895)进士。戊戌年(1898)补应殿试,获翰林院庶吉士。癸卯年(1903)翰林院散馆,黄寿衮授检讨。丙午年(1906),黄寿衮上书主张立宪,与汤寿潜相呼应。是年,援例分发河南,保送知府,在河南巡抚衙门办文案,"旋与权于陕州"。1911 年,武昌首义成功,乃托词告老还乡。黄寿衮乃官宦出身,故年老回籍也是地方著名绅士。民国初年,绍兴经常发生水利纠纷,如蒿坝是否造闸,临浦麻溪坝是否拆除,形成二种截然不同的意见和势力。黄寿衮积极参与调停,不遗余力。1917 年,绍兴县知事宋承家报请浙江省政府同意,绍兴成立修志采访处,黄寿衮手订《绍兴县修志采访事例》。1918 年 8 月 14 日,黄寿衮在绍兴病逝。黄寿衮宦海沉浮,著作甚丰,主要有《侗子队言》《经子史札腟》《彦均匀余》《莫宦草》《方志通义》《谭边要删》《国际公法通纂》《外交阐微》《法律学研究删要》《宪政谭要》《槐荫笔腟》《富国新典》《东西国军志译要》《夷门草》《坦园草》《法学辟蒙》《温病三焦方略》《言医随笔》《论学内外篇》《梦南雷齐繁言》《皇朝大事纪年》《皇朝通考札记》《梦南雷齐文钞》和《小冲言事》等著作,涉及方志、外交、法律、医学、诗词、历史、随笔、文学等诸多学科。(图 3.6)

黄寿衮居绍期间,因筹办绍兴堕民子弟学校——绍兴同仁学堂,而名垂史册。"府君(黄寿衮)以绍兴乐户同一齐民,沉沦可悯,言于布政翁小山先生,达巡抚入奏准除乐籍,取一视同仁之义,并议就城区筹设同仁工艺小学堂,俾乐户子弟均得入学自立,时官绅泥旧,谤阻百出,都门、省门函电络绎。府君不避艰

---

① 《咨复浙抚职员张震昌设学收教堕民子弟办法文》,《学部官报》1906 年第 1 期。

图 3.6　创办绍兴同仁学堂的黄寿衮(1860—1918)

苦,凡七阅月,委折成立,于今称颂焉。"①黄寿衮不顾年老体衰,疾病缠身,奔走
呼吁,为创建绍兴堕民子弟学校不遗余力。黄寿衮致函浙江省布政使翁筱珊,
以救亡图存,免于被瓜分的民族危机,说明绍兴至善至急之政,莫如化堕民为良
材。拟集合有志之士,于绍兴府城创建同仁学堂,教化堕民子弟,以改贱为良,
振兴农工实业,富强国家为宗旨。拟从官项胥差的积弊中,筹化私为公之法,作
为同仁学堂的经费,准备向绍兴知府商议。请布政使翁筱珊致函绍兴知府,责
其速行。

　　吾绍近有一至急之举,最善之政,实事行之,可以远承列祖,近副皇仁,
为目前佐国之需者,莫如化堕民为良材一节。案自雍正、乾隆年间,早奏谟
训,除籍改良。上年十月,又奉上谕,改贱为良,归入农工实业各学堂,一体
造就,皇仁所至,名实兼赅。乃自巡抚及学务处札府、县以来,半载于今,未
闻举办,则同此蚩蚩之民,喁喁待化,而不为之一引手焉,于事既为可惜,于
情实属可矜,侍不揣固陋,难禁热诚,思集同志,先就绍兴府城创设一同仁
学堂,为教化各乐户子弟业之所。大约以改贱为良,振兴农工实业,富强
国家为宗旨。定限卒业,咨送专门。惟八县城乡,各户林立,子弟繁多,规

----

① 黄樨贤等编:《黄补臣太史年略》,民国六年铅印本,存绍兴市图书馆古籍部。

模非小,办事之难,首在经费。今拟勉就官项胥差积弊中,筹一化私为公之法,商之郡守。倘或有成,则各户中出一奇士,即为国家得一良材。际此时艰,庸非切举?西法之所以国无闲民,而国势日进者,亦此旨也。谨先质之先生,伏乞有以翔诲之。近该董拟进禀郡,请其谕示,尚希方伯专致府尊一函,请其速行,剀切晓谕,删去例语,张贴各处,则输将更勇,在中秋时即可开办,而我老方伯之垂德为无涯矣。章程已具,会当缮呈。敬请崇安,伏候德诲。①

黄寿衮又致函绍兴知府熊起蟠,以国家一视同仁,无分良贱,绍兴目前创办堕民子弟学校乃当务之急,拟于府城绍兴开设同仁学堂,以收教绍兴八县堕民子弟,教授一技之长,从事实业,改贱为良。现呈上办学章程,请知府审核,准予开办。建议革除衙门戏捐陋规,化私为公,以解决同仁学堂的常年办学经费。并责令各县,照此办理,广为宣传,剀切晓谕,家喻户晓。期望各户有奇才,兴邦有希望。

方今时局争竞剧烈,忧患日深,朝廷虽锐意振兴,百废具举,犹若不及,而以各地学务为尤急。盖学界多一实业之子,即国家少一受辱之人。近者吾绍进步颇速,而中有一至善之政,最急之务,足以上副皇仁,下广乐育,为目前刻不可缓者,莫如实行举办化贱为良一节。吾绍乐户林立,自世宗宪皇帝恩谕除籍,高宗纯皇帝恩限四世除籍,已百数十年。光绪三十年十月二十二日复明奉上谕,着照江苏同知卢洪昶所请,永除丐籍,归入农工各学堂,一体造就,量予出身。则我皇上所以按时布化,急于裁成子民,毅然决然,何等广远。乃奉诏至今,已逾半载,各户子弟喁喁待化,深恐因循废弃,仍踣向隅。夫国家一视同仁,凡在子民,本无畛域。况目今需材孔亟,各户子弟又皆肫然有志,幡然思新,失此不图,则负列祖之属望者事小,弃同种之多材者事大。不揣固陋,难禁热诚,拟集同志,先就府城中创设一同仁学堂,为教化八县各户子弟,普及农工各业之所。然后推之各府,以广裁成。其经费及各科一切,务在实事就是,血性行之,以期确有成就。查西法以国无闲民,所以国势日进。今以明明有用之民,而概置枝赘之地,不为改良,可惜孰甚。为此切陈大概,谨附学堂开办章程,并禀件碑记各件,伏乞俯鉴。上承列祖之谟训,近体皇上之宏仁,按照浙江巡抚及学务处遵旨开行各节,速予准行。除立札各县,令举行外,尤乞大张明白谕示,删除例语,剀切开陈,分贴各城乡,广示诸户。盖言能切,尤易感人。事若恩成,则各户

---

① 黄寿衮:《又致浙江布政司翁方伯函》,《绍兴县立同仁小学校廿周年纪念刊》,1925年,存绍兴市图书馆古籍部。

中出一奇士，即我国家得一良材。化良事小，兴邦事大，则我大公祖之贻德为无涯矣。惓惓微忱，不尽欲启，伏乞德鉴。再筹办经费，非革除各项陋规，无以劝捐，能化私为公，则弊祛而利在其中，一举两善，何便如之。伏乞恩鉴立行。①

然而，欲废除衙门向堕民索取的戏捐陋规，却阻碍重重。但黄寿宸知难而上，必欲除之而后快。"同仁学堂现在已经举办内外斋，教员已定，学费已有所著，蚩蚩小民日望告示，即可举行，乃地方官过于畏葸，凡一切应行公要，非避即萎。本学堂以革除官项陋规，又中署内群小之忌，宜多嫌阻。然独不思际此时局，非破除积痼，立作雄图，不足以维国力乎？"②黄寿宸在致葛振卿的信中，表达自己不达目的誓不罢休的决心。

黄寿宸上书绍兴知府，却迟迟不见答复。同仁学堂开办在即，已聘请教师和职工，招生人数也已确定，经费尚未落实，急如星火。革除衙门陋规，将戏捐改办堕民子弟学校，能兴五利除五弊。黄寿宸再次致信浙江布政使翁筱珊，请求催促绍兴方面尽快付诸行动。

> 同仁学堂定于八月十九日招考，现在教员及办事人，均各照章订定，而内外两斋生程度学科及将来毕业之路，推广之章均已惨淡经营，规模粗定，筹款一节，各班首三十六人，早经出有允洽公禀在府立案，各户子弟从此得于克日观化，可谓极公要之，自然矣。乃为革除陋规，屡请府尊出示晓谕，而阂于胥役之媒蘖，屡请屡拒之，彼蚩蚩小民，终以不得明白晓谕，心尚惴惴。日前奉学务处宪批，即以豁免之浮费，作学堂之束修等示，何等显快，何等良便，盖惟以陋规除，而后戏捐不成而自成。既去陋规，又可办公以兴要，而于各户无丝毫之损，其快一。此可不受衙署之恫索，其快二。戏台之捐于各户既无稍损，而可以除去包卖种种恶弊，省去不少讼累，其快三。出籍入学指日可望子弟出头，八百年沉冤一朝尽白，其快四。改里街为同仁坊，拟宗警察之法，行自治之政，使编户七八百家化莠安良，肃清衢巷，从此可以名为仁里，其快五。反是则为五累，陋规不去，捐不能办，学堂必不能成，一也。有此至美至便之举，而官若阻之，民必结怨于官，二也。此举不成，衙役必益骄，将来凌民索诈，不可复制，三也。国家政体莫要于顺民情，今以民情所大顺者，而故戾之，此后学堂应无人过问，四也。各户子弟永无裁成之日，同此子民听其自弃，失此机会，后将益流于非，五也。考西政往

---

① 《本校创办人黄补臣太史致绍兴府熊太守函》，《绍兴县立同仁小学校廿周年纪念刊》，1925年，存绍兴市图书馆古籍部。
② 黄寿宸：《奉葛振卿尚书书》，《小冲言事》卷一，存绍兴市图书馆古籍部。

往于民生不急之务,多抽其捐,即法大儒孟氏立宪本旨。我国演戏之无益,较甚于烟酒,各户自定为值百抽八之例,至愿且乐,而学堂可以立成,且隐得于挽回风尚,又革去陋规,在各署所削有限,而学堂受益无穷,亦何靳而为止阻滞耶。伏乞大方伯学务大人愿念时事之艰,公要之堕,矜此下民,俯府准行。①

黄寿衮又致函汪少湘,以目前急务乃兴办学堂,而堕民子弟学堂乃千年"特别要举"。地方官若断然革除陋规,同仁学堂将顺利开办。然而,尽管经过千折百磨,函件交驰,口干舌燥,望眼欲穿,但也不见绍兴知府颁布废除陋规的告示。该告示一日不颁,戏捐无法征收,学堂也无法如期开学。且县差气焰嚣张,竟然殴击戏捐公所董事,是可忍孰不可忍。黄寿衮请求声援,会同绍兴知府,严惩差役,废除积弊,注重学务。此次兴学乃兴一国之学,非一地之学,不屑以生命相争。

昨函呈公要各件,亮蒙俯洽,目下学务固甚急切,而同仁一节又为千余年特别之要举。自奉诏以来,为地方官者能略一援手,本早可开办。无如千磨百折,积累尺之公牍,费敝舌之语言,所争者,当今府太尊一纸告示。而媒蘖者众,望霖不至,困坐劳城之内,日在怨府之中。蚩蚩小民疑信尚半,缘告示为公所之性命,公所为学堂之性命,交相为缘。告示一日不出,输捐一日不办,使已订之教员,已招之学生,日日向隅,求开校而未得。此固目前同仁之一大障碍也。至于县差殴董,法地行凶,已属大干严纪。况该董职关公所,公所与学堂为缘,不办恶差,则差胆益肆,董胆益馁。不但学事掣肘,而山会两县,久有差役世界之谤。该差又虎冠群类,鱼肉民脂,若不特别痛惩,曾有如汤文正所谓,官以役为,士为役奴,痛心疾首,祸难尽述者。况当今朝轴志在立宪,立宪云者,使人人有义务与法律也,能尽义务,即使被侵,有以保护之。不守法律,即能侵人,必使限制之大公至当。如欲破坏积痼,为地方自治渐立基础,鄙意当先自戢若辈。盖一路怨,不如一家怨。查牧令书及读世祖章皇帝遗训,则县署差役本限人数,且实有不可使之骄纵者。即希会同府遵,迅赐立行,而尤当以切重学务,为敝地官长开陈要害。缘此次兴学,系一国之学,非一地之学,精神所注,生死以之,即未能实力兴举,但求于官立者不敷衍,于公立者不指挥,于私立者不外视,裨地方已觉不少。弟为此事呕心者,屡刻肝者,屡为义务所迫,屡谢而屡不能去,伏乞有以赞成之。②

---

① 黄寿衮:《上布政翁筱珊先生书》,《小冲言事》卷一,存绍兴市图书馆古籍部。

② 黄寿衮:《致汪少湘知府书》,《小冲言事》卷一,存绍兴市图书馆古籍部。

绍兴知府熊起蟠以上谕已准堕民除籍,鼓励创办农工学堂,培养堕民人才,从事实业,以改业从良。同仁学堂拟向戏班征收值百抽八的戏捐,应由堕民自愿输捐,所定章程应切实可行。至于衙门勒索戏班陋规,本属恶习,即使无堕民子弟学堂捐费,也应严加禁止。

六月十九日标碌二十一日到绍兴知府文。藩宪翁为行查事案,据翰林院黄绅函称:绍兴戏班多被官役勒索私费,现在拟为乐户开设同仁学堂,以期振兴农工实业,请将私费革除,化私归公,以为学堂用费。议由各戏班及坐唱雇价值百抽八,如甲班每台值十元,抽以八角;乙班每台值十二元,抽以九角六分,皆由乐户自乐输捐。已经议章禀府,函请知照,速行筹办等情到司。查浙江丐籍乐户,上年钦奉谕旨,已准除籍,设立农工学堂,俾行实业,以广造就等因,钦遵在案。兹黄绅议开同仁学堂,教育乐户子弟,自为培植人才起见,惟就戏班坐唱雇价按台抽取经费是否乐户愿输?所议章程有无窒碍?合就行查,为此仰府,即便遵照,体察情形,确加考核,妥筹议复。至官役人等,勒索戏班私费,本属恶习,即无学堂捐费,亦应禁革。其应如何严禁之处,并即随案复夺,毋违此札。[1]

由于黄寿裒、张震昌等绍兴绅士的竭力斡旋,绍兴知府熊起蟠废除了官府的戏捐陋规。三埭街的堕民将官府勒索的费用,捐给堕民教育事业。于是,黄寿裒、张震昌、林芳钰、周柏年、张老虎、陈祥增等人商定,由戏业公所负责戏捐事业,规定每个戏班以及坐唱班值百抽八,捐助创办同仁学堂。堕民子弟学校戏捐仅限于堕民戏班和坐唱班。该戏捐为同仁学堂的持续发展,奠定了坚实的经济基础。

第六节　创建同仁农工学堂

黄寿裒因积极创办堕民学校,遭到无端攻击,《中外日报》刊有《绍兴堕民兴学被阻》《绍兴堕民兴学被蠹》,诬蔑其挪用堕民子弟学校巨额款项,绍兴有识之士不得不于1905年9月22日和23日连续在《申报》刊载辩诬公告。

吾绍堕民自宋以来,七百余年不见天日。上年十月明奉上谕除籍归入学堂,然未举办。五月间访得一南洋游学采访西兴之正绅黄太史寿裒,字

---

[1] 《藩宪札六月十九日标碌二十一日到绍兴知府文》,《绍兴县立同仁小学校廿周年纪念刊》,1925年,存绍兴市图书馆古籍部。

补臣者,现商兴学之事,在太史纂辑无暇,坚谢再四,吾等吁求不已,始许为定立基础,函请当道革除官项陋规,以充学费,数月以来拟招考订教员,定学科,正基址,议善后,加以案牍劳形,城乡往复,任谤任怨,费力耗材,惨淡经营,极形真挚。至筹款一节,初议时即划归吾等事界,黄公毫不与闻。今读八月初七中外日报《绍兴堕民兴学被阻》一节,诬谤黄公已为不解。又读八月十二日该报《绍兴堕民兴学被蠹》一节,骇诧更甚。夫捐款一节,系吾等之责,本分二项,一常年系吾等自立戏业筹捐公所,以供将来学堂常年经费者也,此时尚未开始。一事办自吾等竭绵认捐以来,写在册上者,通共只有2450元,实收到者930余元,兴工造筑尚未及半,至中秋节止,已费去1300余元。吾等垫付者,300余元,十分支绌,皆有册可查,将来必刊征信录。今该报诬为业已集款12000元,黄公索去2000元。试问此2000元之款从何而来?该报又闻绍郡某君等所言,既云某等,必实有其人,且不止一人,若为规过之正人,应向该馆一一明告姓氏,庶几2000元之款系从何人过付,有何实据,可以质证追查,否则以平空一言之诬,举极美之举而蔑之为蠹,不但该馆全失公理,即于学界上也大有影响。因黄公自承办此事以来,一片公诚早为郡城热心学界人所公鉴,今乃无端受蔑,在黄公品学京外所知,原不因此而有所加损,试问吾辈之心何以堪此。且如黄公者尚受此诬,则将来有志兴学者大可寒心,为此公同切告,以一礼拜为限,应请该馆主将绍郡某君等者指出,以便追问2000元之案。如至限仍无姓名指出,则为该报之有意诬蔑,已属彰彰。在黄公固可消除芥蒂,而吾等亦可公请全绍学界诸君决一处决该报之法,学界幸甚,天下幸甚,特告。住浙绍府城会稽县安宁坊戏业公所董事张震昌、彭德华、张震镛、严曜等顿首启。[①]

1905年11月27日,绍兴第一所堕民子弟学校——同仁学堂,历尽艰难,终于正式开学。同仁学堂位于堕民聚居的三埭街的前街(即永福街)明真观隔壁,坐北朝南,占地面积为659平方米。学堂围墙东至五显阁直街,西到明真观,宽约200米。第一次招生近50人,成为一所规模较大的近代学校。同仁小学的校歌,用五线谱曲,以越中先贤贺知章作为堕民子弟学习的模范。"同胞小弟兄,长年聚首乐融融,研究学科,升堂入室,大家各称雄。学士旧遗风,贺家故里名蓬蓬,先贤好模范可追从。如造极,如登峰,进行进行自见功!高自卑,远自迩,毋自封。日月不我留,一堂师弟幸相逢,惜时莫负好陶镕。"[②](图3.7)学校取名为"私立绍兴同仁农工小学堂",乃是"为解放被压迫之民众,取其一视同仁

---

① 《为声明黄太史受诬谨告全绍学界公鉴》,《申报》1905年9月22日。

② 《校歌》,《绍兴县立同仁小学校廿周年纪念刊》,1925年,存绍兴市图书馆古籍部。

之义"。"因以校名请以知府,知府光山熊氏为题曰:'农工堕户学堂。'绍地重商,曰农工,贱之也。曰堕户,标所出也。其后乃改曰'同仁学堂'。云自立学校,其族始有读书者。"①但绍人对堕民的偏见并未改变,贬称其为"堕民学校"。

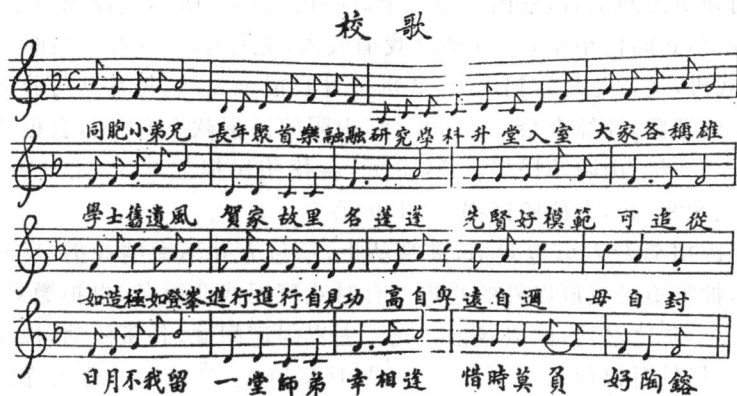

图 3.7　同仁学堂校歌

创办者黄寿衮出任第一任校长。黄寿衮力排众议,冲破世俗的偏见,所经历的种种周折和困难不言而喻。黄寿衮在同仁学堂的开学典礼上发表演说,列举创办同仁学堂的"十难",并勉励大家迎难而上,忍辱负重,做出更大的成绩。

本学堂兴办之难,本较寻常十倍。千年黑暗,骤欲开通,不可措手,一也。污贱不齿齐民,人多非笑,二也。革除官项陋规,非常掣肘,三也。官幕多怨恶,公事周折之至,四也。里街人无智识,能明理者少,五也。常年费由戏抽捐,心难专一,事属创举,非以公理折服公所之人不办,六也。除籍化良,外界人多生谤忌,七也。学生既多,营造亦费,用款浩巨,招疑尤易,八也。订请教员,非极开通之人,未便来就,九也。八县势难并顾,十也。有此十难,故觊觎非毁之人日益交迫。然吾辈所任者公益,所尽者义务,但期出肝握肺,一日有成,则内容之结既坚,外界之攻曷计。设或事将垂就,半途废之,则中无所主,识理俱隳,天下事尚可为哉!伏愿在事诸君,力矢公勤,安居谤府,既勖且忍,以待有功。一旦基础能坚,大纲卓立,然后奉身以退,是非皂白,自能见之。诸君尚勉乎哉!②

①　诸暨民报社编:《诸暨社会现象》,《诸暨民报五周年纪念册》,1924 年。
②　黄寿衮:《与同仁学堂在事诸人书》,《小冲言事》卷一,存绍兴市图书馆古籍部。

同仁学堂创办初期,设立了戏捐公所,以确保同仁学堂的办学经费。"清季维新,其族相聚议立学校,每演剧一台,取银十元,经费甚裕。"①同仁学堂属于私立,但办学经费较为充裕。"废止科举,兴办学校,清政府下诏,特许堕民自办学校,宁绍两处堕民闻讯后,喜出望外。宁波堕民创办一所私立育德小学;绍兴堕民创办一所私立同仁小学,并自动以戏捐收入,充作学校经费。当时在绍兴有四十多个戏班,文班每月收捐十元,武班每月收捐十二元,每月共可收入四百多元,以充学校经费,绰绰有余。"②1907年,山阴堕民捐款7494元,会稽堕民捐款4797元。1908年,山阴堕民捐款5408元,会稽堕民捐款3289元。1909年,山阴堕民捐款8990元,会稽堕民捐款3139元。③

后来,因招募专人承包戏捐,弊端丛生,承包人并不缴纳戏捐,反而以同仁学堂名义,抽收堕民戏班以外的戏捐。有时戏班因戏业萧条,也拒缴戏捐。"绍属会稽同仁学堂之经费,向以戏捐拨充。去岁因遭国恤,各班停演,以至捐无可筹。现校董杨景时以伶人欠缴捐款为词,具禀府宪,请追缴。伶人亦以该董勒索停演期内戏捐,赴府具控。当经萧太守分别批示,略谓:两造禀词各执一词,究竟孰虚孰实,以及李兰生所欠洋五十二元系由何时欠缴,是否停演期内所捐之款,仰会稽县查明,具复核办。至该堂经费目下盈绌若何,所有苛细杂捐应否停止,并即由县核明办理具报,该校董仍赴县补禀,相核毋违。"④由于戏捐难于征收,致使同仁学堂难乎为继。(图3.8)

戏捐公所遂被取消,同仁学堂改由堕民戏班义演以解决办学经费。著名绍剧演员林芳钰联合开明绅士周柏年、张老虎、陈祥增每年募集资金,作为同仁学堂的办学经费,以便贫困的堕民子弟能免费入学。⑤寒暑假各安排一次义演。根据学校所需经费,安排一至两天。演员阵营强大,均为陈鹤皋和六龄童等著名堕民演员,演出颇受欢迎。与同仁小学一墙之隔的"千秋模范剧场"为义演的主要场地,有时为了节省租场费,也安排在同仁学堂的礼堂。

绍兴同仁学校的成功创办,使堕民创办职业学校,自求解放的信心倍增。"绍属堕民前经卢绅为之禀,奉商部奏准除籍,集款设立同仁学堂,并工艺所,以期造就,奈皆散处各邑,不克就绪,现绍属各戏班及乐人、傧相等之向在堕民籍者,类有余资,故议提款设立蒙学校,及男女两工艺传习所,卑弃贱业,而图自

---

① 诸暨民报社编:《诸暨社会现象》,《诸暨民报五周年纪念册》,1924年。
② 陈延生:《绍兴堕民被压迫和斗争片断》,《文史资料选辑》第20期,1962年,第93页。
③ 傅振照主编:《绍兴县志》第3册,中华书局1999年版,第1583页。
④ 《学堂戏捐之纠葛》,《新闻报》1909年4月2日。
⑤ 访问陈顺泰,2016年5月26日。

图 3.8 陈顺泰考察原同仁学堂大门（陈顺泰供图）

立。"①1908年,在学士街又创办"官立同仁初等农业学堂",日常经费由绍兴官府拨款,设有蚕桑专业,每届招收13岁以上初等小学毕业或同等学力者63人,教员6人,任命城区基督教堂堂长周烈贝为校长。"文化课设修身、算术、体操、中国文学、历史、地理、读经;专业课设农学、桑树栽培、蚕体解剖、生理及病理、制种、制丝、气候学、实习等。"②学制三年。1911年,该学堂经省提学司批准,附设短期蚕桑讲习所,讲授育蚕、栽桑技术,第一期学员毕业后,学堂停办。

诸暨堕民也争相仿效,送子弟入学读书。浙江增韫在《民人李嘉桢禀堕民不许入学给奖等由》上批示:"教育以普及为宗旨,入学有强迫之功令,本无阶级可分。浙省堕民业经绅商创设学堂,分班教授,上年毕业考试,并禀由提学司照章给予奖励。皂隶执役虽贱,同属人民,自应一律办理,科举时代以皂隶为身家不清,其原因出于汉代罪人男子入于皂隶之律。今之皂隶本非刑役国民教育,须人人读书识字,自无独令向隅之理。其子弟果能奋勉求学,应即收考,以广造就,据呈前情,仰提学司通饬各属,剀切晓谕,力为提倡,无得仍蹈锢蔽之风,并转饬劝学所各学堂一体遵照。"③诸暨堕民子弟也依例入校读书。

金华小姓(堕民)也仿效宁绍办学模式,要求准许小姓子弟入学接受教育。金华府浦江、义乌和东阳三地的小姓联名具禀浙江省学务处,"请饬县准其一律入小学堂肄业"。浙江省学务处批示:"堕民脱籍业奉明诏俞允,一体钦遵在案,该民等果有志自新,改除旧业,则耕读工商,悉听自便,本无歧视之理,毋庸多

---

① 《堕民自求教养》,《申报》1906年5月23日。
② 徐易人主编:《绍兴县教育志》,方志出版社2002年版,第300页。
③ 《抚部院增批民人李嘉桢禀堕民不许入学给奖等由》,《浙江官报》1909年第14期。

浃。"①广东贱民——疍民也效仿此事。"绍兴之堕民学堂奉旨开办后,粤中遂有疍民学校之设,议与平民一律待遇,闻疍户等皆踊跃输将,期此举必成。"②广东也争相设立"疍民学校"。

贱民通过教育,改贱为良,得到清政府的地方大员如两江总督端方的支持。江西上饶教育分会以流品不分,破坏学务为名,要求革除贱民皂隶吴效良之子的学籍。吴效良之子原名为吴作霖,改名为吴启瑞,考入两江师范学校的中学部肄业。两江总督严厉谴责。"查贵族平民阶级,世界各国本未能一律划除,惟绝无阻人向学之理,乃不谓该会竟粘呈同治三年吴姓考试旧卷案,并欲令两江师范学堂将学生吴启瑞斥革,以教育会名义作此无意识之谬举,殊可痛恨。该生吴启瑞虽为皂隶,既能有志入学,本部堂方奖励不暇,岂有强令革除之理。且该会须知,普通教育为义务教育,义务教育云者无人不入学之谓,况现在浙江堕民、广东疍户,无不咸与维新,一例入学。该会以教育为名,于文明公理纵未深究,岂有学堂规则、朝廷规则,全未明晓之理。江(西)省办学近十年,尚有此种教育会出现于世,于今立宪前途能无深惧,此事讼端甚微,影响极大,仰西学司将禀中诸人查明,有无挟嫌情事,如果查有实据,应即照例惩办。至该县教育会应另行选人组织,如在禀之人有充学堂教习者,应即辞退,以免贻误学生。"③同仁学堂等第一批堕民子弟学校的创办,开启了贱民改贱为良的窗口。

清末堕民子弟学校成为堕民觉醒的摇篮。育德农工学堂办学成绩显著,"堕民进入育德小学毕业后,有升入大学的,也有以后成名的,有一位名叫李钦予的学生,因成绩优异考上了大学,陈训正有时以稿费接济。后来李成了工程师,陈训正还与之介绍结为远亲。这些贫贱出身的子弟,成材之后多不忘陈训正的师恩"④。同仁学堂办学也颇有成效,"辛亥革命时期,秋瑾等革命党人常去绍兴堕民学堂宣传革命,有些堕民子弟投身革命后社会身份发生了变化。笔者在绍兴三埭街堕民区调查时,当地群众反映,辛亥革命后该区堕民中曾出了一位博士、一位工程师,有一位还当了国民党的师长"⑤。堕民学堂开启了堕民接受教育的先河,培养了第一批堕民教育家、最早的堕民工程师、最早走向政坛的堕民官员,敲开堕民改贱为良的坚冰。

---

① 《堕民禀请实行教育》,《江西官报》1906 年第 12 期。
② 《本国学事》,《教育世界》1904 年第 88 期。
③ 《江督批驳请革学生之荒谬》,《申报》1909 年 5 月 13 日。
④ 陈昌掖:《爱国爱民的文化名人陈训正》,《战斗在大上海》,东方出版中心 2004 年版,第 265 页。
⑤ 周积明、宋德金:《中国社会史论》(上),湖北教育出版社 2000 年版,第 729 页。

第四章 民国堕民解放运动

南京临时政府成立后,孙中山颁布了贱民解放令,是否标志着堕民从此摆脱了贱民身份,与平民融为一体?[①] 南京临时政府首次以法律形式,确认包括堕民在内的所有贱民均享有平等的公民权利。国民党南京政府建立后,也颁布过解放堕民的法令。地方政府相应地出台有关解放堕民的地方立法,改善堕民处境,以提高堕民地位。地方绅士倡导"文明结婚"和"集体婚礼",改革雇用堕民陋习;开明主顾善意劝导堕民改变依附的生活习惯,争取自己平等的权利,切勿甘于奴隶的地位。

第一节 中央政府颁布解放堕民的政令

根据国民权利原则,南京临时政府立法保护人权,要求取消封建社会的等级制度,改革社会风俗,掀起一场扫除恶风陋俗、荡涤污泥浊水的运动。1912 年3 月 17 日,中华民国临时大总统孙中山向内务部发出指示信,命令解放疍民、惰民、丐户等各种贱民,使其享有平等的公民权利。"天赋人权,胥属平等。自专制者设为种种无理之法制,以凌铄斯民,而自张其毒焰,以是人民之阶级以生。前清沿数千年专制之秕政,变本加厉,抑又甚焉。若闽粤之疍户,浙之惰民,豫之丐户,及所谓发功臣暨披甲家为奴,既俗所谓义民者,又若剃发者并优倡隶卒等,均有特别限制,使不得与平民齿。一人蒙垢,辱及子孙,蹂躏人权,莫此为甚。当兹共和告成,人道彰明之际,岂容此等苛令久存,为民国玷;为此特申令示,凡以上所述各种人民,对于国家社会之一切权利,公权若选举、参政等,私权

---

① 关于民国堕民解放问题,学界未能深入探讨。唯有俞婉君在《绍兴堕民》中略述民国浙江省政府颁布改善堕民生活的政令,绍兴的有识之士对解放堕民以倡导。王静将堕民解放的历程分为"清初的削籍期,民国的启蒙期,解放后的新生期"三个阶段,但未能深入阐述。

若居住、言论、出版、信教、集会之自由等，均许一体享用，毋稍歧异，以重人权，而彰公理。该部接到此令之后，即行通饬所属一体遵照，并出示晓谕该省军民人等，咸喻此意。"①资产阶级革命的重要任务之一，就是建立体现近代民主精神，表现文明风貌的新社会。根据资产阶级的自由、平等和博爱精神，浙江军政府都督蒋尊簋于3月19日颁布《开放疍户惰民文》，转述南京临时政府解放堕民的命令，"除通令各司长既杭州警察署，并各属一体遵照，并颁发告示，合亟通令查照，并颁发告示，遍贴城镇乡，毋任遗漏，俾各周知，仍将发帖处所开报，查考此令"②。南京临时政府首次以法律形式，确定包括堕民等贱民在内的所有人民权利平等，废除一切等级特权，中国走出传统中华法系的窠臼，也是中国法律近代化的标志之一。（图4.1）

　　南京临时政府成立后，包括堕民在内的贱民在法律上翻身得解放。绍兴堕民也获得有限的解放，被禁止再呼为"堕民"。朱仲华回忆："城内三埭街住民，旧称堕民，辛亥革命后废去。"③宁波各属的堕民，也获得与平民同等待遇。"宁属各地之堕民，渐得与常人相同入学就业。"④孙中山解放堕民令传到余姚后，"余姚数以千计的堕民，挣脱了几百年来受歧视受欺凌的桎梏，享受平等权利"⑤。堕民曾迎来昙花一现的解放。"辛亥革命以后，也有个别堕民抬起头来，如鄞县南乡张俞地方'堕民'孙安根，首先改称'相公''奶奶'为'先生''师母'，改变他的卑屈态度。可是立刻遭到地主阶级的唾骂侮辱，迫得他敲碎饭碗。"⑥有些堕民以为重见天日，"立刻受到反动东家的辱骂而不得不仍旧卑躬屈膝"⑦。主顾习惯于做堕民的"主人"，"奴才"要解放，主顾自然不乐意。"辛亥革命后政治上虽也取得与一般人民同等地位，但在旧社会中，他们仍然是被人轻视的。"⑧也有一部分堕民对于政府的"解放"并不领情。"还有一种平时受'主子'豢养的奴隶，是全靠有'奴隶'的身份才能生活的。我们萧绍一带有所谓'堕民'者，一向是比'平民'更低一级的，自'五族共和'以来，曾由政府明令解放，然而堕民们

　　① 孙中山：《令内务部通令疍户惰民等一律享有公权私权文》，《孙中山全集》第2卷，中华书局1982年版，第244页。

　　② 《蒋都督通令开放疍户惰民文》，《浙江军政府公报》1912年第47册。

　　③ 朱仲华：《辛亥革命以后的绍兴》，《辛亥革命绍兴史料》，1981年，第32页。

　　④ 陈训慈、赵志勤：《热心兴办宁波地方教育的陈屺怀》，《浙江文史资料》第45辑，浙江人民出版社1991年版，第279页。

　　⑤ 王祖德：《宁属各邑之光复》，《宁波文史资料》第11辑，1991年，第24页。

　　⑥ 全一毛：《全一毛文集》，学林出版社2005年版，第52页。

　　⑦ 陈志良：《浙江的堕民》，《旅行杂志》1951第6期。

　　⑧ 《宁波堕民》，《宁波报》1957年9月21日。

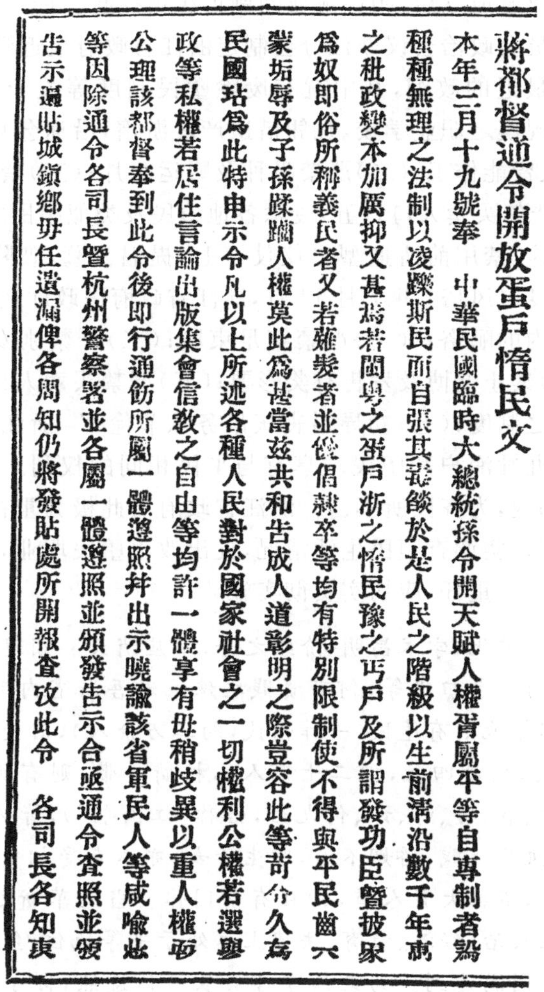

將都督通令開放蛋戶惰民文

本年三月十九號奉　中華民國臨時大總統孫令開天賦人權背屬平等自專制者黜

種種無理之法制以凌躒斯民而自張其聱燄於是人民之階級以生前清沿數千年無

之秕政變本加厲抑又甚爲若閩粤之蛋戶浙之惰民豫之丐戶及所謂發功臣暨披厇

爲奴即俗所稱義民者又若薤髮者並德倡隸卒等均有特別限制使不得與平民齒六

蒙垢辱及子孫蹂躪人權莫此爲甚當兹共和告成人道彰明之際豈容此等苛令久爲

民國玷爲此特申示令凡以上所述各種人民對於國家社會之一切椛利公權若爲

政等私權若居住言論出版集會信敎之自由等均許一體享有毋稍歧異以重人權亚

公理該都督奉到此令後即行通飭所屬一體遵照并出示曉諭該省軍民人等咸喻出

等因除通令各司長暨杭州警察署並各屬一體遵照並頒發告示合亟通令查照幷

告示遍貼城鎭鄉毋任遺漏俾各周知仍將發貼處所開報查攷此令　各司長各知㢧

图 4.1　《蒋都督通令开放蛋（疍）户惰民文》（资料来源：《浙江军政府公报》
1912 年第 47 期）

大不高兴，原因是怕失去了‘低级奴隶’的地位，岁时令节，便不好意思再向主人
讨赏赐。"①由于南京临时政府的政权旋被袁世凯窃取，北洋政府政权频繁更迭，
军阀混战不已，孙中山的贱民解放令成了无法兑现的空头支票。

---

① 宋云彬：《奴隶篇》，《中国新文学大系 1937—1949（杂文卷）》，上海文艺出版社 1990
年版，第 257 页。

国民党南京政府成立后,堕民解放问题再次被提起。1927年5月27日,国民党中央执行委员会政治会议浙江分会制定浙江省政府最近政纲。5月29日,浙江省政府公布最近的政纲,其中就有废除堕民制度等关于社会方面的措施有:"(一)设立大规模之职业学校,凡凭借遗产之游惰,沿途乞食之贫民,皆授以职业教育,使人人皆能作工;(二)严禁吸种及贩运鸦片;(三)禁止赌博及发售有奖券彩票;(四)严禁买卖人口;(五)废除各地堕民及类似堕民之制度;(六)劝导婚丧庆吊务从节俭,禁用前清遗型之仪仗;(七)提倡公墓,破除风水迷信;(八)改革其他一切不良之风俗。"[①]7月14日,浙江省政府民政厅通令各县县长革除包括堕民制度在内的陋俗:"(一)严禁缠足束胸;(二)严禁溺女;(三)严禁吸种及贩运鸦片;(四)禁止赌博及发售有奖彩票;(五)严禁买卖人口;(六)废除各地堕民及类似堕民之制度;(七)劝导婚丧庆吊务从节俭。"[②]浙江省政府通令各地方政府,凡畲民、九姓渔户和堕民均享有与平民相同的权利。堕民等贱民从事贱役,受到社会鄙视,为齐民所不齿。浙江省政府对此极为重视,要求通令下达以后,各地方政府切实调查堕民生活情况,提出改善堕民职业,提高其生活水平的办法。而县长身负重任,应切实贯彻实施。

> 照得人群进化,学术昌明,阶级之分,早应消灭。矧现当国民政府统治之下,凡属人民,悉归平等,何有贵贱之殊。乃吾浙省内部,犹有种种特殊民族,如宁绍等地则有堕民(一作惰民,约二万余人),旧处州府属则有所谓畲民(蓝、雷、钟、盘四姓,约二十万人),杭衢一带,则有所谓九姓渔户(即陈、钱、林、李、袁、孙、叶、许、何九姓,俗称'江山船'),皆为社会所鄙视,齐民所不齿。执业既贱,婚姻不通,所生子女,亦不克受相当之教育。历久相传,未经改革,不特大背人道,抑且有伤国体。当此革新之初,自应即予废除,使彼等在政治、经济、教育、法律上悉处于平等地位;然后废除此种制度之目的,方能圆满达到。为此通令各县长一体遵照,仰于奉文后先将辖内有无堕民、畲民、九姓渔民及类似此种特殊民族等居住,切实查明。其现有此类民族之各县,应将男妇人数、种类、生活状况,详细调查,并拟具此后如何改良职业,提高生活等办法,呈候核夺。该县长身膺民社,有转移风俗之责,应善体本政府维持人道之意,切实奉行,勿得视为具文,致干未便。并仰布告各该县人民一体知照,务期自兹以往,一视同仁,毋分四化畛域,是所厚望。[③]

---

① 《浙省政府宣布最近政纲大事记》,《申报》1927年5月29日。
② 《废除各地堕民及类似堕民制度》,《申报》1927年7月15日。
③ 童振藻:《浙民衣食住问题之研究》,《浙江省建设月刊》1930年第35期。

12月8日,浙江省政府再次责令绍兴等地解放浙东堕民,要求通过设立独立的完全小学,津贴贫寒子弟升学,与普通平民同受中等或高等教育,使之增进知识、学问、技能、自拔于卑贱职业,改善其生活,提高其身份,以达到消除这一特殊阶级的目的。① 各地堕民闻讯也颇为兴奋,欣喜若狂。"当国民军北伐胜利,奠都南京之时,绍兴堕民曾游行呐喊平等。可是不久之后,此事未得社会人士之注意,遂至无声无息。"②绍兴堕民上街游行示威,呼吁人人平等,绍兴警察局长薛瑞骥对此大为震怒,以为堕民此举乃"闹事",立即出动军警弹压,将堕民逮捕关押,很快平息事态。③"北伐成功,也有解放堕民运动,可是解放以后的生计问题却没有人计及;要享受自由就得挨饿,堕民对于这番盛意,还是不敢领情。"④由于缺乏切实有效的改变堕民职业的计划,所谓堕民解放也不过是雷声大雨点小。

1929年1月,浙江省民政厅鉴于地方政府贯彻解放堕民等"特殊民族"不力,再次通令各地,重申浙江省政府的这一政策。"查解放特殊民族,迭经通令饬遵,乃近查宁波、镇海一带仍有堕民名义;其妇女所着衣服,犹沿特殊颜色,与普通人民故示识别,殊属不合。特再重申禁令,仰各县长一体遵照,各于文到后,就该管境内,切实查明,依照迭令认真办理,毋得再视同具文。并将遵办情形,按月于政治工作报告中一并呈报,以凭考核。"⑤浙江省民政厅要求将落实解放"特殊民族"情况作为政绩考核的依据。(表4.1)

表 4.1　1928 年浙江调查堕民生活状况及改良办法⑥

县名	职业	生活状况	改良办法
鄞县	优伶、舆夫、吹手等	与普通同	注重教育之普及
慈溪	剃头、抬轿、吹唱等	收益尚丰	宣传、教育、劝导
奉化	同上	与普通同	据报应挨调查户口测量土地计划举行后,方可定改良方针
镇海	吹唱、演戏,间有农商	与普通同	注重教育,革除服役旧习

① 姚辉:《浙江省志丛书·大事记》,《浙江方志》1993 年第 3 期。
② 何汝松:《浙省之惰民》,《绸缪月刊》1935 年第 2 期。
③ 裘士雄:《鲁迅笔下的绍兴堕民》,《绍兴文史资料》第 21 辑,2007 年,第 50 页。
④ 唐弢:《堕民》,华夏出版社 2008 年版,第 33 页。
⑤ 童振藻:《浙民衣食住问题之研究》,《浙江省建设月刊》1930 年第 35 期。
⑥ 《浙江省各县查报堕民畲民等人数职业状况及改良办法一览表》,《浙江民政月刊》1929 年下册。

续表

县名	职业	生活状况	改良办法
定海	抬轿、剃头、奏乐、梳头	收益尚厚	由强迫教育入手,并令各小学不得歧视,一面令其互通婚姻
象山	吹唱、理发、新妇伴娘	均有产业衣食恒足	
余姚	吹唱、收租、伴娘		令其耕织,改习工艺,劝令入学
上虞	乐户	与平民同	筹设工厂及平民学校,令得免费入学,俾可发展
温岭		与平民同	由警察所长协同公正绅士,随时指导,令其业农
东阳	剃头、抬轿、守祠、梳头	每日所得五角至一角二分不等	令其通婚,改业入学,或做工,并优待之
义乌	抬舆、鼓乐		提倡通婚,选举平等
乐清	抬舆、捕鱼、伴娘		

　　1930年,浙江省政府提出"堕民与良民平等案",由民政厅通令解放浙东各属全部"特殊民族",各界人士均热烈响应,但积习过深,积重难返,畛域难除。①"绍属惰民,曾举行废除阶级旧制之游行大运动,有无数惰民手持标语,周历各村,颇具弱小民族解放之精神。"②浙江对堕民、畲族以及九姓渔户再次进行调查,鉴于"其风俗习俗与普通人民不类,故为社会所轻视,不能享受平等之待遇,近已明令解放之。民族调查委员会,正在拟订章程筹备设立,以便调查全省风俗,从事改良"③。但其效果却不尽如人意。"1930年,伪浙江省政府议决将堕民的待遇与平民一律平等,只是决而不行的空心汤圆。"④尽管浙江省政府颁布解放堕民的命令三令五申,却形同具文。堕民依旧过着暗无天日的生活,在破布、棉絮、废物及垃圾中讨生活,仍成为平民眼中的"赘瘤"。

---

①　郑公盾:《浙东堕民采访记》,《郑公盾文集》,知识产权出版社2017年版,第186页。
②　《浙江全省惰民统计》,《浙江省杭江铁路工程局月刊》1930年第1卷第6期。
③　《堕民畲族九姓渔户》,《各省市各项革新与建设》1930年第2期。
④　陈志良:《浙江的堕民》,《旅行杂志》1951年第6期。

第二节　地方政府制定改善堕民处境的法规

　　浙江省政府一再督促,各地方政府制定了一些相应的地方性法规,以提高堕民地位。1928 年,萧山县政府、党部鉴于"萧邑每逢婚丧,必大为铺张,且一般惰民专为供人娱乐,值此党治之下,若不严行取缔旧习,永无打破之日,缘特布告,克日撤除,以免浪费"①。1930 年 6 月 13 日,鄞县政府颁布"解放惰民改良婚丧仪仗案"以及"维持惰民生计案",训令各村里委员会贯彻实行。"为令遵事,查本政府第一次行政会议,关于实行解放惰民以及改良婚丧仪仗一案,当经议决原则通过,其详细办法,由本府规定在案。唯查解放惰民改良婚丧仪仗及维持惰民生计两案,前据明农联合村拟具办法,呈请到县,经即修正布告各在案,第恐积重难返,各村未必尽能实行,特将原定办法略加修订,除布告外,合行颁发布告二纸,仰即遵照张贴,切实奉行。"②1933 年,镇海县第二区为了提高堕民地位,改良服务待遇,制定暂行办法,由镇海县政府核准在全县施行。镇海县政府核准第二区提出的《提高惰民地位办法》十五条:

　　一、本办法为改革惰民生活,初期暂行规定试用之;

　　二、本办法完全为提高惰民地位,改良服务待遇,纯以平等宗旨,以期改营正当生活为原则;

　　三、废除惰民及服役、值堂、送娘等名称,一律改称佣工(男工、女工);

　　四、废除其称人如老爷、少爷、太太、奶奶等称呼,一律改称普通人之称呼,如先生、师母等称呼;

　　五、废除叩头、下跪、打欠等旧礼;

　　六、废除缠红布、穿红衣、着绿裙等装饰;

　　七、主人雇用此项佣工,应与普通男女工同等待遇;

　　八、主人、宾客、执事人等,不得歧视此项佣工或招待;

　　九、工资日工一日为一工,夜工半夜为一工,过夜间十二时为二工;

　　十、工资数目概与各地普通男女工相同;

　　十一、工资之外(除喜庆有喜封花销、花销与普通佣工同),不得另有叩赏及其他旧沿名目,以一举动定代价,另向主人索取财物;

　　十二、十六岁以下未成年男女,绝对不准随同服务,应责成其家长劝令

---

①　《取缔惰民婚丧娱乐》,《申报》1928 年 12 月 28 日。

②　《鄞县府解放惰民》,《申报》1930 年 6 月 14 日。

入学;

十三、此项佣工,除老年外,应随时改营他种正当职业,不得以此为正项生活;

十四、违反本办法者,得报由公安局取缔;

十五、本办法由区公所视察当地情形订定之,呈县核准后施行,其修改时亦同。①

绍兴也有开明县长同情堕民的屈辱处境,饬令解放堕民,不得再侮辱堕民。"记得七年前,绍兴新到任一位县长,探知县民对于惰民种种不平待遇,十分愤激,下令解放惰民,凡有再敢虐待惰民的,从严惩办。"然而,事与愿违。"谁知布告方才张贴出去,就被撕个精光,并且激动了群众公愤,围集县政府前,声势浩大,县长被迫,只好'收回成命',演成了一幕喜剧。"杭州的《东南日报》刊登了一篇《解放浙东惰民》的社论。"认为林肯的解放黑奴,甘地的代替不接触阶级请命,都是最合乎人道公理的伟举;浙江向称'文物之邦',就不应该遗留此种怪现象,结论是所有受过知识的人,都应该来响应此一运动。"但是,登载该社论的报纸到达宁绍一带,"全被就地的绅士们没收了,可见反对解放惰民的人,不是无知的农工阶级,正是一批深受知识的人"②。改变歧视堕民陋习,提高堕民待遇,不是一蹴而就的。

地方政府也倡导改变堕民习以为常的习俗,禁止堕民捕食青蛙。历代官府严禁捕蛙,但堕民捕蛙却为社会所默许。"大姓人连小孩也不准钓田鸡玩,可是小姓人(特指堕民)钓田鸡无人干涉。"③堕民乃是身份低贱之下,从事这种为社会公德所不允许的行当乃是名实相符。堕民敢冒天下之大不韪而捕捉青蛙,也是消费市场的需要。民国以后,地方政府不断颁布禁令,禁止堕民继续捕蛙。"目下民智太开,觉得金钱蛙能捕食害虫,有益于农作物,任意残杀是一桩不道德的事,便禁止他们垂钓,从此惰民生(计)更困难了。"④慈溪县政府甚至在《时事公报》颁布《重申禁止捕食田鸡之布告》:"慈城城乡人民,对于捕食田鸡一事,虽经官厅三申五令,严行禁止在案,然禁者自禁,捕食者仍捕食也,近且在市街上公然买卖,毫无顾忌,故该邑陈知事,特于昨日布告阖邑人民云:照得田鸡一物,专食一切害谷之虫,神益禾苗,实非浅鲜,迭经本署布告禁止捕捉有案。近

---

① 《镇县政府核准提高惰民地位办法》,《上海宁波日报》1933 年 10 月 29 日。
② 沙羽:《浙东的惰民》,《万岁》1943 年第 6 期。
③ 义乌丛书编纂委员会编:《义乌民俗》,上海人民出版社 2011 年版,第 282 页。
④ 慧明:《惰民生活补志》,《民国绍兴县志资料》第 2 辑第 4 册,广陵书社 2011 年版,第 95 页。

闻各处乡民，日久玩生，仍有捕食或捉卖情事，殊属故违禁令，合行布告申禁。须知田鸡既能保护田禾，除灭害谷之虫，为天然利农之生物，当养育之不暇，岂可任意捕食，贪利捉卖，逞口腹之欲，逐什一之利，致伤其生命，以流于残忍。除饬警严密查禁外，嗣后如再有犯违情事，定当拘案惩办，决不宽贷，其各凛遵。"①然而，尽管三令五申，但堕民难于摒弃世世代代延续的获利丰厚的捕蛙行当。

地方政府也兴办学校，教育堕民子弟，以便堕民有更广阔的职业选择，不再从事贱业。1918年，同仁学堂收归县立，改名"县立同仁初等高等小学校"。1920年，县立同仁高等小学校改办"县立同仁国民学校"。1923年，实行新学制，改为"县立同仁初级小学校"。1924年，仍设完全小学校。1926年，又划归堕民自办。1927年，再次改为县立学校。后来，又在堕民的强烈要求下，改为堕民自办。1919年，"绍兴县乙种商业学校"建立，校址设于学士街，校长马世臧。"招收13岁以上初等小学毕业生入学，学制三年。"②1923年8月，改为县立，更名为"绍兴县立商业职业学校"，改招旧制小学、完全小学毕业生，1931年停办。

地方政府除了在城区办学外，也重视农村堕民教育。绍兴马鞍镇堕民聚居区夹渎村林张水回忆："村里最早为私塾，设在村内的小庙中。（全面）抗战（爆发）前改为短期小学，由政府出资并派教师办学。我在短期小学读过四年书，但断断续续，有时还到四里外的黄山和三里外的八字桥小学读书。村里的男人基本上过学，其中最高学历的是高中，叫杨雪保，绍一中毕业，在电报局，离休后回家。这个小学解放后改成村办学校了。"③地方政府也创办短期培训班，以提高堕民文化水平。根据《绍兴县安昌区区政概况》记载，1935年浙江省民政厅推动短期义务小学培训教育，安昌区共筹划28所学校，在堕民聚居区戚墅村设立一所学校，于1937年9月设立，招收学生62人，经费由政府统一发放，按标准每年160元。④据该村村支书李金寿回忆，新中国成立初，戚墅村有30多户，平均每户近2人入学，堕民入学比率较高。⑤虽说政府专门为堕民创办的学校不多，但堕民也能到其他平民子弟学校读书。

①　《重申禁止捕食田鸡之布告》，《时事公报》1925年8月1日。
②　徐易人主编：《绍兴县教育志》，方志出版社2002年版，第300页。
③　俞婉君：《绍兴堕民》，人民出版社2008年版，第203页。
④　绍兴县安昌区署编：《绍兴县安昌区区政概况》，民国二十六年。
⑤　俞婉君：《绍兴堕民》，人民出版社2008年版，第203页。

第三节　地方绅士改革雇用堕民的陋习

堕民主持的旧式婚礼,礼仪烦琐,且耗费甚巨,无论男家还是女家,均不堪其累。清末民初,绍兴就已有开明绅士倡导"文明结婚"。民国以后,地方开明绅士调查堕民生活状况,改革雇佣堕民陋习,奔走呼吁解放堕民。绍兴绅士周嘉烈认为请用堕民习俗乃劳民伤财,违背封建伦常。"堕民二字,在民国时代亟应芟除,民而曰'堕'则四万万人无不堕也。且俗所谓谢灶糖、新年唱像以及祭坟用鼓乐等,实属无谓,一概芟除,为免糜费。'昏礼不用礼,幽阴阴义也'(二语见《礼记·郊特牲》)。'昏礼不贺,人之始也'(二语同上)。'妇降自阼阶,舅姑降自西阶,以著代也'(三句见《礼记》)。详著代之义,则舅姑为宾,于妇为主矣。古代三十曰'壮',有室生子当在一二年后,及为舅姑则年在花甲外矣。子妇之乐境,正父姑之忧境也。何用乐为? 何用贺为? 今人娶妇一律用乐何谓? 即使用乐亦将计工授食,不必呼之为堕民也。"①婚礼雇请堕民奏乐,应与一般雇工待遇,不应歧视其为贱民。绍兴地方绅士身体力行,倡导新式结婚风尚。新人结婚不再聘请老嫚,改为介绍人。"男家用婚帖聘金等物,由介绍人送至女家,收受此项礼品后,将婚帖当口带交男家。"新婚不再雇请堕民奏乐,而是举行"集体婚礼"。"由男家雇请乐人及绸扎彩轿,用对锣及各种灯伞抬往女家,迎娶新娘后,即由新郎新娘参拜天地,送入洞房,是谓旧式结婚,费用浩繁。近来新潮流猛进,居民举行新式结婚者渐多。"②许多绍兴青年改变请用老嫚做伴娘,请堕民吹打,以花轿迎娶新娘、拜堂成亲等传统婚俗,新郎改穿西服、皮鞋,新娘穿白色衣饰(白色表示纯洁)拍摄结婚照等西方通行的结婚礼仪。平水剑灶的同盟会会员屠柏心,青年时期结识同乡陈伯平、陶成章、徐锡麟和秋瑾,积极参加辛亥革命。"他在上灶率先废除'堕民制'。堕民是旧社会严重的歧民制度。除婚丧喜事外,他们不能与平民百姓往来。"③绍兴地方绅士改革旧式婚礼,倡导集体婚礼,以废除婚礼请用堕民的陈规陋俗。

---

①　周嘉烈:《堕民撮述》,《民国绍兴县志资料》第 2 辑第 3 类《民族》,广陵书社 2010 年版,第 99 页。

②　《绍兴县政概况》,《绍兴县志资料》第 1 辑《天乐志》,存绍兴市图书馆古籍部。

③　何信恩主编:《造福剑灶的同盟会会员屠柏心》,《辛亥革命与绍兴》,西泠印社出版社 2011 年版,第 171 页。

绍兴孙端绅士、光复会会员孙德卿呼吁废除雇用堕民的陈规陋习,提倡科学新风,宣传民主共和,抵制封建复辟,推行新式结婚仪式,呼吁文明结婚,倡导集体婚礼,免费为文明结婚者提供服务。孙德卿于 1915 年在家乡孙端兴建上亭公园,开办平民夜校,宣传革命,以扫除文盲;开办蒙养园,开创绍兴的幼儿教育;开设"仁济医院",聘请绍兴中西名医开展义诊,以济贫病;春夏之交,还施打疫苗,并聘请许多西式助产医生,挽救了许多难产产妇和婴儿;废除阴历纪年,提倡推行阳历;提倡阳历过新年,举办新年茶话会以改善风气;组织孙端剧社,置备布景道具、锣鼓丝竹,作为演出之用;开办俱乐部,由专人管理,日夜开放。"破旧立新,提倡并举办新式的集团婚礼,无偿提供一切服务,孙德卿还亲为新人们主婚。"①著名原子核物理学家孙观汉博士的兄嫂就是参加孙德卿在上亭公园举行的集团婚礼成亲的。孙德卿倡导移风易俗,大力提倡婚事新办,节俭筹办婚事。"主办集团结婚,废除旧礼俗习,推行新的结婚仪式,自己主持证婚,七斋作为洞房,免费供给居住,当时柯桥等各地赶来参加的人不少。"②孙德卿在孙端所建的上亭公园举行过多次"集团婚礼",并且将自己家中的房间和被褥出借,提供新婚夫妇免费使用,柯桥及下方桥等地不少人赶来参加。集团婚礼就安排在上亭公园的近水楼,上下二层,正厅为十八个呈正方形的"小房间"组成的大通间,南面是一条大约六个"小房间"大小的过道。正厅与过道之间有一排玻璃屏门相隔,楼上楼下均用十根巨型木柱支撑。上层正厅是一个新型茶室。东、北、西墙边布置了藤躺椅和木茶几,东西两侧墙上各悬挂两面"着衣镜",中间安排十只"四仙桌"以及配套的"排骨凳"。近水楼茶室乃是上亭公园一个比较热闹的地方,一年四季均无空闲,经常有人来茶室休闲度假;也有慕名而来公园游玩的外地客人在此歇息、品茶和就餐;商贾则以此洽谈生意;茶室也组织小型适合于室内的文艺活动,如聘请说唱先生说书,一些双目失明的残疾姑娘话词,间或请魔术师表演小魔术。集团婚礼的男女双方家庭、亲戚、宾客,在此举行喜庆茶话会,提倡新风,不办喜酒,仅招待茶点。(图 4.2)

上亭公园的七斋曾用作举办集团婚礼的新人洞房。孙端交通较为闭塞,与外界往来依靠手摇、脚蹬的乌篷船,来回一次上县城,需要花费三四个小时,七斋原本就是作为招待所之用。这是一排背靠端水面朝东的七间斋舍,自北而南分别被命名为"红斋""蓼斋""花斋""疏斋""水斋""国斋""秋斋",典出唐代杜荀鹤《题新雁》的诗句:"暮天新燕起汀洲,红蓼花疏水国秋。想得故园今夜月,几

①　孙伟:《我所知道的上亭公园》,《三代人——一个紧跟时代步伐的家庭》,2006 年,第52 页。

②　陈利川:《孙德卿和上亭公园》,《绍兴文史资料选辑》第 2 辑,1984 年,第 109 页。

图4.2　改除雇佣堕民陋习,倡导"集团结婚"的绍兴开明绅士、光复会会员孙德卿(孙伟供图)

人相忆在红楼。"每间斋舍分成前后两间,唯有"秋斋"后面增加一间正方形的水阁,水阁凌空在端水之上,南、西、北三面开有较大的窗户,南边远眺为水天相接的大畈,举目西望可见庄严的孙端大庙,北面就是巍峨的"见龙桥"和端水两岸熙熙攘攘的街市,新人入住七斋,别有一番情景,颇具浪漫色彩。远道而来的宾客,前来演出的外地剧团、杂技团,有时还有马戏团,演员均安排七斋留宿。1916年8月22日,孙中山游览上亭公园,就曾下榻"国斋"。(图4.3)

诸暨地方乡绅制订乡规民约,改革传统婚丧制度,改革旧式雇佣堕民的习俗。1932年,夫概乡召开大会,通过了婚制改良民约以及丧制改良民约。结婚禁止雇用堕民,即使雇用堕民,也视同雇工,给予双倍工资,不得歧视。《夫概乡婚制改良民约》规定:"一、婚以双方主体合意为原则,肚里为婚,童子成婚及一切强迫婚姻革除。二、婚之成立以订婚、结婚两种已足,无须用问名、求允、导日、过礼、纳采、纳征之麻烦手续。三、行婚礼物以实用为主,一切杂耗无济实益者省除(如求允、导日之送包,娶时之装盘挑篮,端午、中秋节之男家送礼,女家看望新亲头转之装回货,不知消耗多少粽子、水果、糕饼、扇子等无益物品,现以省去为宜)。四、嫁妆以现时足够应用为原则(只一二只提箱亦可),无须多备木器、衣服、妆品等件。五、婚嫁喜期以五服亲属及一二邻居,每家一人帮助料理

图 4.3　孙德卿创办的上亭公园,七斋曾用作集团结婚婚房(裘士雄供图)

为足,亲属几十家男女老幼每餐坐食之风革除,无须再请男女房酒。六、抬新人以便饭倍工钱,无雇用堕民之必要,即用堕民也只给双工工钱,一切分糖抽丰、纸包利事、倒酒菜及事前事后之看望姑娘、量谷索钱,累及亲房者,一律革除。七、新亲最好婚嫁送亲会面会盟,会面以后无须装盘装篮,再做新亲亲房挨家宴待。"①《夫概乡丧制改良民约》规定:"一、丧布改用黑纱缠臂,至亲房分布,吊客按人分布。戚属吊盘回布之风革除。二、吊丧以银物、挽联、花圈等为礼,凡纸烛香吊、纸绽、锦团等迂腐的旧习改去。三、居丧时以五服亲属或一二邻居,每家一人帮助料理为原则。亲房几十家男女老幼每餐坐食之风革除,丧毕亦毋须再请房酒。四、丧时陪夜最好唱歌(如《蒿里》《薤露》等古歌或添置新歌),讲事迹(如丧人之事迹及祖上历史或故事),讲诵佛经用追悼仪式。凡一切事属迷信僧道之神丧、道场宜改去。五、抬棺工人酌给工钱,无须请'约杠酒',给肩腰白,更不准向亲友要稳步费。六、出丧仪表以合时宜为要,凡封建陋习革除。七、丧事饭以送礼者为限,否则无得混食,祭以亲属有关系者为限,否则无得以路祭抽丰。"②丧事也以俭朴为原则,废除请用堕民的陋习。

慈溪开明绅士身体力行,积极倡导新式婚礼,废除雇用堕民陋习。开明绅士童东迎,道德高尚,嫉恶如仇,呼吁破除对堕民的歧视。"他在尊重人格上,更是最先呼吁并付之实际行动。当时,浙东有一种堕民,由于历史的原因,社会地位极为卑贱,甚至当奴隶对待。如结婚出嫁,均要男堕民抬轿,女堕民(称堕民嫂)则背马桶(平时以理发为业)。有些堕民借此勒索钱财,影响不好。目睹此

---

① 《夫概乡婚制改良民约》,《诸暨县民政志》,中华书局 2002 年版,第 514 页。
② 《夫概乡丧制改良民约》,《诸暨县民政志》,中华书局 2002 年版,第 514 页。

情,童先生挺身而出,呼吁当地社会名流力除这种弊俗。其中龚光裕等人积极响应,争着为他人抬花轿,甚至背马桶。这个创举轰动三北,得到广大群众的赞扬与支持,民风为之一新。"①慈溪开明绅士亲自承担抬花轿乃至背马桶等以前堕民的贱役,此举得到民众的欢迎和拥戴。

20世纪30年代慈城有过新式结婚的尝试,终因时局动荡以及封建顽固势力的阻挠,未能推广。抗战胜利后,慈城才全面实行"文明婚礼",花轿被打入冷宫。慈城赍彩业的李葆大是新式婚礼的积极推行者,其班子能上门到新郎家,也能在其租借的位于王家祠堂附近的小礼堂,为新人举行"文明婚礼"。礼堂正中墙上悬挂总理孙中山画像,其下交叉插两面民国国旗,顶棚上对角悬挂五彩万国小旗,醒目之处也贴有大红双喜。上横头有一长形礼案,桌角对称置有一对花篮,桌上摆有笔墨纸砚,方章印盒。文具店提供的大型方形纸套装有结婚证书。角子上高茶几放有一架大喇叭手摇留声机。两旁摆放亲友赠送的礼品。整个陈设布置简明亮丽,喜气洋溢。举行婚礼时,立中央的证婚人由德高望重的长者担任,左手位是主婚人,即新郎新娘父母;右手是媒人,其他来宾分立两边。婚仪开始时,留声机播放"美酒高歌"等乐曲,新郎新娘胸戴花标,头披纱罩,手拉手进入厅堂,来宾们向新人撒彩色碎纸,夹道迎贺。最后,新人在正中红毡上立定,两个拉纱孩童跟随一旁。按司仪程序,先由证婚人带新人向总理画像鞠躬,而后证婚人宣读证婚文书,接着颁发结婚证书。证书写有新郎新娘姓名,并盖有证婚人、主婚人以及介绍人印章。稍后,主婚人及宾客代表相继发言,朗诵颂词。传统三拜还保留,只是改为鞠躬而已。若事先联系照相馆,摄像师会背来三脚架相机,将新人最珍贵的时刻定格。整个仪式结束后,新人手捧鲜花同乘一部披红挂彩的黄包车前往新房。乡下的婚礼还有些半新半旧,虽然不坐花轿,但取而代之的是吱咯吱咯的"元宝篮"。"元宝篮"颇有"代花轿"的味道。新式"文明婚礼"不再请堕民抬轿和吹打,也不请送娘伴送新娘。

奉化开明绅士也响应民国政府解放堕民的号令,倡导文明新风尚,奉化女子受到新思潮的影响,女子多半剪发,结婚也改为雇用"女傧相"。"自从民初政府谕令解放堕民后,他们也渐渐不甘自居于另一阶级,又以女子多半剪发,结婚改用女傧相,'走脚埭'的职业在社会上渐失必要性,他们为谋生活,也逐渐觉悟,非另想生财之道不可。近年,奉化的堕民已有不少改习工商业的。在不久的将来,'走脚埭'这三个字将成为历史上的名词,而堕民这一阶级也将自然地

---

① 童银舫:《童东迎小传》,《慈溪文史资料》第3辑,1989年,第14页。

趋于消灭了吧。"①依赖为主顾"绞面"和做喜娘为生的奉化女堕民,不得不与时俱进,开始舍弃原有的传统行当,从事原来禁止的工商业。

第四节　开明主顾劝说堕民放弃依赖生活

民国以后,一些较开明的主顾,也苦心婆心地劝导堕民放弃依附"主顾"的生活方式。绍兴的周氏乃是越中的世家大族,也是堕民的主顾。"少主顾"鲁迅回忆:"我生于绍兴,堕民是幼小时候所常见的人,也从父老的口头,听到过同样的他们所以成为堕民的缘起。"鲁迅对宋焦光瓒部属因降金沦为堕民表示怀疑,提出应为明代的忠臣义士,并感慨并非好人都有好报,恶人都有恶报。"是好人的子孙会吃苦,卖国者的子孙却未必变成堕民的,举出最近便的例子来,则岳飞的后裔还在杭州看守岳王坟,可是过着很穷苦的悲惨的生活,然而,秦桧、严嵩……的后人呢?"鲁迅母亲鲁瑞出身名门,父亲曾在户部做过主事,儿子鲁迅又是新文化运动的"旗手",虽是未进学堂的家庭妇女,但思想与时俱进,较为开明。绍兴光复后,鲁瑞即放开小脚,又动员佣工王鹤照剪掉辫子,还以实际行动响应大总统孙中山解放堕民的号召,向侍候周家的"老嫚"灌输人人平等的思想。鲁迅回忆:"我还记得在民国革命之后,我的母亲曾对一个堕民的女人说,'以后我们都一样了,你们可以不要来了。'不料她却勃然变色,愤愤地回答道:'你说的是什么话?……我们是千年万代,要走下去的。'"显然,鲁瑞的良苦用心,并未被老嫚所接受。老嫚认为主顾乃天地经义的"衣食父母",主顾无权放弃对堕民的"赡养"义务。"在绍兴的堕民,是一种已经解放了的奴才,这解放就在雍正年间罢,也说不定。所以他们是已经都有别的职业的了,自然是贱业。男人们是收旧货,卖鸡毛,捉青蛙,做戏;女的则每逢过年过节,到她所认为的主人家去道喜,有庆吊的事情就帮忙,在这里还留着奴才的皮毛,但事毕便走,而且有颇多的犒赏,就可见是曾经解放过了的。"鲁迅对堕民安于做"奴才",还要购买做"奴才"的权利,感到颇为费解。"就是为了一点点犒赏,不但安于做奴才,而且还要做更广泛的奴才,还得出钱去买做奴才的权利,这是堕民以外的自由人所万想不到的罢。"②堕民为"解放的奴才",但"奴才"习惯于卑躬屈膝的生活,却不愿被"解放",继续让主顾承担"照顾"的义务,这让主顾哭笑不得,无可奈何。(图 4.4)

---

① 越人:《奉化的堕民》(下),《京沪沪杭甬铁路日刊》1937 年第 1917 期。

② 鲁迅:《我谈堕民》,《鲁迅全集》第 5 卷,人民文学出版社 1998 年版,第 217 页。

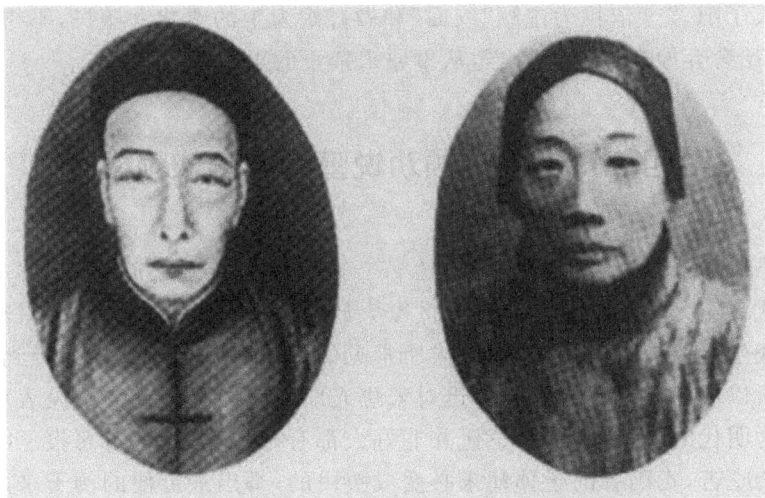

图 4.4　开明的堕民主顾、鲁迅的父亲周伯宜和母亲鲁瑞

余姚黄山湖的茅氏,乃是国内稀有姓氏,原籍河南开封,宋时南渡绍兴,元时迁往余姚黄山湖,分为西房、良房、茂房、东大房、东二房、东三房和庭房,清嘉庆年间已有两百余户,也是堕民的主顾。茅可人乃抗日志士,主修《余姚黄山湖茅氏家谱》。1924 年 12 月 17 日至 28 日,《浙江商报》连载茅可人撰写的《堕民》。该文提到"茅二相公"乃茅可人自称,年仅 24 岁。"茅二相公"规劝女堕民放弃屈辱的生活方式,争取自己平等的权利,不要甘于奴隶的地位。"茅二相公"尽管说得头头是道,但堕民表示自己生来卑贱,无以为生,侍奉主顾乃天经地义,安于现状,不为所动。

皎清的月光,照得大地白昼般的明亮,一群从讨亲人家服役归来的堕民——男夹女——手里提着不燃蜡烛的纸灯笼,在路上走,因为今天多赚了几角赏赐,大家都高兴得了不得。"某相公慷慨啦""某奶奶鄙吝啦""某少爷好计较啦""某姑娘不喜欢戴高帽子啦",你也一句,他也一句,讲得很起劲,似乎这寂静的夜间,是专属于他们的。"真的,我倒记起来了,这件事不曾和你们说过。"一个中年女堕民说,声音很响亮,旁的堕民,都被她打断了话柄,要问她一个详细。于是,她连串地说:"我每次到茅家去理发,茅家的二相公,总是这样说:'你们不要再充堕民,弄得卑贱到这般田地,况且共和国家,人民一律平等,从前专制时代被压迫的人们,都得攒出头来,享受平等的待遇。你们也是被压迫人民里的一种,有这个好机会,为什么还甘心做奴隶呢?'""你怎样回答?"旁的堕民夹着说。她又说下去:"我们是从娘肚里攒了出来,就一向充堕民,人家都以奴隶看待我们,不要说是不肯和我们结婚,就是和我们同桌吃饭,也是不肯的,不像你二相公这样和气。究竟我们为什么充当堕民,我们也不知道,不过我们也丢不掉这个行业,不然哪里去混饭吃呢?""二相公怎样说?"旁的堕民又插进去问。她又说道:"二相公这样说:'我给你讲个明白,当年宋朝小康王在临安做皇帝的时候,宁波和绍兴两府的坏百姓,趁势造反,后来被小康王打败,把头领焦光瓒一干人拿去杀头,其余跟从造反的人,都罚他世世子孙做堕民。所以堕民,只有宁绍两府有的。那时定下规矩六条:一、良民有庆吊大事,去当差;二、女堕民时常要给良民理发;三、不得和良民结婚;四、对于良民的称呼要尊贵,自称要卑贱;五、不得读书赶考,求功名;六、不得住高大的屋,穿华美的衣服。所以你们有这样卑贱,这种专制魔王无理的罚法,真要气煞人哩。你们屈服的人,难道没有气的吗?'我说:'二相公,你的好心肠,养不活我们一帮子,横竖在世做人,到东到西赚一口饭吃吃,卑贱些,也不妨,况且是祖宗做下来的事情,更是没奈何他的。'二相公口中叹气,从此以后,不和我说,不过待我很客气,叫我只要叫他一声先生就是,是毋须叫二相公的。但是我要赚他的钱,哪能够做得到呢?……""是的——是的——我们只要有钱,管他什么卑贱不卑贱。"大家不约而同地说。①

上虞下管的徐氏,都是堕民的主顾。徐氏元末由江西来到下管,已有五六百年历史。徐氏分成四大房,即"真七房""真九房""真五房"和"真六房",其中七九房最大,各有三四百户,五六房较小,各有几十户。下管有东西两个夹笆住着十多户非徐氏的堕民。徐氏乃堕民的"奴隶主",堕民乃徐氏"奴隶"。堕民"少主顾"之一、作家徐懋庸回忆堕民要为徐氏提供五个方面的"服务"。"第一,他们要为徐氏的所有男女服务。男性'惰民'的主要任务是,在徐氏各房举行祭祀时以及徐氏各家有婚丧事件的时候他们来当吹鼓手;女性'惰民'叫作'老嫚'则定期给徐氏的男人剃头和给女人绞面,还有在徐氏的贫家结婚时当'伴娘'。第二,他们对所有徐氏的人,不论贫富贵贱,都以对'主人'的称呼相称,如'老爷''太太''相公''奶奶''官官''姑娘'等。第三,每年春节,他们全体男女,都要到徐氏各家'拜岁''请安',站在门口唱上一段吉庆的颂词。第四,他们平时为徐氏服务时,不取报酬,只在逢婚丧大事时可以吃几顿,而到年终时,到徐族挨户'讨赏',由'主子'家给些年糕、大米等'赏赐'(春节'拜岁'时也有这种'赏赐')。第五,他们被禁止与徐氏通婚,被禁止上学。"除此以外,没有其他奴隶社会的"奴隶"任由"奴隶主"虐待和买卖的情况,徐氏作为"奴隶主"显得异常"友善",相比于奴隶制下的"奴隶",徐氏的"奴隶"已经相当"自由"。"'惰民'的存

---

① 王振忠:《平民莫笑堕民低》,《读书》2005 年第 9 期。

在,使下管的阿Q式的人物产生优越感,使他们记得祖先曾经阔气过,而且现在还有比自己'低'一等的人,虽然有些人的生活实际上比'惰民'穷困得多。"①徐氏的"奴隶"仅仅依靠"主人"的"恩赐"还不足以生存,还要自己开垦一些山坡地耕种。

五四运动也波及下管,下管的资产阶级民主派受到新思潮的激荡,也倡导解放被压迫的堕民,给予堕民子弟受教育的机会。正在读初小的徐懋庸也在老师的带领下,手持小旗,参加示威游行,高喊革命口号,到商店检查日货。"五四运动的时候,下管的资产阶级民主派对'惰民'取消了一条禁令,即不准上学的禁令,此外,则无所改革,但是,此后'惰民'子女还是很少上学的,我记得的只有一个女孩子。"②上虞下管的徐氏,也打破堕民不得上学的禁令,允许"奴隶"的子女与"奴隶主"的孩子一起读书,为文盲农民办平民夜校,并进行反日宣传。开展破除迷信活动,到庙宇打毁了一些泥塑木雕的偶像。创办《管溪声》,介绍新思潮,批评下管的不良现象。创办图书馆,订阅报纸杂志,教师捐出个人藏书。

宁绍地区的外国传教士,也为堕民的处境打抱不平,设法改善堕民处境。早在清初,外国传教士关注中国的堕民问题。耶稣会传教士巴多明神父谈道:"还有另一种贱民,人称之为'堕民'。他们只存在于浙江省,特别是在绍兴城,那里的人迫使他们在被隔离的街道中居住。只允许他们经营最低贱和最微不足道的商业,诸如出售天鸡(青蛙)或供儿童食用的小甜点的买卖,或者是在死人入殓时充当吹鼓手。当时完全禁止他们参加科举考试以获取功名,世人不希望与这些人有任何交往。传教士们正是据此而下了很大辛苦,才使基督徒们变得理智起来。然而,当人们下苦功研究其起源时,却发现中国始终不存在'种姓'的问题。所有人甚至包括绍兴居民在内,都一致认为,这些堕民大约都是被元朝摧毁的宋朝末年的王爷们的后裔。由于这些王爷为征服中原付出的苦劳最多,所以他们后世到处占据地盘,经常拒绝服从鞑靼人。那些逃脱大屠杀的人,则被判定生活在绍兴,与其他民族隔离,处于一种受屈辱的地位。人们发现他们于雍正皇帝执政之初依然如此。"③传教士首先在中国的基督教徒中,做了倡导良贱平等的尝试,但效果并不明显。

嵊县三界镇堕民聚居区割鸡山村最早由传教士办学,后来转归村办。堕民遗老周友灿回忆:"他上学时有学生80—90人,邻村子弟也来此读书,当然该村

---

① 徐懋庸:《徐懋庸回忆录》,人民文学出版社1982年版,第5页。
② 徐懋庸:《徐懋庸回忆录》,人民文学出版社1982年版,第5页。
③ [法]杜赫德编,耿昇等译:《耶稣会士中国书简集(中国回忆录)》第4卷,大象出版社2005年版,第135页。

子弟也有到外村读书的。上学最初不用学费，后因经费不足，除周氏外要求交学费，但引起其他姓氏的不满。村民陈炳姚父亲就不满此做法，赌气中断儿子学业。"①民国有位李姓牧师，尽管不宣称要解放堕民，却学习甘地的办法，收养了一位十六岁的堕民女子作为"寄女"，给予其亲生女儿一样的待遇，连称呼也要更换，这在平民看来，实乃"大逆不道"。但李牧师备受平民尊敬，未便加以粗暴地干涉，于是，乃派出代表进行交涉。"去请求李牧师，雇佣她为婢仆是可以，不能如此加以恩待。李牧师的答复是：'我是来传教的，我不看见她的肉体，只想拯救她的灵魂。这灵魂原是不分中外的，也不分平民与惰民……'但是，李牧师的'宗教解释'还不过是说了一半，已使他们的'习惯见解'认为不满，干脆地说：'你要拯救她的灵魂是可以的，但不能恩待她的肉体，要是再将她当作女儿看待，我们便要烧教堂了。'"②李牧师为了保住教堂，被迫做了让步。外国传教士在中国的教徒中灌输西方"天赋人权""人人平等"的思想，但平民对堕民的歧视根深蒂固，积重难返，对此不以为然。

第五节　民国堕民的卑贱地位

民国时期受过高等教育，出任军政职务的堕民也不乏其人。秦人回忆："记得从前在之江上游一个山城里落草的时候，来过一位省财神殿派来催粮的小官儿，满口老绍兴话，却带'大瓶'（特指堕民）腔，据说日本法政毕业，且曾在南京某路军司令部充过军法官，问他绍兴城里的府上，说是月池坊（紧靠堕民聚处三隶街，盖以此代讳也），后来一打听，果然是特别号的'大瓶'。这是我第一个遇到受到高等教育的'大瓶'官儿，我很希望这些久受歧视的'瓶民'，慢慢地都变成'平民'，将来'三隶街'也不必永是一个避讳的地名了。"③有的堕民冲破不得担任政府官员的禁令，担任军政职务者不乏其人。天门下也有一位任姓堕民出任国民党军官，解放初即被镇压，留下几个未成年子女。其子女政治上抬不起头，生活也过得极其贫困，只能住葵花杆围起的草房。④

个别地方的村民与堕民平等相处，睦邻友好。绍兴漓渚镇九板桥原是外地流浪贫民的聚居地，也有十多户堕民偏居于东南角。村中贫民与堕民关系融

①　俞婉君：《绍兴堕民》，人民出版社2008年版，第204页。

②　沙羽：《浙东的惰民》，《万岁》1943年第6期。

③　秦人：《杭甫段沿线的特殊民族》，《京沪沪杭甫铁路日刊》1937年第1912期。

④　王静：《中国的吉普赛人：慈城堕民田野调查》，宁波出版社2006年版，第110页。

洽,堕民从主顾家讨来的糖果以及肉饼,也与贫民邻居分享。正月堕民见到平民邻居孩子,也给点压岁钱。贫民平时对堕民也较为客气,并不直呼堕民或老嫚,而尊称为"伯伯""叔叔""婆婆""婶婶"。堕民缺少人手,也常拉贫民作为"客师"聊以充数,其酬劳则视主顾条件而定,若赏钱较少甚至不给也有。贫民坦言:"如果主顾给堕民的赏钱不多,我们怎么好意思要。"贫民带上十多岁的孩子帮忙,堕民往往不给工钱。贫民也不以为意:"小孩闲着也是闲着,吃了几餐饭也不错。"①九板桥的堕民因为较该村的贫民富裕,乃至产生优越感,堕民与贫民吵架时,堕民甚至责问贫民有何能耐看不起堕民。

绍剧堕民演员也曾与平民越剧演员在上海同台演出。第一次是章家兄弟与徐玉兰等越剧演员同台演出。徐玉兰初闯上海,在大东剧场撑台柱,演老生行当。徐玉兰师从绍剧艺人,出入老闸大戏院,挂牌演出清官戏《包公》。后来,徐玉兰又转往大东剧场,绍剧演员经常前去搭台布景或协助化妆。于是,双方商量同台演出剧目,先演文戏《倪风煽茶》,后演武戏《武松与潘金莲》。"七龄童"演武松,徐玉兰演何九叔,"六龄童"演西门庆,并打出牌子:"绍兴大班、女子越剧合演,头牌七龄童、徐玉兰、六龄童。"合演之前,双方讨论本子,切磋技巧,以绍剧戏路进行排演。徐玉兰的何九叔重在表演,唱句不多,排演时将关键性的动作反复试做,一来二去,力求合拍。六龄童如是说:"演出是很紧张的。往往是她们先在大东剧场演一二折文戏,我们则在老闸大戏院演剧,演到一半,我和哥哥演完了折子戏,便急急忙忙地赶到大东去演出,活像现在几家电影院跑片,穿梭般地来回跑。有时因为交通阻塞,实在太费时了,我阿哥就蹬一辆自行车急速飞驰而去;我呢,因为没有车子,便动了一个脑筋,穿上一双溜冰鞋,用手抓住他的车子,由他带着走,倒像杂技表演。一到剧场,我们兄弟俩满头大汗,气喘吁吁,越剧界的姐妹们很感激,一边给我们倒茶、递毛巾,一边说:'你们介远的路赶来,太辛苦了!'"②此时,文戏折子已近尾声,章家兄弟抓紧化装上台。到了演武戏时,徐玉兰的唱腔全改成绍剧,章家兄弟与之配合默契,赢得满堂喝彩。这是绍剧堕民演员与平民女子越剧演员第一次同台演出,几乎场场满座。女子越剧在上海逐渐打开局面,站稳脚跟。

相隔一年以后,绍剧堕民演员与平民女子越剧演员第二次同台演出。绍剧演员有"七龄童"和赖国友,越剧演员有王杏花、竺素娥、傅全香等人,同台演出《杀子报》。赖国友演和尚,"七龄童"演王官宝,王杏花演王母,傅全香演阿姐王金定。后来,"七龄童"改演和尚,王官宝改由竺素娥扮演,因为彼此没有配过

① 俞婉君:《绍兴堕民》,人民出版社 2008 年版,第 168 页。
② 六龄童:《取经路上五十年》,上海文艺出版社 1988 年版,第 26 页。

戏,因此发生小小的意外。"上场后按照剧情,竺素娥拿起棍棒追打坏和尚,一个逃,一个追,逮着后,台下观众连声喊道:'坏和尚该打,该打!'竺素娥一棒下去,恰巧打在七龄童的肩背上,结果真的打出了一条血红的疙瘩。下台后,我哥哥对竺素娥说:'你怎么真的打了?'竺素娥说:'我不留心,失手了,抱歉,抱歉!'她显得很难为情。这一来,我哥哥倒反而劝慰她说:'算了,算了,在台上失手是难免的。'说着,在场的人都笑了。"①竺素娥演唱俱佳,属于女子越剧功底深厚的武小生。

相隔大半年后,绍剧堕民演员又与平民越剧名旦筱丹桂第三次同台演出。丹桂舞台由筱丹桂与张湘卿(小生)搭档,演出《马寡妇开店》《麻风女》等家庭戏。在老闸大戏院联合演出时,先演《三岔口》,然后由筱丹桂、张湘卿、贾灵凤(小丑)演《倪凤煽茶》,作为压台戏。《三岔口》由打店起一般只演十五分钟,较为难演,任棠惠与刘利华两个角色也需要相当的武功基础。联合演出时,越剧武丑任鸿飞扮演刘利华,"六龄童"扮演任棠惠,再由丹桂舞台演员配一个焦赞角色。刘利华的戏在全剧中属于重头戏,原是一个开黑店的草莽汉子,凡投店者,半夜三更一命呜呼。杨元帅手下大将焦赞在天波楼酒醉后,路见不平,将人打死,被发配充军,是夜投入刘利华的黑店。大将任棠惠暗中保护焦赞,也随之进店投宿。等到半夜,仨人摸黑打起来。"表演的要领是'一摸二听三看四打',这中间表演动作很多,从桌上打到桌下,又从桌下打到桌上,再打瓦片,上高,一共有'三打',很见功夫。任鸿飞和我配合得很好,夺刀、摸桌子,虽然动作幅度不大,但要做得严丝密缝。中间有打瓦片一节,十分讨巧,当刘利华与任棠惠打得精疲力竭时,坐在屋檐下叹息;任棠惠纵身跳上桌子(以示上了屋顶),拿起十张瓦片朝对方头上打去,'哗'的一声,瓦片打在刘利华的头上,碎成许多片。这一瞬间,刘利华将事先准备好的红墨水往额上一抹,即似满脸流血。"②但在演出过程中,也有失手的时候。按照一般演法,任棠惠捧起一叠瓦片,事先应以火煨过,再喷上醋,使之变得松脆。打过去时,对方用头顶也须得法,不能顶在脑门和脑后,一定要顶在头顶正中。任鸿飞表演时,一时失了要领,竟然仰面而来,说时迟那时快,"六龄童"打将下去,整叠瓦片撞到她的脑门,瓦片虽然被打碎,但任鸿飞也是鲜血直流。演毕,任鸿飞捂着伤口,责备"六龄童"打得太重。"六龄童"也埋怨任鸿飞顶得不得法。任鸿飞到医院缝合几针。绍剧和越剧同台,取长补短,相得益彰。

临时大总统孙中山虽然颁布包括堕民在内的贱民解放令,但由于南京临时

---

① 六龄童:《取经路上五十年》,上海文艺出版社1988年版,第26页。

② 六龄童:《取经路上五十年》,上海文艺出版社1988年版,第27页。

政府旋即夭折,北洋军阀政府混战不已,孙中山的解放贱民令成了一纸空文。南京国民政府也重申解放堕民,但国民党政府将主要精力用于对付中国共产党,特别是抗日战争全面爆发后,堕民主要聚居的浙江沦于敌手,国民政府忙于对日作战,无暇顾及堕民解放问题。地方政府也出台过相应的解放堕民的立法,地方绅士处心积虑地改革旧式雇用堕民的婚丧制度,开明主顾苦口婆心规劝堕民放弃屈辱的生活方式,却收效甚微。尽管民国时期的堕民处境有所改善,但堕民作为一个贱民阶层,其屈辱的地位与数百年前一样,并没有丝毫的改变。

第五章　民国堕民捐资办学的热潮

孙中山颁布贱民解放令,地方政府陆续出台相关的解放堕民条例,加上有识之士的奔走呼吁,民国兴起了一股堕民捐资办学的热潮。① 最大的堕民聚居区绍兴三埭街创办了五所私塾,均招收堕民子弟入学。堕民续办清末创办的堕民子弟学校——同仁学堂颇见成效,是绍兴城区四所民办的小学之一,成为超过百人规模的大型小学。经济实力雄厚、人口众多的堕民聚居区,往往自筹资金设立堕民子弟学校,没有条件单独设立学校的堕民聚居区,其子弟也被其他平民学校所接受。不少堕民子弟接受中等和高等教育,培养了第一批堕民教育家,第一批堕民工程师,第一批堕民官员。

第一节　三埭街创办的堕民私塾

民国中央政府和地方政府大力倡导解放堕民,堕民也认识到接受教育,能够改善其悲惨的处境。三埭街的堕民虽然贫困,过着饥寒交迫的生活,但对子弟却寄予厚望,望子成龙心切,重视对子弟的文化教育和素质教育。民国时期,三埭街创办了五所私塾,由徐残月、张月桂、汪锦堂、裘柏年、大黄牛等饱学之士任教。为了让三埭街子弟有知识有文化,这几位先生尽心尽责,腾出自己的住房当课堂,"书经钿"(学费)也收得特别低廉,对实在困难的堕民子弟则免费。三埭街的子弟也颇为争气,珍惜这来之不易的读书机会,勤奋好学,刻苦钻研,成绩优良。

徐残月乃是平民,所办私塾,乃其中的佼佼者。徐先生父亲是个律师,收入较高,只有他和姐姐二个孩子,姐姐已经出嫁,父母更视为掌上明珠,从小寄予厚望,不惜重金给予良好教育。然而,天有不测风云,徐先生二十岁那年,因一

---

① 关于民国堕民捐资办学的研究,有关学者对清末绍兴同仁学堂创办有所涉及,唯有俞婉君在《绍兴堕民》中对民国时期堕民教育的继续发展略有涉及。

场风寒,连续几天高烧不退,最后导致双腿残废,再也不能站立,落下终生残缺,故称为"跷脚先生"。父亲经受不了这种无情的打击,忧郁成疾,旋即病逝。徐先生痛不欲生,曾经几度悲观自杀。俗话说"十年好运抵不过一年败运",父子俩生病花光了家中所有积蓄,连房屋也被变卖,家境一落千丈。为了赡养母亲,徐先生打消了轻生的念头,毅然改名"徐残月"。

徐先生在新建北路学士街口租赁了一间房屋,自设私塾,招收三埭街子弟入学。私塾面积并不大,屋子分为里外两间,仅摆设六张课桌,每张桌子坐四人。乐户世家出身的陈顺泰的大哥陈元洪曾到徐先生私塾就读,陈顺泰也随大哥一起,站在大哥边上看他念书。徐先生要求十分严厉,以高标准要求学生,课文只多讲授三遍,有些笨拙的学生,读不准音,背不出书,就用约一尺长、二寸宽、厚一寸多的实木"教方",责打学生手心,让其长长"记性"。徐先生按年龄大小、文化程度高低分别授课。每天早上按照次序(早到早上)让学生站在其对面,先生先喊一句,学生跟读一句,再讲解课文内容,最后教写生字,学生回到座位读书和练习写字,下午就要学生背诵课文和听写生字。一个学生上完后,再轮到下一个学生,如此轮番上阵,等所有学生上完,已到中午放学时间。学生回家吃过午饭,再到私塾读书。到下午三点左右,徐先生开始点名让学生到他身边背诵课文,听写生字。如果学生达到要求,就在学生课本上划上一红勾以示通过。如果一次、二次背不出,先生尚能原谅,让学生回到座位温习。如果第三遍还背写不出,徐先生就严加责罚,直到学生背出为止,俗称"关书房"。"有一次,有个学生一连三次还背不出,他就用'教方'狠狠打了五下,打得那个学生哇哇直叫,痛哭流涕。凡是出现这种情况,学生回家从不敢告诉家长,即便告诉了也没用,因为家长懂得先生教孩子,越是严格越为自己小人好这个道理。"[1]三埭街堕民身感自己没文化的痛苦,要求子弟认真读书,珍惜这来之不易的读书机会,以免像自己一样成为"睁眼瞎"。(图5.1)

徐先生母子后来租住县前街附近的宝幢巷作为私塾,房屋面积较大,课堂分里外两大间,有学生40多人,乐户世家出身的周春香也在徐家读过一年书。因徐先生双腿残缺,不能下地行走,"师太婆"(徐先生母亲)将其"眠床"搭在外间,紧贴床边就是他讲课的课桌,以便起居、讲课都方便。徐先生的教育方式别具一格,每天给学生上课都有一项特殊本领,无论学生站在他旁边或者对面,他都能把字横着写或者倒着写,不管学生站在什么角度,都能正面对着字体。徐先生写字一丝不苟,字迹非常漂亮。他给学生安排一天上语文课着重写毛笔字,先练写"红述字",练习本上印有红色字体,如天、地、日、月、人、年、手等,让

---

[1]　访问陈顺泰,2017年3月16日。

图 5.1　乐户出身的周春香读私塾时的照片(周春香供图)

初学者用毛笔在红字上顺着笔画写,待徐先生满意后,再改用空白字直接写字,如果字写得好,先生就在该字上圈个红圈。另一天则教算术,除了笔算、口算外,还要打算盘,要求学生达到用左手打算盘,右手持笔书写。每星期只放假一天。

徐先生乃是出了名的严厉,有些较为调皮的学生,觉得坐在自己的座位上枯燥乏味,满以为先生行动不便,管不了他们,乃偷偷地玩纸牌、打弹子的游戏。徐先生自有对策,除了用教方打背不出书的学生外,还备有一根藤条,别看藤条软绵绵的,打在身上却十分疼痛。先生自己行动不便,就将藤条交给几个长得比较高大的男生,让他们代自己去管教督察。几个受命于先生使命的学生,对先生的命令唯命是从,对几个较为淘气贪玩的学生,发现他们的玩具就毫不留情地没收,还得责打几下,以儆效尤。那些罚打的学生,吓得再也不敢贪玩。徐先生有时自己也会觉得无聊,就召集学生围坐在他身边,聆听他讲述一些历史典故、为人之道以及民间故事,学生十分爱听。有时学生要求徐先生讲故事,他也乐意答应讲授,令学生受益匪浅。所以,凡是徐先生教出来的孩子,学习成绩明显高于其他私塾的学生。①

汪锦堂也是平民,是堕民陈顺泰的启蒙老师,其书房就租住在陈顺泰大姨妈的堂前。陈顺泰 8 岁那年,大姨父见陈顺泰酷爱读书,可陈家却付不起"读书

---

① 访问周春香,2017 年 3 月 16 日。

钿"。大姨父乃出面为陈顺泰说情,请汪先生破例让其免费读书。汪先生见是房东求情,也不好意思回绝,心想多收一个学生也不影响讲课,遂答应了其要求。但汪先生事先说明,陈顺泰不能坐占课桌,必须自备一张小板凳坐屋角听课。陈顺泰对汪先生颇为感激,晚年还记得自己上的第一堂启蒙课。"来来来,去去去,大家来拍球。"[1]汪先生虽有满腹才学,却生得一点也不斯文,土里土气,讲话也喜欢直来直去,颇为直爽。大约过了一年,解放战争爆发,国民党节节败退。三埭街人温饱尚成问题,哪有余钱供子弟读书,陈顺泰也不得不辍学。汪先生也不得不弃教,依靠挑担卖糖度日。

裘柏年也是平民,其私塾租赁永福街硝皮弄口对面的一间台门内,跨进门槛就是一个大天井,天井旁边坐东朝西一间堂屋作为书房,门前一排木雕花窗,阳光充足,光线明亮。书房约有二十平方米,活动场所较大。裘先生个子不高,但身体结实。到裘先生私塾就读的大都是居住在永福街的堕民子弟。

张月桂乃是堕民,其私塾设在学士街狗肉弄内。狗肉弄原名"钩月弄",因弄堂狭窄且长,犹如一根长竹竿,弄堂正对着瑞安桥,桥洞浑圆似一轮明月,富于想象的古人因此将其比拟为"竹竿钩月",起名为"钩月弄",后来以讹传讹,俗称"狗肉弄"。私塾书房就设在弄堂中间坐东朝西的一间墙门内,门前有两条石头叠成的高踏步,进门就是约二十平方米的厅堂,俗称"堂前",地上铺着约六十厘米见方的砖坛,四周摆有六七张课桌,因为只有一扇玻璃墙,光线不足,有些昏暗。后屋就是张先生一家的住处。张先生出身于有钱人家,后来家道中落,不得不以教书为业,以赚取一些微薄的收入,维持一家七口的生计。张先生身材不高,性格内向,一副书生气,待人接物和蔼可亲。平时教育学生也颇有耐心,不打骂孩子,人称"好好先生",在三埭街人的心目中,是位德高望重的先生。

还有一位私塾先生,也是堕民,五十多岁年纪,长得身材魁梧,人高马大,因生肖属牛,三埭街人给他取了"大黄牛"的绰号。"大黄牛"为人随和,人称"大黄牛"也不生气,天长日久,三埭街人竟将其原名忘记。"大黄牛"的私塾就设在唐皇街老郎殿对面,距五显阁约二十米远。进门就是一块空地,种着南瓜、茄子等蔬菜。书房大门正对一间坐北朝南的屋子,面积不到二十米。"大黄牛"平时不戴眼镜,但讲课时因看不清字,就戴上老花镜。"大黄牛"上课有个特点,喜欢踱来踱去。"他对学生算不上严格,有时外出办事,学生见先生不在,就玩起'摸青猛'(类似捉迷藏)、'抢四方'等游戏。如果发现先生回来,正在玩耍的孩子就会立即鸦雀无声,坐回自己原来的位置念书。"[2]"大黄牛"还写得一手好字,能够多

---

① 访问陈顺泰,2017 年 3 月 16 日。
② 访问陈顺泰,2017 年 3 月 16 日。

劳多得,给居委会做账,写黑板报以宣传党的政策,晚上还到老郎殿扫盲班,与胡伯康一起,给三埭街的成人上文化课,帮助堕民摘除文盲帽子。

三埭街创办的五家私塾,唯有家境稍微富裕的堕民子弟才能入私塾读书,大量贫困的堕民子弟因付不起微薄的"读书钿"而辍学。

第二节　堕民捐资办学蔚然成风

民国堕民捐资办学的积极性进一步高涨,除了原有的同仁学堂以外,其他有条件的堕民聚居区也相继办了一些堕民子弟学校,没有条件的堕民聚居区,其子弟也被其他平民学校所接收。经济实力雄厚,人口众多的堕民聚居区,往往自筹资金创办子弟学校。上虞东关镇的堕民聚居区彭家堰集资创办了堕民小学。"这所村中心的小学建成于民国初年,四间开,用平砖实砌,水泥铺地,曾是该村的标志性建筑。至今谈起,村民们仍然引以为傲。"[1](图 5.2)也有堕民聚居区与平民村合办小学。绍兴施家桥与其他三个平民村落共办小学,施家桥行政村的弄口堕民聚居区也要出资,堕民子弟享有平等的入学权利。有的堕民聚居区办不起新式学校,迫不得已创办私塾。绍兴陶堰镇堕民聚居的瓜山村将村办私塾建于庙内。该村的陈小糯回忆:"教他的老师是抗日战争期间来的,穿长衫的落魄书生,叫陆兴发,只教四书五经。上学费用一学期一元多,折米约2—3 斗。村里人多上学,附近缪家、莫家溇人也来上学,一般读到三年级。"[2]有些堕民聚居区因人口稀少或附近已有质量较好的学校,则就近入学。"如鉴湖后街(偏门桥下牛角湾头)十多户堕民的子弟就读于跨湖桥小学,该小学规模较大,周围十几个村都到该校就读。如戚墅村堕民子弟就读于寺东完全小学(长寿小学),该校由苍蒲楼谢姓所办,教育质量不错,观念较新,甚至男女混班,有个'胡婆'小老嫚在此校读了三天。"[3]斗门镇设有一所"辫子小学",允许堕民子弟入学。[4] 新昌北门檀基里的蔡姓堕民,也进入平民子弟的学校读书。杨眉良回忆:"笔者幼时读小学,曾和一位'小百姓'(堕民)的子弟蔡××同班。可见民国时对'不准进学'已有突破。但由于'小百姓'几百年来深受歧视,一般人仍对他们'另眼相看',如此而已。这种歧视直到解放以后才彻底消失。传闻这位蔡

---

①　俞婉君:《绍兴堕民》,人民出版社 2008 年版,第 204 页。
②　俞婉君:《绍兴堕民》,人民出版社 2008 年版,第 204 页。
③　俞婉君:《绍兴堕民》,人民出版社 2008 年版,第 205 页。
④　俞日霞、俞婉君:《荷湖村志》,人民出版社 2011 年版,第 344 页。

姓同学是参加了解放军的,当已离休。"①众多的平民子弟学校,接受堕民子弟入学,为堕民子弟创造更多的求学机会。

图 5.2　彭家堰创办的堕民小学(俞婉君供图)

新文化运动也波及徐懋庸的家乡上虞下管,破除迷信,摧毁庙宇的泥塑木雕的偶像;提倡白话文,创办舆论刊物——《管溪声》;创办图书馆,许多小学教师将家中藏书集中起来,并订阅一批报纸杂志;"还普及教育——小学废除了不准惰民子弟和小尼姑(下管没有和尚寺)入学的禁令,为文盲农民办'平民夜校',用'平民千字课'教认字,还教珠算,并进行反日的政治宣传。"②然而,并没有解决堕民读书问题。"下管的资产阶级民主派对惰民取消了一条禁令,即不准上学的禁令,此外,则无所改革,但是,此后惰民子女还是很少上学的,我记得的只有一个女孩子。"③下管堕民子女能够入学者仍是凤毛麟角。

诸暨的"轿佬"(堕民)子弟,也获得了较好的求学权利。"轿佬"子弟梁永明与众多贫民子弟一起,曾到大东乡小学就读。

> 轿佬后人、现年 80 岁的梁永明老人曾在解放前的 40 年代就读于大东乡小学,据他回忆,班上同学对他亦无别样的眼光,一样学习一样玩耍。而实际上,当时很多的普通人家,在经济条件上也不会优于轿佬之家。而从这个例子也可反映出,即便轿佬子弟,也并没有被剥夺求学的权利,只要自身经济条件允许。如果说这其中有时近解放、文明之风日劲之故,无法以此来验证更早时期的史实。清雍正间,曾有除籍之谕,然民间之贱视如故。可见此种移风易俗绝不易。④

---

① 杨眉良:《"小百姓"》,《新昌风情录》,中国文史出版社 2013 年版,第 70 页。新昌堕民被称为"小百姓"。

② 徐懋庸:《徐懋庸回忆录》,人民出版社 1983 年版,第 32 页。

③ 徐懋庸:《徐懋庸回忆录》,人民出版社 1983 年版,第 5 页。

④ 《诸暨大部弄"轿佬"》,《诸暨日报》2015 年 9 月 30 日。

　　1916年,慈溪乡贤、旅沪金融巨子秦润卿出资在慈城西营旧地建立校舍,创办"普迪小学",喻义"启迪民智,普及文化",专收贫寒子弟入学,堕民子弟也可免费就读,学校获得"倒贴铜钿"的美誉。"普迪小学"聘请许多饱学之士担任教师,其中就有著名作家柔石和巴人。曾就读普迪小学的原慈城天门下的堕民任先生回忆:"我16岁才进普迪小学读书,那是秦润卿先生专门为穷人办的学堂,不用缴学杂费,也不用买笔墨纸张。进学校后,我的年龄是大一些,个子倒与其他同学差不多。但我仍怕同学发现,就小心翼翼读书,规规矩矩做人。可同学们还是没有放过我,毫无原因地谩骂就像每天吃饭那样平常。我没有勇气反抗,一味地认为老实一点能省一点祸水。可祸水还是躲不过。一次,一个同学用洋伞柄戳我,把我的左脚戳得鲜血淋淋。我痛得差点打滚,但我没有叫,也没有哭,而是将多年的愤恨凝聚成一股力量,一把夺过他的伞,狠狠地摔下去,摔断了伞柄。那天,我虽是一瘸一拐地翘着回家,但觉得出了一口气,仍有点兴奋。谁料,这位同学恶人先告状,告到我父亲处,说我打他,非要我家赔他的伞不可。父亲为了息事宁人,赔了他的伞钱。那时买一顶伞好贵啊,父亲一天的工钿还不够。"①堕民子弟在屈辱中成长。"普迪小学"成为慈城最早招收堕民子弟入学的学校。由于学校声誉鹊起,由办学初期的百余人增加到1000多人。1925年,秦润卿又在旧校士馆创建"普迪第二小学"。

　　1941年,慈溪沦陷,"普迪小学"被日军炮火击中,损毁过半。秦润卿又设法筹集巨资2万万元,复兴"普迪小学"。重建的"普迪小学"招生2000余名,凡"普迪小学"毕业生,可免费保送到慈溪中学就读。若不升学,可介绍到上海五和织造厂、大有余榨油厂、鸿章纺织厂做工。若文科优异者,可介绍到沪上钱庄或银行当练习生。(图5.3)

　　1942年,孝东镇(即慈城)在堕民聚居的天门下老郎殿办学,由竺先生担任教师(堕民仅记得教师姓竺,已忘其名字)。"当时天门下的三四十个孩子都上学了,因孩子年龄参差不齐,小的只有七八岁,大的有十五六岁,班级则设了三年级、五年级。"②受抗战影响,竺先生带着孩子避往金夹岙。

　　生于余姚长丰乡兰墅桥堕民村的张春阳五岁丧父,自幼清贫,仅仅接受过五年私塾的启蒙教育,就不得不辍学。由于天资颖悟,坚持自学,学识大有长进,成长为出类拔萃的少年。"兰墅桥村系堕民聚居地,向来被人们所歧视,他决心以提高堕民的文化素质来回击封建制度的压制,担任了私塾的国文教

①　王静:《中国的吉普赛人——慈城堕民田野调查》,宁波出版社2006年版,第134页。
②　王静:《中国的吉普赛人——慈城堕民田野调查》,宁波出版社2006年版,第108页。

图 5.3　慈溪最早招收堕民子弟入学的"普迪小学"遗址

员。"①张春阳在从事教学工作时,目睹村民求医困难,又向名医请教,博览名家医案,以救死扶伤为己任,成为"起死回生"的浙东名医。

第三节　堕民续办同仁学堂颇见成效

由堕民捐资创办的最有成效的堕民子弟学校无疑是同仁学堂。1912年,同仁学堂改名为"两等小学校"。1918年,收归县立,改为"县立同仁初等高等小学校"。1920年,县立同仁高等小学校改组为"县立乙种商业学校",仅办"县立同仁国民学校"。1923年,实行新学制,改为"县立同仁初级小学校"。1924年,仍设完全小学校。同仁学堂学生陈顺泰如是说:

> 我童年经常去同仁小学玩,学校两扇黑漆大门既厚重又宽大,门墙呈弧圆形状,上面写着"绍兴同仁学堂"几个大字,门前有两档呈半圆形的石台阶。进入大门有一四方小厅,厅中有画青天白日国民党党旗的一扇大屏风,学生上学和放学都从左右两边出入,大屏风背后就是大操场,比较宽阔,东首靠围墙处有一石砌小石台,那小石台乃早上做早操和军训的指挥台,台前插有一根旗杆,用于早上升旗之用。操场北首建有一间很长的西式洋房,那是教师办公室。靠左边有一通道,往左拐是各班教室,靠右首有一间窗明几净的方形屋子,这是校长办公室,墙正中挂着孙中山先生遗像,两边悬挂国民党党旗和国旗,窗外向东首墙下是较大的天井,天井正中有一口较大石池,池水清澈见底。绍兴当时还未装自来水,学校每天烧茶煮饭的饮用水、洗漱水以及每星期搞大扫除所需洗刷用水,都从该水池汲取,

---

① 　张一平:《张春阳》,《余姚文史资料》第13辑,1995年,第134页。

并且取之不尽,用之不竭,长年累月永不干涸。同仁学堂教室很多,校内活动场所很大,占地面积约有八亩。[1]

同仁学堂由堕民组成的董事会监管,贱民监管学校乃是绝无仅有。校董会由校董主任以及十几位校董组成,清末校董主任为曾任汉口商会会长的杨阿五。抗战胜利后校董主任为三埭街保长林泰来,校董由校董主任聘请,主要是陈鹤皋、六龄童等绍剧著名堕民演员。校董主任监管同仁学堂的大事,诸如学校的人事安排以及学校重大活动。校董主要负责筹集学校的办学经费,他们非常关心学校的发展,即使远在外地也要赶回绍兴参加义演筹款。"当时在绍兴有四十多个戏班,文班每月收捐十元,武班每月收捐十二元,每月共可收入四百余元,以充学校经费,绰绰有余。"[2]其中,"十三年度预算薪资1192元,办公费62元。十四年度预算未经县会议决,照上年度支出,惟添设高小班另加教薪,月支55元"[3]。校董会在义演结束后,听取学校本学期的总结报告,并邀请学校全体教职员工聚餐,与教职员工进行沟通交流。受战乱影响,许多著名绍剧演员因失业而饿死,号称"七邑第一丑"的王茂源也难于幸免,但同仁学堂的办学经费却得到较好保障。据董运良老师回忆:"抗战胜利那年,许多学校发不出工资,而该校一般教师收入可以养活一家,每月工资有三石米左右,且从不拖欠,每半年结算一次,义演结束后就发。"中华人民共和国成立初期,接管该校的姜汉臣校长回忆,由绍剧人士义演筹措学校经费,"解决了每学期的教育经费,还修缮了校舍,充实了班组学生,添设了班级等等",当时"各民办公助的小学经费问题,唯独我校解决良好,并受到上级领导部门的表彰"[4]。由堕民组成的校董会的监管制度,一直维持到解放初期。人民政府派姜汉臣校长接管学校后,才将校董会改为学校所领导的"校文教委员会"。(图5.4)

同仁学堂的办学体制较为完善,实行校长负责制下的师生共同参与的管理体制,分工明确,责任到人。同仁学堂设校长一人,统率全校事务。行政人员分为三部分,一为级任教员,二为专科教员,三为职员。校长通过联席会议、教务会议和事务会议实行管理。凡本校人员均列席校长联席会议,以校长为主席,每四周召开一次;教员列席教务会议,以教务主任或校长为主席,每星期召开一次;职员列席事务会议,以事务主任或校长为主席,每两星期召开一次。临时会

---

① 访问陈顺泰,2017年3月16日。

② 陈延生:《绍兴堕民被压迫和斗争的片断》,《文史资料选辑》第20期,1962年,第93页。

③ 《本校岁出经费》,《绍兴县立同仁小学校廿周年纪念刊》,1925年,藏绍兴市图书馆古籍部。

④ 俞婉君:《绍兴堕民》,人民出版社2008年版,第208页。

图 5.4　1925 年纪念同仁学堂成立 20 周年教职员工合影(资料来源:《绍兴县立同仁小学校廿周年纪念刊》)

由各系主任召集,临时联席会议由校长召集。教务系属于教务会议,所属部门有测验部、教材部、文艺部、国语部、算术部、史地部、自然部、园艺部和体育部。训育系属于联席会议,所属部门有级务部、舍务部、自治指导部。事务系属于事务会议,所属部门有卫生部、设备部、交际部、出版部、图书部、园艺部。

学生管理由学生全体自治会、学级会和学级联合会三种学生组织组成。自三年级始各设学级会,一二年级则由级主任教师兼任,学级编制为每一年级一教室,每级设正副级长各一人。图书室、学级刊、园艺实习各事务,则与校员事务系联络,由事务主任协同教务系有关各部指导监督。讲演会、课外运动则与教务系联络,由国语部、连动部监督指导。早会、贩卖部与训育系联络,由级务部、自治指导部监督。每日另设管理员二人,由教员轮流当值,上学前和放学后由值日管理员管理。

同仁学堂按照教育部要求,高小部开设国语、公民、算术、自然、地理、历史、英语、形象、工用、体育、音乐和卫生 12 门课,初小部开设国语、社会、算术、形象、工用、体育、音乐和自然 8 门课。民国元年,教育部规定高小部基本课程为修身、国文、算术、中国历史、地理、博物理论、图画、手工、体操(兼游戏)9 个科目,初小部为修身、国文、算术、游戏、体操 5 个科目。同仁学堂既开设了部定规定科目,也增加许多学以致用的科目。

同仁学堂重视人格教育,增强堕民主体意识。"该校有横额一座,书'观演'两字,不知者以为堕民演戏之刺讽,其实指物竞天演易数之演,示堕民非久抑者,且拭目以观其演之意也。"①为了完善人格教育,同仁学堂制定详尽的训育标准,其宗旨为"养成健全公民"。每一年级均不相同,共九十二条,限六年内完成。(图5.5)

图5.5　1925年仲冬纪念同仁学堂成立二十周年全体学生合影(资料来源:《绍兴县立同仁小学校廿周年纪念刊》)

　　同仁学堂建校之初,规模较大,第一年就招收学生近50人。由于堕民集资经费充裕,确保了同仁学堂的持续发展,招生人数稳步增加。1912年为45人,1913年翻了一倍,为100人,以后维持在100人左右的规模,1918年增加到175人,1922年达到200人。1925年同仁小学建校二十周年纪念时,拍摄的同仁小学师生合影照,有教师15人,学生162人。"同仁学校与他校有别者,厥有二端:一、创办之不易;创办时之经费,取于吏役之陋规,而陋规出于乐户,感化乐户,抵御官吏,固已艰苦备至;更加之以顽固者之反抗,秋(瑾)案之波及,濒于殆者屡矣,而竟能保持生命至二十岁,设非创办者有百二十分之热心与毅力,乌能至此?二、训育之困难;经费既出之于乐户,则负笈担簦而来者,自多乐籍;因是而华胄子弟,蔽于数千年之阶级观念,咸裹足不前!今者二百数十学子中,在乐籍者不及十之一二,则期间感化训育之苦心孤诣,有非言语所能形容者也。国虽共和,一般人之阶级观念,犹未全泯;斯则同仁学校之学子,其于平等、博爱之

————————

①　绍兴市军事管制委员会编:《绍兴概况调查》,1949年,第119页。

观念,必超乎他校一等,可断言也。"①1925年,同仁小学举行二十周年纪念会,也引起了省市县各级教育领导的重视。浙江省教育厅厅长计宗型、浙江省实业厅厅长童杭时、绍兴县知事姜若、绍兴县教育局局长阮彬华和绍兴县教育会会长陈骚等人均为这所贱民小学题词。同仁小学是绍兴城区四所民办的小学之一,其办学成效有目共睹。(表5.1)

表5.1 同仁学堂历年招生人数②

1912	1913	1914	1915	1916	1917	1918	1919	1920	1921	1922	1923	1924	1925
45	100	125	100	135	165	175	155	135	185	209	145	165	185

抗战胜利时,同仁学堂有8至9个班级,每班40人左右。"普通的小学校,堕民的子弟没有插足的余地,即使入学,同学们不但漠视他们,同时自己与堕民为伍,有损人格,即有发愤读书而终为学界所摈斥。前清廪膳生领保入册,仍难赴试,故堕民在教育上亦无平等权利。迨至光绪三十一年十一月一日有杨月泉、黄寿滚、卢洪昶诸先生,在唐皇街创办同仁小学一座,招收堕民子弟,输以教育,历届毕业学生共约计一千余人,最近在校学生计四百余名,但其中受教学生,不仅限于堕民之子弟也。"③解放初期,同仁小学在校生已逾四百余人。民国时期的同仁学堂,已经成了超过百人规模的大型小学。

第四节 堕民学堂办学硕果累累

民国时期堕民子弟不乏接受高等教育者。"受中等教育者不乏人,亦有已受高等教育者。"④与陈延生一起参与领导堕民收回同仁小学自主办学的斗争领导人之一的汪涛,就是同仁学堂的毕业生,后来升入上海大学学习。堕民原被"禁其学",堕民学堂开启堕民接受教育的先河,培养了第一批堕民教育家。原来被剥夺接受教育权利的堕民,升入中国最高学府——北京大学,走上了神圣的教育讲坛,并成为学校的管理者,王诗城乃其中的佼佼者。王诗城,字思城,

---

① 《绍兴县立同仁小学校廿周年纪念刊序》,《绍兴县立同仁小学校廿周年纪念刊》,1925年,藏绍兴市图书馆古籍部。

② 《同仁小学校历年学生数比较表》,《绍兴县立同仁小学校廿周年纪念刊》,1925年,藏绍兴市图书馆古籍部。

③ 绍兴市军事管制委员会:《绍兴概况调查》,1949年,第119页。

④ 李振茂:《浙省特殊民族》,《浙江青年》1936年第1期。

浙江宁波人。1914年7月,毕业于宁波公立中等工业学校机械班第一科,在北京大学工科土木门毕业后,返回已改名为宁属县立甲种工业学校执教。1918年2月,兼任金工、土木两科教务主任。1927年8月,学校改名为宁波市立工业学校,出任校长。时宁波工厂更名为宁波市工厂,附属于学校。后来,学校先后改名为宁波市立工业职业学校、宁波市立工科高级中学、鄞县县立高级工科中学,附属的宁波市工厂改为宁波工厂,连任校长兼厂长。1933年8月,改校名为鄞县县立高级工业职业学校;1934年8月,改为浙江省立宁波高级工业职业学校,仍任校长。1941年4月,宁波沦陷前夕,王诗城带领宁波高工教职员和学生118人,长途跋涉11天,抵达丽水浙江省教育厅所在地,待安顿好学生和教员后,向省教育厅提出辞职。1946年4月,宁波高工由临海大田迁回宁波,王诗城于1947年4月仍任校长,直至1949年5月宁波解放。王诗城长期在宁波高工执教并担任校长职务,为宁波高工的发展和建设做出了重要贡献。(图5.6)

图5.6　第一批堕民教育家王诗城(1894—1959)

良贱之别,还表现在堕民出仕权利的不平等。堕民原来"有产不充粮里长",没有做官的资格。《大清会典》规定:"凡铨叙,别其流品。"做官的首要条件,就是身家清白,堕民及其子孙属于贱民,不得进入缙绅等级。"选人无论正途杂途,皆系身家清白,其八旗户下人及汉人家奴、长随、倡优、隶卒子孙,概不准冒入仕籍。步军统领衙门番役缉捕勤奋者,止准该衙门酌加奖赏,毋许奏给顶戴,其子孙概不准应考出仕。"①原育德农工学堂毕业的汪焕章是第一批走上

---

① (清)昆冈、李鸿章等修:《光绪朝大清会典》卷十《吏部》,光绪朝版本。

国民党政坛的堕民，但他后来却走上了一条反共反人民的道路。汪焕章，也是鄞县人。育德农工小学堂改为效实中学后，汪焕章得到陈布雷的指导，考入北京大学。汪焕章后来出任鄞县国民党书记长、鄞联中第一任校长。宁波沦陷后，汪焕章奉命创办鄞县临时联合中学。"日寇侵占宁波后，他毅然受命创建联中，不让爱国学生沦落在沦陷区。在十分困难的环境和条件下，千方百计在崇山峻岭之间建立学校，给流亡学生有一个读书的地方。作为校长他没有享受什么特殊的待遇，拖着家小翻山越岭，与学生教师同甘共苦。他一生的精力全倾注在培养年轻学生上面。"① 1945 年 11 月，鄞县成立以国民党县党部书记长汪焕章为主任的"鄞县清乡委员会"，汪焕章率国民党军队八十余人袭击浙东区党委北撤时留在鄞慈边界骑马坡村山林搭建茅舍的"竹公馆"，吕云洲不幸遇难。汪焕章主持鄞县县党部的机关报《宁波民国日报》，抗战胜利后改为《宁波日报》，此乃宁波国民党的喉舌，连续报道国民党军队在四明山"剿共"特工机关搜捕共产党员，破坏中共地下党组织，国民党宁波当局镇压反内战反饥饿的学生和工人运动的消息，传播反共舆论。中华人民共和国成立初期，汪焕章由舟山前往台湾地区。

堕民原本只能从事"猥下之役"，堕民学堂为堕民改贱从良提供了可能，培养了最早的堕民工程师。李钦予从育德农工小学堂毕业，后来升入大学，成为一名工程师。"民国元年，湘潭上五都人谢恕存，在鹤岭一带发现有一种'黑石头'，疑为铁矿，报给萍乡矿务局卢洪昶，卢即令其子卢成章于次年派李钦予进行查勘，经化验方知为氧化锰矿，后筹资组成裕生公司进行开采。"②李钦予是湖南锰矿地质工作的开拓者。"昔日湖南锰矿地质工作，在 1912—1920 年间，仅有朱庭祐、李钦予、刘代屏等少数专家做过一般调查。"③1948 年冬，湘潭锰矿工人因物价暴涨，金圆券不断贬值，生活无法维持，该矿碾粉工人首举义旗，联合签名书呈官商合办的公司，要求将金圆券改以稻谷支付，遭到公司拒绝。碾粉工人串联洗砂工人 100 余人举行罢工。"经过坚持一星期的斗争，公司理事、驻矿代表李钦予慑于罢工压力，答应了工人的要求，将工资改为稻谷，按吨计谷，每月按长沙报纸公布的谷价折付金圆券，罢工取得胜利。"④中华人民共和国成

① 张永祥：《追念汪、倪两校长二三事》，《怀念联中——纪念鄞县临时联合中学建校五十八周年 1942—2000》，2000 年，第 77 页。

② 湖南省地方志编纂委员会编：《湖南省志（工业矿产志地质矿产）》第 9 卷，湖南出版社 1994 年版，第 191 页。

③ 李鄂荣、李祺芳：《中国矿床发现史（湖南卷）》，地质出版社 1996 年版，第 63 页。

④ 湖南工人运动史编写组编：《湖南工人运动史》，中国工人出版社 1994 年版，第503 页。

立后,湖南省人民政府接管湘潭锰矿。"1950年初,令原湘潭锰矿官商合办公司经理李钦予办理矿山资产移交手续后,4月1日湘潭锰矿矿务局成立,招收附近农民当工人,由周鉴祥任局长。"[1]湘潭锰矿矿务局有40个工作面,以露天开采氧化锰为主,有职工2737人。李钦予曾任职浙江省民政厅,20世纪20年代末至30年代初,绍兴堕民为争取同仁学堂自主办学的斗争旷日持久,得到堕民出身的李钦予的支持,取得最后胜利。1929年,李钦予著有《浙省人口及粮食问题》,分前后编,前编为户口调查、男女人数,后编为耕地面积和粮食产量。

堕民子弟学校,培养了一批民国堕民人才,有的脱胎换骨,改变了自己卑贱的命运。"堕民本来觉得永远不能摆脱贱业,但自从开办学校以后,到1927年止,先后升学和转业的约有百余人。这些升学转业或者改行的人,大都是转向外地,很多人去上海。"[2]迄1949年,同仁学堂历届毕业生数以千计。慈城半浦庙的堕民顾姓"庙祝"将儿子送往乡绅孙衡甫办的"半浦小学",希望儿子读书后能经商做生意赚钞票。"庙祝"儿子读书很用功,名列前茅。"上学后,我蛮会读书,成绩在班里前三名,但仍有上等的同学看不起我,说我是堕贫嫂的儿子。我从不去理会他们,说实话我也看不起他们,一是他们不会读书,二是有的人虽说是上等人,其实父母也不会赚钱,只是靠祖宗的家产,靠卖屋卖田,靠卖珠宝金银首饰过日脚。"[3]然而,尽管上等人不会读书,尚未初中毕业或初中刚毕业就到上海做生意,但这个会读书的"庙祝"儿子,初中毕业后却失业在家。做送娘的母亲恳求东家带自己的儿子去上海学做生意,东家却环顾左右而言他。"庙祝"儿子考入慈城俭德坊开办的杭州大陆测量学校速成班。中华人民共和国成立后,被录入华东煤矿管理局,成为中华人民共和国的国家公职人员。

民国时期的堕民子弟,也能以平等的身份参与社会活动。同仁学堂参加绍兴第二次小学联合运动会,在52所参赛的小学中,同仁小学的体育比赛成绩排名第十,获得的奖品有三角板6块,少年丛书1本,书券5张,《新论说》1本,毛笔10支,木英尺1支,信纸1100张,信封50个,兰亭帖5本,《出师表》3本,地图1张,瓷杯2只。[4] 同仁小学有较高的教学质量,也吸引不少平民子弟前来就读,也不尽是贫苦的平民子弟,也有家境富裕的平民子弟。如同仁学堂学生黄

---

① 湘潭市地方志编纂委员会编:《湘潭市志》第3册(上),中国文史出版社1996年版,第133页。
② 陈延生:《绍兴堕民被压迫和斗争的片断》,《文史资料选辑》第20期,1962年,第93页。
③ 王静:《中国的吉普赛人——慈城堕民田野调查》,宁波出版社2006年版,第123页。
④ 《绍兴小学第二次联合运动会报告》,1920年,藏绍兴市图书馆古籍部。

林发,黄家从事古董生意,开设了五家古玩店。[1] 尽管如此,仅仅依靠同仁小学等堕民学堂的努力,难以改变整个堕民的命运,特别是平民对堕民的歧视,其作用不应估计过高。

第五节　堕民并未享有真正平等的受教育权

三埭街的堕民为争取同仁小学办学自主权的原因就是因为平民教师和学生排挤堕民子弟,原先300多求学的堕民子弟减少到50余人。同仁小学的毕业生前往上海,"都是冒改籍贯,不敢说出堕民出身"[2]。秦人如是说:"清末地方有心之士,以为要代他们谋解放,须先从教育入手,就在三埭街筹办了一所同仁两等小学(校名寓一视同仁之意)。这个学校因为是特别注意办理的,经费充足,设备完全,成绩着实不差。但是其他学校的小学生,总叫他'大瓶学堂'(堕民两字,绍兴人读如'大瓶',而此'大'字则读如堕音。如《越谚》'大大勿大大'中之第一第二第四的三个大字)。这种阶级歧视的意识,总是不易泯灭,说起来也是人类的一种悲哀。"[3]郑公盾对绍兴堕民聚居区三埭街作了田野调查,发现民国时期对堕民的歧视仍然极为严重。"甚至天真无邪的孩子也不愿与堕民的孩子一起玩。同仁小学中绝少平民家庭送来的学生,家长们都以与'堕民'在一起会把自己的孩子带'坏'了为杞忧。大人的'成见'带给了他们的孩子,于是在童稚的心田中,也有了那么可怕的距离的阴影了。"平民的孩子讽刺堕民子弟:"秋帽红顶子,堕民傢倪子。"意为堕民子弟没有出息。"更可悲的是,知识分子也怀着牢不可破的等级观念,一位过去同仁小学的女教师告诉记者道:'在过去,同仁校董请客,因为校董是'堕民',所以我们汉人教师全体不去吃,因为跟'堕民'同吃,会降低我们自己的身份。'"[4]平民教师乃是知识分子,尚且划清良贱之间的泾渭界线,其他平民更是可想而知。受到社会习惯势力的影响,同仁学堂始终被贬称为"大瓶学堂"而备受歧视,非社会贤达或有识之士,不愿出长该校校长。同仁学校乃堕民子弟学校,对堕民尚且歧视,一般平民学校,对堕民子弟的排斥变本加厉。"普通的小学校,堕民的子弟没有插足的余地,即使入

①　俞婉君:《贱民捐资办学的创举——绍兴同仁小学的历史地位》,《史学月刊》2003年第5期。

②　陈延生:《绍兴堕民被压迫和斗争的片断》,《文史资料选辑》第20期,1962年,第93页。

③　秦人:《杭甬段沿线的特殊民族》,《京沪沪杭甬铁路日刊》1937年第1912期。

④　郑公盾:《浙东堕民采访记》,《浙江学刊》1986年第6期。

学,同学们不但漠视他们,同时自己与堕民为伍,有损人格,即有发愤读书而终为学界所摈弃。"①民国时期,堕民子弟未能完全取得平等的受教育权。

堕民子弟通过接受教育,改变自己的命运,毕竟是凤毛麟角。1914年,同仁小学有15位毕业生;1915年为8人;1916年为10人;1917年为9人;1918年为20人;1919年为22人;1920年为21人;1921年为24人;1922年为15人;1923年为28人;1924年为21人。堕民读完小学的不多,能够升入中学的更少。据1934年绍兴县第三届小学毕业生统计表记载,私立同仁小学在校学生数为289人,教职员9人;而参加会考的人数,男生只有14人,女生仅3人;而毕业的人数,男生10人,女生2人。② 同仁学堂每年招生人数为百位数,但每年毕业人数只有十位数。"谈到教育两字,实够不上放在堕民身上,彼等自小至老不知读书。"尽管开明绅士鉴于堕民教育幼稚,创办同仁学堂,专门收容堕民子弟入学,"至今同仁小学依然存在,但是大部分的惰民教育,对于男童,仍教他们学伶牙俐齿,女孩则学打情骂俏,至于唱戏奏乐,则无论男女均系学会"③。堕民不相信教育能够改变命运,"读书无用论"颇为盛行。嵊县三界镇割鸡山村堕民周友灿坦承:"大家普遍不愿读书,认为读书无用,当时传教士还到村里动员。大家读书不多,记忆中只有一个叫周先友的毕业于湖州某学校,抗战时为避难回自己村教书。"④大多数堕民送子弟读书,并非为了改籍从良,相反,而是掌握基本的文化知识,达到识谱唱词的目的,能够加入戏班和清音班,更好地从事演戏和吹打等贱业。"七龄童"章宗信(鹤鸣)和"六龄童"章宗义(鹤皋)都是同仁小学的学生,但一个七岁上台演出,另一个六岁上台演出,并未念到小学毕业。

　　小鹤鸣的童年是在绍兴度过的,大街小巷形形色色的生活,绍兴人土里土气却富于幽默感,这些都给他不小的影响。一天,鹤鸣、鹤皋兄弟俩穿着相同的衣衫到离家不远的同仁小学去读书,半路上鹤鸣灵机一动,出了个主意说:"鹤皋,我扮跷脚,你扮……试试人家能看得出来吗?"弟弟欣然答应了。兄弟俩就一拐一瘸的,并肩向学校走去。不一会,背后一个老头便指指点点,叹息说:"相貌蛮好的一对双胞胎,可惜都是十勿全!"语音未落,兄弟俩立即恢复了原状,咯咯地笑着逃走了,那老头才恍然大悟,哈哈大笑起来。这是一次成功的模仿,也可算是他们兄弟俩第一次"演戏"。渐渐地,鹤鸣便成了街坊邻里的孩子王,做游戏总归是他领头。旧时绍兴多

①　绍兴市军事管制委员会:《绍兴概况调查》,1949年,第119页。
②　绍兴县教育局编印:《绍兴县教育概况统计》,1934年3月,存绍兴市图书馆古籍部。
③　阿刘:《浙江的惰民生活》,《社会杂志》1931年第6期。
④　俞婉君:《绍兴堕民》,人民出版社2008年版,第206页。

的是石头牌坊,这牌坊下面就是孩子们的"戏台"。鹤鸣每回是扮"元帅",而弟弟和别的孩子就演他的"将官"。刀枪是用树枝削的,锣鼓就在嘴上。一到放学,这里就热热闹闹地开张起来,几乎天天如此,"戏"是愈演愈精了。不久,鹤鸣和鹤皋都取了学名,一个唤作章宗信,一个唤作章宗义。鹤鸣还只有七岁,即被父亲叫去上海,拜师学艺,从此便开始了他的舞台生涯,老闸大戏院也就成了七龄童和后来的六龄童的艺术摇篮。①

"七龄童"和"六龄童"与其他的堕民子弟一样,无心学习文化知识,朝思暮想都是看"社戏",有朝一日上台演"社戏"。"六龄童"坦承:"孩提时,我对读书并没有多大的兴趣,最好是跟小伙伴们做各种各样的游戏,或者溜到大街上看热闹。除此之外,最使我神往的莫过于到乡下去看社戏了。父亲经常不在家,自然没有人来管教我读书写字了。逢年过节,乡下演戏,我是非到场不可的。即使是平时,郊外水乡演戏,只要有出名的角儿登台,我宁愿不去上学,总吵着闹着要母亲一起去看演出,母亲拗不过我,也只好答应。其实她也是一个戏迷,只是因为不想旷废我的学业,才忍着不去过瘾。"随着年岁的增长,"六龄童"对社戏的兴趣越来越浓,有时独自跑到乡下通宵达旦地看戏,乐此不疲。"学业虽是荒废了些,戏却是装了一肚子。各色各样的人物经常在我脑子里腾云驾雾,连做梦也会被他们的刀枪铮铮之声所惊醒。我实在羡慕他们,企望有一天有位'大将'收我做徒弟,教我翻筋斗、竖蜻蜓;我也极希望有朝一日能穿上金盔金甲,与番兵敌将杀打一场。"②"龙生龙,凤生凤,老鼠的儿子会打洞",堕民的子弟会演戏。演戏乃堕民最有出息的职业,堕民子弟均盼望早日步长辈后尘,登台征战杀伐,一鸣惊人,出人头地。陈志良如是说:

> 光绪年间,鄞人卢洪昶见堕民卑鄙的生活而怜之,于是发起由浙省"绅士"联名要浙江抚台代奏,为堕民出籍。并在宁波西城和江东分别设立"育德农工学校",同时在绍兴创设"同仁小学",来供他们子弟入学。其间确有不少自觉的堕民经过改造,得到一定的益处;可是,这是没有社会政治基础的施恩式的解放,大部分的堕民仍操旧业。③

堕民完全改变原有的职业,提高自己的社会地位,不过是一种不切实际的幻想。男堕民没有接受教育的积极性,女堕民则有过之而无不及。"讲到她们的教育,除去胎教、家教、社教三教以外,学校的教育是还没有享受的福气。在

---

① 小七龄童:《"活八戒"七龄童 "南猴王"六龄童》,浙江人民出版社2007年版,第8页。
② 六龄童:《取经路上五十年》,上海文艺出版社1988年版,第7页。
③ 陈志良:《浙江的堕民》,《旅行杂志》1951年第6期。

她们自己也不想去享受,因为她们的脑子里,所充满的是多喊几声太太和老爷,可以多得几个钱,能够多赚几个钱,父母公婆格外欢喜些,她们的地位便已提高而足以自傲了。"①女堕民的地位普遍高于男堕民,因为老嫚赚的钱比做吹手多,堕民"在女勿悲伤,在男勿喜欢""男不封侯女作嫔,看女却为门上楣"。"或者以为要解放他们,如设立学校,以教育之,但是根本上堕民生活的水准,只会比挣扎在饥饿线上的劳苦大众高得多;并且一般学校,也并没有拒绝堕民子弟入学的通则。总之,法律上并无特地制定堕民严法,加以虐待,且民国以来早已取诸极端的平等。"②而堕民"自甘堕落",对于教育改变命运没有兴趣。

仅仅依靠堕民学堂的努力,欲完成解放堕民的历史使命,是不切实际的幻想。民国时期,不少慈城堕民出门到上海、天津和广州等地经商谋生。"东门外的一任姓堕民为了改变自己的命运,怀揣父母赚得的辛苦铜钿,到上海做生意。然而,他到了上海处处碰壁,原因是他来自慈城东门的天门下,是堕民出身。慈城的在沪同乡不但不帮忙,反而还要拆台。最后他不得不隐姓埋名,才在异乡勉强找到立身之地。"③育德农工小学堂的毕业生顾斐章,到上海书馆编辑部绘画科工作,其堕民身份暴露后,编辑部同仁极为不满,尤其是来自堕民聚居区的绍兴人不依不饶。编辑部主任不得不以此报告书馆经理。书馆经理采取两全其美的办法,一方面同意将顾斐章撤职,但前提乃是不得对外泄露顾斐章的贱民身份,否则严惩。"顾斐章准予撤职,但要有个条件,不能跟外人说起!如果有人在外面说顾斐章是堕民,查出了就要将他辞歇。"④另一方面,书馆经理将编辑同仁的意见转告顾斐章,介绍顾斐章到其他公司就职。虽然这是"小说家言",却不能以"小说家言"视之,说明民国时期对堕民的歧视仍根深蒂固。因此,对于堕民学堂培养堕民子弟的贡献不能估计过高,不过是杯水车薪而已。

民国堕民虽然获得名义上的平等受教育权,但根深蒂固的世俗偏见,仍让堕民难以享有与平民同等的择业权。"民国后,一切使与平民等,抬轿一业,民间亦多为之矣。至门眷以利之所在,未肯放弃,岁旦以及婚丧大事,操旧业未尝辄改。"⑤堕民虽然接受平等教育,但想以此达到改换贱业,成为平民,则是遥遥无期,一厢情愿。

---

① 周锦涛:《绍兴的老嫚和一般妇女生活——被贬削的一群民族》,《申报月刊》(中)1935 年第 7 号。

② 钱筥香:《谈谈宁波的堕民》,《浙江青年》第 3 卷,1936 年第 1 期。

③ 王静:《中国的吉普赛人——慈城堕民田野调查》,宁波出版社 2006 年版,第 60 页。

④ 尺蠖:《惰民生活》(十),《宁波大众》1936 年 12 月 11 日。

⑤ 诸暨民报社编著:《诸暨风俗志》,《诸暨民报五周年纪念册》,1924 年。

第六章　堕民争取自身解放的斗争

堕民乃是法定贱民，是否甘愿忍气吞声，接受不公正的待遇，答案自然是否定的。① 堕民作为弱势群体，常常成为不法侵害的对象。堕民之所以成为贱民，是受到了法律和习俗的约束。堕民不得集会，但明代余姚却有堕民自发组建的"始宁社"，组织迎礼拜赛会，且公然入城闯衙，抗拒歧视。堕民因为身份卑贱而遭到无端勒索，常熟堕民与绍兴堕民反抗官府的敲诈勒索，屡次群起抗争。女堕民也不甘屈辱，反抗性骚扰和性侵害，有的因此而殉难。堕民与平民发生殴伤，按不平等的良贱律处理，堕民对此愤愤不平，常常拿起法律武器，维护自身权利。同仁学堂的堕民子弟遭到排挤，堕民进行不屈不挠地争取办学自主权的斗争，终将"绍兴学阀"驱逐。堕民争取自身解放的斗争，屡挫屡起，从来没有停止。

第一节　堕民反歧视斗争

早在明代，绍兴就有堕民反对歧视的记载。"丐以民摈己若是甚也，竟盟其党以相讼，傥必胜于民，官兹土者知之则右民，偶不及知则亦时左民，民耻之，务以所沿之俗闻，必右而后已。于是，丐之盟其党以求右民者滋益甚，故曰丐者，俗之瘤也。"②堕民若被平民所歧视，一般采取集众的方式进行抗争。"在绍兴县钱清镇与萧山市龙浦镇一带有一个惯例，哪家堕民被欺压，方圆几十里的堕民会陆续聚集到欺压者家门口乞讨，让其不胜其烦。"上虞小越镇堕民坊羊角沥村徐氏与邻居赵氏于 20 世纪 30 至 40 年代，因赵氏不让徐氏穿越其村，徐氏不堪

---

① 关于堕民争取自身解放的斗争，因史料奇缺，目前尚无专文论述。

② （明）杨维新、张元汴纂修：《会稽县志》卷三《风俗》，万历三十七年修，光绪十九年刊本。

受辱,双方矛盾激化乃至发生械斗,徐氏打伤赵氏,赵氏欲置伤人者于死地,乃至动员上海同乡会势力。但徐氏聚族据理力争,最后赵氏不得不同意让徐氏赔钱演戏赔礼了结。①

堕民作为贱民,不得结社,更鲜有史料记载堕民组织迎神赛会。浙东地区民间庙会不断,均以自然村为单位轮流主持或参与,但堕民聚居的村落却被禁止参加。堕民仅仅作为被雇佣的戏班和乐手,以乐人的身份起娱神娱人的作用,且并非以主人的身份参与庙会活动。但明代余姚梁弄却出现堕民自发结社的"始宁社",并组织迎礼拜赛会,只是不得入城而已。梁弄乡间向有迎礼拜习俗,由几个村庄联合成社,于农历二月集队游行以驱邪祈福。余姚梁弄后陈(今大园村)的陈美发乃明崇祯元年进士,官翰林院谕德,晋升左春坊左赞善、东宫日讲枚卜学士。因奔父丧特恩赐祭服,敕封回乡管理地方事务。陈美发踏青东郊,经常看到迎礼拜队伍从东门进去西门出来,锣声阵阵,旌旗如林,放铳燃炮,蔚为壮观。

却有一社队仅在城外盘桓,绕城而去,陈美发心生疑窦,乃招来头旗手探问原因。头旗手见是陈翰林,乃跪地如实禀告:"我们始宁社乃堕民结社。县上明文告示,堕民社不得进城迎神,故而在此设坛盘阵,绕道而去。"陈美发一听,火冒三丈,立即扶起头旗手,令其带堕民队伍到城门口集合。陈美发对守城的兵勇破口大骂:"岂有此理,地上有堕民,难道天上也有堕神不成。"守城兵勇见陈美发驾到,连忙走下城头迎接。"陈翰林夺过头旗,带着始宁社的队伍大摇大摆地进城而去,并扬言堕民不但窜城门,还要闯衙门。"余姚县令闻讯,岂敢怠慢,急忙打扫庭院,摆设香案,并带上夫人,穿上官服,双双跪在台阶,迎接"始宁社"到来。所有文武胥吏皂隶也整衣束带,手捧清香,齐刷刷地跪在甬道两旁恭候。陈美发手执头旗,带队迎至衙门口。见如此排场,陈美发原有的怒气早已烟消云散,乃吩咐县令"平身接神"。县令这才站起身来,抹去头上冷汗。"始宁社"在大堂盘阵完毕,陈美发乃将头旗交还旗手,并立在高处,当众宣布:"以后始宁社窜城门、闯大堂驱邪祈福定作恒规,任何官绅不得阻拦。"②余姚县令唯诺听令。"始宁社"从此声威大震,余姚堕民闻讯纷纷入社,并共尊陈美发所在的家乡后陈村为首甲。其人员之多,地域之广,声势之大,历时之长,为全县之首。

"始宁社"相传为嘉靖时期联合抗倭的一种自卫组织,后来演化为驱邪祈福的迎神赛会,又称"礼拜庙会",至中华人民共和国成立后仍照例"迎礼拜"不误。据传日本商人勾结武士和海盗,常乘春季东南风潮汛,驾船到沿海烧杀抢掠。

---

① 俞婉君:《绍兴堕民》,人民出版社 2006 年版,第 130 页。

② 贺水翁:《翰林陈美发》,《余姚文史资料》第 12 辑,1994 年,第 92 页。

戚继光乃指挥"戚家军"抗击倭寇,并组织民众结社,监视倭寇行踪,设立瞭望哨和烽火台,昼夜烟火传报倭警。还组织民众进行军事演习,配置刀枪、统炮、锣鼓等武器和信号,分段防守,若遇倭警,即鸣锣聚众,同驱倭寇。明代组织民众的形式,遂形成结社的"礼拜"。操练演习的一些形式,如作登高瞭望的高台阁、高跷、三上吊,以及用作疑兵的点灯塔、家家点灯等,演变为迎神赛会的执事。迎神赛会有两种,一种在神佛的生日或忌日举行,祈求丰收平安;一种是遇到灾害临时择日举行,以逢凶化吉。余姚迎神赛会以迎东岳神和迎观音菩萨为主。"嘉靖志每春二三月闲日初昏无风雨时,自庙前跨江南北有神灯,灿烂如星,更月乃熄,俗谬传三月既望为东岳神诞期,此其下降之征云。康熙志三月二十八日为岳神生辰,前十余日结社礼拜者至十万人。案东岳庙东岳殿之在各乡者,不可指数。万历府志所谓岳庙各邑皆有,而余姚独盛也。"①堕民的"始宁社"迎的是东岳大帝。相传东岳大帝乃商周时期兴周伐纣的大将黄飞虎,也是冥府第七殿的阎罗王。

凡是参加"始宁社"游行者,互称"老佛",服从头旗指挥。头旗乃长方形绣旗,长80厘米,宽60厘米,红底金线绣花,上绣东岳大帝,四边以大牙形绣花镶边,旗顶饰以铜制三角剑,垂着黄色流苏。队伍出迎时,头旗"老佛"约有三五人,作为监斋小组,轮流执掌头旗。其他"老佛"各执一事,不外旗、锣、伞、炮四事。正方形称旗,长方形为幡,长条形为幢,一律红底金花蓝镶边,绣着龙凤龟蛇图案。乐器以大锣为主,杂以云锣、手锣。伞则一律万民伞,为圆桶形,红底黄花,四周镶着村人姓名。炮分三类,落地炮高约15厘米,直径3厘米。少数铜制的落地炮,高20厘米。铳为装有长柄的铜炮,炮身长30厘米,直径约3厘米,饰有花形护栏,手擎木柄朝天鸣放。另一种为荷花铳,由锡制成,雕刻八仙以及鸟兽形象,八件为一组。队伍每到一村,便在空旷场地盘阵驱邪。头旗在前,依次行进,到了中心,再折转方向逆行。盘阵完毕,放炮扬威,村人盛情留斋留宿,以祷一家平安。"始宁社"从余姚后陈东岳庙祭神拔旗起行,逐次向上虞各堕民村游行,沿途各村"老佛"随时加入,队伍越滚越大,达到三五千人规模,七日后回返原庙解散。

宁波堕民对平民迎神赛会歧视"送娘",也进行过抗争。旧时宁波城乡赛会,例有"台阁"的娱乐形式,以大木板搭成一个小型舞台,内有堕民女子扮成戏剧人物,诸如神话《八仙过海》等,由身强力壮的青年轮流抬着参加游行演出,俗称"台阁"。故民谣曰:"送娘扮台阁,台阁翘矗矗。"1888年,因为"文华会"组织的迎神赛会台阁扮演"送娘"之事,堕民认为此举乃对其侮辱,引起了一场冲突。

① (清)邵友濂撰,孙德祖等纂:《余姚县志》卷十一《典祀》,光绪二十五年刊本。

宁波赛会之期已登前报，兹闻会中唯形云社停止，其他反较往年活跃。南郊老协兴会向时最劣，今有甲乙两孝廉及提署稿房某丙等乐为之助，所以联灯鼓亭纱船彩阁穷工极巧，色色鲜明。初九初十两天各自举行，先盘十柱。十一日文英、协兴、风云、得兴等社十柱尚未盘毕，至十二日各会咸集于君子营教场。文华会内有一彩阁，系某署所助，扮演《呆大成亲》一剧。其为送娘者，低笼蝉，轻拂麟衫，下围二蓝绉裙，左握长柄伞，右挈一红提桶，杂坐其中，人皆称为"毕肖"。三眼桥脚夫见之，以为故意嘲笑，约党数百群集教场中，只喝令不许扮演。盖脚夫皆堕民为之，其妻例作送娘，是以见而忿怒也。柱首恐人多滋事，将所扮送娘外罩一马甲，手中不挈提桶，又许事毕备酒息气。而脚夫自恃人众，执意不从，会中人气不能平，与之争斗。不提防所扮报马无人控制，跳跃惊惶，撞倒食物等摊，不计其数。舆即勒住，尚未伤人，然已险也。事闻于柱首，立即出为劝阻，脚夫一声呼哨，各自散归，将神像抛置演武厅中，延至初更时，经各行栈人到来，迎至半边街献爵。十三日清晨，各彩阁咸改扮他剧，脚夫闻知，预聚多人，准备打架。文华会也分知单，号召行贩，以备不虞。总柱恐滋事端，速令罢赛。有某公子勃然大怒，查明脚夫头目四名送县请办，一面罚令脚夫将第一日神所未到之处，各备献爵，雇班演戏，重赛一天，又备酒肴十筵演戏两台，以息总柱及文华会柱首之气，真大杀风景也。①

宁波堕民冲击迎神赛会，以抗议台阁所扮送娘对其进行歧视。但某公子却将为首的四名堕民送县惩办，并备酒肴雇戏班演戏以谢罪，堕民的抗争以失败而告终。

平民所从事的行当，堕民不得从事；堕民从事的行当，平民不屑于从事。堕民的行当，也因此成为其贱民身份的标志之一。定海的堕民从事贱业之一为打铁，又称为"打铁堕民"。定海南门外大街的铁店星罗棋布，从沈家大门到舟山旅馆数十米的路段，就有铁铺七八家。平民称呼"打铁堕民"，乃是对堕民的公然侮辱，定海堕民因此进行了抗争。

这铁铺一段街上，也发生过令人难忘的故事。相传南宋时金军南下，宋将焦光瓒率部投降。迨金军北退后，宋人引以为耻，乃贬其部卒之籍，称为"堕民"。"堕民"数百年来深受歧视，不许与一般平民通婚，亦不许任科举，多任婚丧喜庆服务杂技、理发、打铁等业。铁匠被贬称为"打铁堕民"，为下贱之人。因此铁匠们最忌恨人家称他"堕民"，此称无异于辱骂他的祖

---

① 《赛会闹事》，《申报》1888 年 5 月 29 日。

宗。六十多年前，一群码头搬运工人到城里运货返回，途经傅祥兴铁店。一搬运工人嘴生痒，冲着铁匠叫了一声"打铁堕民"。当即所有铁店的伙计纷纷拿着火钳、铁棍冲出铁铺要殴打辱骂他们的人。码头工人则以扛棍、扁担相抗。对峙中，衙头码头工人闻讯前来协助，一场格斗一触即发，情势危急。这时，各铁店老板出来解围，经与工人头头协商，码头工人同意铁匠们的要求：放爆竹赔礼道歉。铁匠们这才放下"武器"，放走码头工人，随即天空中响起"彭！""彭！"的爆竹声。五十年代初，一个年轻人叫了一声"打铁堕民"，也被铁匠投入河中，差点淹死。①

　　堕民所从事的行当，也是社会所需要的不可或缺的服务，民国政府虽然宣称堕民享有与平民同等的权利，但社会大众并未改变对堕民职业的歧视。堕民为此举行游行示威，以示抗议。绍兴柯桥蔡堰居民，大半是堕民，男堕民应邀奏乐，女堕民平时则替平民妇女儿童理发美容。"民间有吉凶庆吊，必雇用之，若他处之乐司喜娘然。"堕民"对于寻常男女，均需称老爷、相公、太太、奶奶，人格上殊有欠缺"。"蔡堰"成了"堕民"的代名词，以至于不愿提及自己的住处。"故绍人有问及家居蔡堰者，辄掩口葫芦，横加奚落。"1930年，蔡堰堕民忍无可忍，上街游行示威，向社会宣称："整容奏乐也是正当职业。"②堕民群体的吼叫，声讨的是阶级特权。然而，堕民微弱的抗议，根本无济于事，无法改变几百年形成的平民对堕民根深蒂固的偏见。

　　中华人民共和国成立后，堕民理直气壮地与歧视堕民的行为做斗争。刚成立那年的农历腊月，天刚刚蒙蒙亮，绍兴堕民巷三埭街就热闹起来，街角茶店均挤满从三埭街来的早起茶客，坐在门口"马头桌"的乃是原"泉源第一舞台"的班主林泉源。茶客们正在品茶，天南海北地闲聊，门外却闹了起来。林泉源出去一看，原来是从乡下到三埭街来掏马桶的农民，对着唐皇街的路牌大惊小怪地叫嚷："原来这儿就是三埭街！三埭街原来就是在这儿！"林泉源不听则已，一听火冒三丈。"泉源班主在绍兴城里也是有些名气的。解放前，他曾经一手创建过三个绍剧班子，培养出许多第一流的绍剧演员。名演员王振芳'十三龄童'的艺名还是他给取的哩！他一生为人豪爽，深受三条街里人的器重。解放后，他被大家推选为三条街里的第一任居委会主任。当了半辈子'绍剧班主'的林泉源有生第一回当了真正的'官'了，翻身做主的喜悦和自豪感，使他那根祖祖辈辈弯曲惯了的脊梁骨猛然挺直了起来。正像受伤刚愈的人最怕有人来揭伤疤

---

　　①　李仁娟：《李厚兴和铁铺一条街》，《定海名门沧桑录》，中国文史出版社2008年版，第50页。

　　②　子予：《蔡堰堕民游行请愿》，《新闻报》1930年2月25日。

一样，生活在三条街里的人们如今渴望的是得到社会的尊重，他们都有一颗过分自尊以至近于几分神经过敏的心灵。他们憎恨再听到叫他们‘堕民’‘三埭街出来咯’之类带着些侮辱性的称呼。"林泉源听到青年农民如此出言不逊，怒不可遏，上前抓住青年农民的衣领，厉声责问："什么年月了，你还敢这样称呼我们？到居委会里去！"茶店的茶客也冲了出来，三埭街的居民群起而攻之，有的动口，有的则干脆动起手来，青年农民未见过这种阵势，早已吓得魂飞魄散，连连讨饶。林泉源以三埭街居委会主任的身份，勒令青年农民给三埭街每户人家供上一对斤装的大红大蜡烛，以示赔礼道歉。青年农民表示甘愿认罚，只是身边暂无"铜钿"。林泉源表示先由自己垫付。于是，青年农民果然买来满满一挑蜡烛，给三埭街数百户人家挨门挨户送上一对，居民莫不拍手称快，这是堕民自古以来第一次扬眉吐气。林泉源将青年农民叫到跟前，再次严厉训斥，然后才告诫："以后再到我们这条街上来，叫唐皇街、永福街、学士街可以，但叫‘三埭街’绝不许叫。"①最后林泉源表示蜡烛钱由自己承担，让青年农民回去。青年农民感动得失声痛哭。

平民以前玩弄"戏堕民"的陋习，也被堕民严禁。中华人民共和国成立前，平民称呼"堕民"列为禁忌，则是害怕堕民群起而攻之。过去堕民对平民的侮辱则会回骂"你家断子绝孙了""你家父母死了"等话，言下之意是虽然堕民职业低贱，但平民结婚少不了堕民奏乐和伴送。中华人民共和国成立后，堕民已经获得解放，平民也承认其平等身份。如果有的平民再称呼"堕民"作为侮辱，堕民则理直气壮地回击："现在是什么年代了，同你们一样了……""堕民怎么啦？全国政协委员还有堕民呢？"即使在偏僻的山区，农民也有这种意识。"如新中国成立之初在王坛镇亭岙村斗地主大会上，村民朱阿秀诉说地主送给堕民一座小山一事时，堕民周天福听到‘堕民’一词，上前就给他一巴掌，骂道：‘我们现在翻身了，同你一样了，你还要说这种看不起我们的话。’"②台下群众也认为打得有理。平民尊重堕民被视为理所当然。

第二节　堕民反勒索斗争

堕民身份卑贱，常常成为官府勒索的对象。常熟堕民"以索绹为业，常不足

---

① 赵锐勇：《别了，中国的吉普赛人——来自堕民后裔的报告》，《野草》1988 年第 1 期。
② 俞婉君：《绍兴堕民》，人民出版社 2008 年版，第 232 页。

以自给"①。康熙二十八年（1689），苏州府常熟县颁布《禁止派丐户承造绳索碑》，常熟修造沙唬船只，均发现银采购材料，雇用工匠，严禁扰民。但据常熟县各乡丐户陆三、周文、张大、王定等举报，却无端勒派堕民结绳。常熟乃立碑禁止勒派堕民结绳应差。

禁止派丐户承造绳索碑

　　江苏苏州府常熟县为宪为民瘼，禁饬蠹借军工，故违非宪法不除，非勒石不遵事。奉江南苏州府正堂加三级胡信牌前事内开，康熙二十七年十月十陆日内，奉总理粮储提督军务巡抚江宁等处地方都察院右佥都御史加三级洪批，据常熟县各乡丐户陆三、周文、张大、王定等呈辞奉批，抑苏州府查照勒禁等因奉此，为查修造沙唬船只，俱系发给现银，办料雇匠，不许需扰民间。何该县督工官并经承，通同丐头小甲，辄敢故违功令，批着丐户承值纪续以□奸□从中包拦，殊堪发指，合亟饬提等因。县奉经提集一千人犯，批解奉府审，系于上年二月六日，因修造沙舡，需用绳索，滥派丐户拘张巳等，致高荣得借小甲之名，编派乡城丐户，情势确然。招拟高荣重披□□□□□□禁□有，于康熙二十八年六月十五日，详奉本都院批开，据称官去蠹迹，姑如详革当官，除小甲，勒石永禁，张□壁，仍严缉究追□等因，批府饬行到县缴此，合就尊行革去当官，拟除小甲，勒石严禁。为此，仰县属官役匠作人等知悉，嗣后凡修造一应船只，需用绳索，即发官价雇匠打造，无论大小工作，不许仍前□派丐户承值。如有丐头蠹棍，不遵勒禁，阳奉阴违，借公□派，□包拦需索扰害等弊，或访闻，或首告，定即严拿究解。官以失察指参，役以蔑□令处死，决不姑贷，慎之凛之。②

　　晚清及民国，绍兴官府征发堕民无偿服役。周春香回忆，周家乃三埭街的乐户世家，祖父周宝昌清末就在绍兴衙门当差，在官员出行的仪仗队中担任吹号手，人称"官吹阿二"。因属吹号队的小头目，别人取了绰号"吹头"，后来，竟戏谑地改称"老菜头"。周宝昌担任此职，纯属义务服役，并无任何俸禄享受。周春香回忆："但县衙门每年赐给他一天时间的权利，就每逢正月初一那天，我们家在绍兴城隍庙，给前来烧香拜佛的善男信女吹奏民间乐曲，所得的一点微薄收入，归我家所得，算是我爷爷一年的酬劳。这个赏赐一直沿袭到解放前夕，幼小的我还参与过（那时我大概五六岁），父兄吹唢呐，我站在一旁敲小鼓，前来

---

　　① （清）瀛若氏：《三风十愆记（记色荒）》，《丛书集成续编》第224册，新文丰出版公司1978年版，第397页。
　　② 《禁止派丐户承造绳索碑》，《江苏省明清以来碑刻资料选集》，生活·读书·新知三联书店1959年版，第621页。

拜菩萨的人，看到我这么小年纪，还颇为好奇。"①周宝昌作为吹手，多少还有一些象征性的报酬。

1927年12月8日，因堕民戏班控诉绍兴地方政府挪用同仁学堂戏捐，浙江省政府责成绍兴县政府妥善处理。"案查本年十一月十九日，据绍兴各戏班代表陈祥金等，呈为请求解放，废除阶级，吁请饬县令局发还捐款学校。十一月二十三日，又据绍兴特殊民族代表陈定三等，函请回复旧日同仁学校；十一月二十九日，又据陈定三等呈请饬县发还同仁学校捐款，并清算历年收入各等情。并抄送上该县政府书和致该县教育局长函各一件前来。"浙江省政府要求绍兴县政府拨归戏捐。"据呈前情，本省政府认为应该准如所请。至于该项戏捐应该如何划还，该校名称如何改定，是否仍称县立，或改称区立，该校校董会如何组织，校长如何任用，该校贫寒的毕业学生如何津贴升学，都着该县县长，转令该县教育局长，会同该县教育委员会，详慎妥议具体办法，呈候核夺。还有对于该特殊阶级的散居乡村市镇的，应由该县长通令所属各小学校，准他们的子女一并入学肄业，不准稍有歧视。"②浙江省政府责成绍兴县政府"设立独立小学，津贴贫寒子弟升学，与普通平民同受中等或高等教育，使之增进知识学问技能，自拔于'卑贱'的职业（指从事于鼓乐、唱戏、抬轿、剃头、制糖、买破布、古董等）之中，改善其生活，提高其身份，而达到解放压迫，消除这一特殊阶级的目的"③。消除"特殊阶级"区别，准许其子女享有与平民子弟平等的入学权利。并就津贴堕民子弟升学问题，提出具体的解决方案。

> 所以唯一的办法，只有仗着教育的力量，增进他们的知识学问技能，使他们另有职业可就。然而因为一般社会传说底阶级观念，一时不容易化除，如果骤然使他们的子弟，杂入普通的各小学中，和普通平民的子弟共同肄业，反会惹起纠纷。该陈定三等致信该县教育局长书中所举施与情感之不同的第五点，就是明证。所以在初等教育期内，必须使他们有独立的完全小学，以免除此种障碍，并使他们于办理小学之外，有津贴贫寒子弟升学的资金，于小学毕业以后，得升入各地中等、高等教育各学校，与普通平民同受中等或高等的教育，如此才能使他们渐渐地增进知识、学问、技能，自拔于卑贱的职业之中，改善他们的生活，提高他们的身份，而达到解放压迫，消除阶级的目的。④

① 访问周春香，2016年7月14日。
② 《浙省解放堕民之又一令》，《申报》1927年12月10日。
③ 蔡翔、孔一龙主编：《二十世纪中国通鉴》，改革出版社1994年版，第37页。
④ 《浙省解放堕民之又一令》，《申报》1927年12月10日。

　　堕民林奎宝乃三埭街的著名绍剧艺人,带领戏班前往富盛一带演完夜戏后,与一位唱小花脸的演员结伴回家。林奎宝身穿粗布短衣裤,手持一把油纸伞和一个包裹,两人沿着蜿蜒的山路行走,刚到半山腰,窜出六七个手持大刀的强盗,拦住去路,勒令留下包裹财物,否则就要他俩性命。林奎宝见是几个小蟊贼,表示要钱可以,若能敌得过伞顶,就将财物相送。小蟊贼自不量力,上前就抢,却被林奎宝的伞顶戳得头破血流,遍体鳞伤,跪地求饶。林奎宝的雨伞确实与众不同,为了防身所需,伞顶削得很尖,犹如一把利剑,加上平时练就一身武功,对付几个小蟊贼自然绰绰有余。林奎宝怒斥:"我看你们这几个人,个个长得身强力壮,要是凭力气干点正当行业,完全是可以养家糊口的。今日就饶过你们这一次,下次若再犯在我手里,就绝不宽容。我是靠唱戏为业的,家里也并不宽裕,就给你们留下几个钱,希望你们能够改过自新,好好做人。"[1]几个蟊贼连连叩头道谢而去,从此以后,凡在富盛一带走夜路的人,若是遇上强人,只要声明乃"唱戏者",就会自动离开,不再找麻烦。

　　"玉麟舞台"名震遐迩,却因此"树大招风",屡遭不法之徒的侵害。相传林奎宝赴京城为慈禧太后演剧,得到慈禧太后的赏赐。林家就用慈禧太后的赏金,在永福街买了一块空地,建造了二十多间楼房及园林。林家也从柯山下搬到三埭街定居。绍兴政府见林奎宝载誉归来,也给予方便,办妥了一切手续。民国时期,有人向绍兴县法院诬告林玉麟"非法侵占"国家土地。法院法官受贿后,竟听信一面之词,不经调查核实,草率地将林家所建房屋判为"非法侵占",属于"违章建筑",限令三天之内必须拆除,否则,法院要"强制执行"。林玉麟接到判决书后,义愤填膺,就拿了全部凭证,越级上诉。经过上级法院认真查阅资料和实地调查,认定林玉麟家所建房屋完全合法,撤销了原判,维护了林家的合法权益。受贿法官面对真凭实据,无话可说,只得服从上级判决,撤销了限期三天拆除房屋的原判。[2](图 6.1)

　　"玉麟舞台"在绍兴柯桥外湖塘演戏,夜戏做完后,林玉麟带着演员的辛苦钱,乘一只乌篷船,准备返回绍兴城内。乌篷船划到高桥时,天刚蒙蒙亮,不料却遇上三个"乱毛党"(专事敲诈勒索的兵痞)。"乱毛党"用枪威胁乌篷船靠岸"检查","玉麟倌"(绍剧男扮女装)见状不妙,想到这些都是堕民兄弟风里来雨里去,全靠跌、打、滚、爬赚来的血汗钱,来之不易,决不能让"乱毛党"抢去。林玉麟吩咐"划船头脑"慢慢将船划过去,并思考应对之策。"划船头脑"早已吓得魂不附体,不知所措。船靠岸刚拉开船篷,为首的"乱毛党"就持枪探身搜查,林

---

①　访问陈顺泰,2016 年 5 月 26 日。
②　访问陈顺泰,2016 年 5 月 26 日。

图 6.1　绍剧表演艺术家"玉麟倌"林玉麟（林越胜供图）

玉麟一脚蹬上岸，一把把枪夺过来，随手用枪柄狠狠地打过去，那兵痞毫无防备，冷不防被林玉麟夺枪袭击，应声跌入河中，其余二人未回过神来，也遭枪托袭击，跌倒在地。说时迟，那时快，林玉麟在岸上将脚一蹬，稳稳地跳入乌篷船中，似离弦之箭，驶离岸边，驰向河中。玉麟倌催促"划船头脑"快划，待三个"乱毛党"回过神来，乌篷船早已不见踪影。①

　　20 世纪 30 年代，堕民演员周信芳在南京福利大戏院作短期演出时，蒋介石官邸来人通知周信芳去唱堂会。周信芳迫于压力，不得不去。周信芳特地选了《博浪锥》，该戏衍张良刺秦始皇的故事。"秦始皇残暴无道，义士张良约苍海公乘秦始皇东游泰山，路过博浪沙时，前往行刺。苍海公愿独当此任，嘱张良远遁。秦始皇戒备森严。在博浪沙，苍海公掷锥误中副车而被擒，自行撞死。张良闻秦始皇下令追捕，逃往下邳，投奔故友项伯家中。周信芳饰演张良。他在戏台上借古人之口，指桑骂槐地影射蒋介石的专制独裁。"②周信芳以古讽今，谴责蒋介石对外消极抗日，对内实行独裁。

---

① 访问陈顺泰，2016 年 5 月 26 日。

② 沈鸿鑫：《周信芳传》，中国戏剧出版社 2010 年版，第 118 页。

第三节　女堕民反性骚扰斗争

　　女堕民稍有姿色，特别是色艺双全的堕民女艺人，备受骚扰与侮辱。世居三埭街的林杏仁乃绍剧名伶林玉麟长女，艺名"筱玉麟"，因兄长林柏寿英年早逝，为延续父亲的绍剧艺术，故起此艺名。筱玉麟参加了父亲创办的上海"和兴"绍剧培训班，又跟父亲学习《贵妃醉酒》中的杨玉环，《昭君和番》中的王昭君，《关羽斩貂》中的貂蝉，《龙凤锁》中的金凤，《金玉缘》中的双阳公主，《宝莲灯》中的华山圣母或王桂英等角色。1940年，筱玉麟首次挂牌演出《金水桥》（即《九曲桥》），扮演寇承御，名声大振。

　　林杏仁十八岁那年，正当风华正茂、大红大紫之时，被绍兴"和平军"（伪军）军官叶副官看中，名义上托名前来"说亲"，实际上欲强霸她作他的第三房姨太太。日据绍兴期间，绍兴人无人不知叶副官的名声与为人，他纯粹是个兵痞、恶棍与地头蛇。叶副官利用手中的枪杆子，横行霸道，无恶不作，欺男霸女，民众敢怒而不敢言，避之唯恐不及。嫁给这样的衣冠禽兽，非但林杏仁不同意，就是林玉麟夫妻也不会答应，于是，婉言谢绝了"媒人"。叶副官"求亲"遭到拒绝，遂恼羞成怒，由爱生恨，图谋报复。林杏仁叔父林泉源组班的"泉源第一舞台"，在绍兴城内的花巷子民舞台演出，特邀侄女林杏仁挂牌筱玉麟，演出《金水桥》。叶副官获悉后，指派二名歹徒，用石灰掺入黄沙，埋伏在林杏仁演完夜场回家的必经之路，等候"猎物"出现。当毫无防备的林杏仁经过时，歹徒突然窜出，将石灰撒向受害人的眼中，可怜一个弱女子，深更半夜遭受这突如其来的袭击，痛得一时睁不开眼。林杏仁忍着剧烈的疼痛，跌跌撞撞地摸到家里，林玉麟一见女儿惨状，痛心疾首，虽明知乃叶副官所为，却苦无证据，即使有了证据，叶副官乃独霸一方的"土皇帝"，一个被人歧视的堕民艺人，也是求告无门。林家遭受如此陷害，也只能忍气吞声。林玉麟不惜一切代价，赶紧陪伴女儿到上海医治。林玉麟获悉一位从国外回国的医术精湛的眼科专家，正在仁济医院坐诊，经挚友介绍，带女儿住进医院。经过两年多的治疗，林杏仁虽然眼睛逐渐复明，但已令林家元气大伤。林杏仁眼睛复明以后，为了免遭叶副官之流的暗算，从此不敢登台演戏，永远地告别了自己心爱的绍剧舞台。①

　　筱兰芳原名陈美根，出生于唐皇街武旦陈祥发家，为绍剧筱派花旦表演艺

---

　　①　陈顺泰、林越胜：《绍剧大家　林氏门宗——记绍剧名伶玉麟倌家史艺术》，2016年5月26日，陈顺泰提供。

术的创始人。筱兰芳甜美的嗓音，娇艳的形象，获得绍剧"金喉咙"的美誉。"但是父亲深受'戏饭吃到老，勿值一根草'的影响，不想长女再捧这只'戏饭碗'，更何况当时家境殷实，要小美根读书识字，将来摘脱堕民帽子，成为知书识礼的良家妇女。"但筱兰芳却执迷不悟，未经父亲同意，擅自搭班到皋埠东堡村一个村落唱戏。"汪伪和平军突然扫荡，借口搜查游击队，将美根身上的毛线衣剥掉，并开枪打死打伤了唱戏的几个艺人。"父亲演戏受伤后，筱兰芳挑起了养家糊口的重任。筱兰芳在上海的浙东大戏院、老闸大戏院、红星大戏院挂牌演出，在上海滩声名鹊起，红极一时，但也因此引来祸患。1947年初，筱兰芳应"泉源第一舞台"到上虞东关演庙会戏三天三夜，上虞王姓土匪头子头天夜戏结束前，就传话请筱兰芳去"唱堂会"。筱兰芳个性倔强，以没有这个规矩，从来不"唱堂会"，断然拒绝。第二天仍照常演出。土匪持枪进入后台，用枪拍着桌子，威胁筱兰芳留戏两天，不许自由走动，否则就要吃枪子。"土匪'醉翁之意不在酒'，女戏子被逼唱堂会失身之事戏班曾经有过，班中人人为兰芳担心。"①时国民党上虞县长夫妇乃戏迷，县长太太从上海看筱兰芳的戏，一直追回上虞。县长太太颇为赞赏筱兰芳，有意收为"过房囡"，但在大上海，一个小小的上虞县长太太，却开不了口。戏班长辈怂恿她将计就计，筱兰芳乃托人传话给县长太太。筱兰芳在泉源班长林泉源的陪同下，备了香烛、红包点心，上门拜上虞县长太太为"干娘"。有了上虞县长作为靠山，筱兰芳终算躲过一劫。（图6.2）

　　章艳秋乃绍兴第一代女旦，虽然自幼出身贫寒，缺吃少穿，但"女大十八变"，其青春魅力也随着技艺的日趋成熟而日益显现。章艳秋应邀在萧山瓜沥和塘头一带棉麻地区演出时，土匪谈坤手下一个勤务兵拔出手枪，逼着班主将章艳秋送往司令部。班主感到事态严重，为了不使章艳秋遭受厄运，班主跪在勤务兵面前"先生长先生短"地叩头，却偷偷雇上一只小船，派人将章艳秋连夜送回绍兴。章艳秋得于安全脱险，班主却被痛揍了一顿，戏班无法再继续演出，还必须买上香烛赔礼道歉。旧社会艺人过着"刀头舐血"的生活。②（图6.3）

　　苏州"贫婆"（女堕民）也曾抗拒豪强的性骚扰。"初，丐户中有吴家娘者，色美而性颇贞，豪胥徐孚中之子欲私之，不得。乃乘其妇归宁，令仆急叩吴之门，急言郎君病笃，急求诊视。吴急往，入门则止徐在家，将逼以非礼。吴乃唾骂而出。邑人咸高而敬之。""贫婆"吴家娘严词拒绝男主顾的非礼，得到世人的敬重。"吴家娘事件"后，堕民颇知自重，相戒不让少妇抛头露脸，只有年老的"贫

　　①　谢玲玲：《幽兰芬芳——记著名绍剧艺术家筱兰芳》，《绍剧名伶录》，中国戏剧出版社2016年版，第272页。

　　②　谢涌涛：《经冬娇莺暖枝啼》，《绍剧文论选》，中国戏剧出版社2011年版，第373页。

图 6.2　绍剧演员筱兰芳（六小龄童供图）

婆"从业。但仅仅过了四五年，堕民家家四壁皆空，缺衣少食。平民有事相召，也是寥若晨星。"盖颜色不足投时好，故去而他顾也。于是，衣食之谋迫，而俊巧之妇，艳冶其容，仍出而曳裾于富贵之家矣。自是而后，其风益恶，其业益行，则有若张氏之妻，以卖珠宝而见悦于琴堂大令。宿氏之妇，以诱奸而致污夫名阅家声。然事犹隐蔽不甚著者。"[①]堕民迫于生计，"贫婆"不得不梳妆打扮、强颜欢笑以应役。

　　慈溪有广为传诵女堕民抗拒财主调戏不屈而死的《阿秀姑殉节》的故事。慈溪有一对堕民夫妇，男的名"黑狗"，生得丑陋不堪，长嘴巴，斜眼睛；女的名阿秀，年轻漂亮，细皮嫩肉。黑狗好吃懒做，对阿秀非打即骂。阿秀讨的东西少，黑狗逼问其贪玩，仅得这么少。如果讨的东西多，则盘问是否与哪位财主勾搭，给了这么多。堕民有腊月"送金贴银"的习俗，黑狗敲开财主"钱剥皮"的大门，

---

　　①　（清）瀛若氏：《三风十愆记（记色荒）》，《丛书集成续编》第 224 册，新文丰出版公司 1978 年版，第 397 页。

图 6.3 绍剧演员章艳秋剧照

阿秀送上两根"金条"和四只"元宝"。"钱剥皮"在慈城下横街开了一家南货店,为人刻薄吝啬,做了几年生意,挣了不少钱,就是妻子王氏不能生育,成了其一块心病。"钱剥皮"见阿秀虽然穿着破旧,倒有几分姿色,乃以金钱诱使黑狗将阿秀出卖。"钱剥皮"欲动手轻薄,阿秀不从,头触门柱而死。阿秀死后,有人编了一首小调来称赞:"马灯高照令个侬个令,北门外对出湖心亭,大庙菩萨会显灵,堕民阿秀愿为清白不要命。"①

清代凡拒奸殒命的妇女均应受到旌表,由官府出银,于其墓前树立贞节牌坊,并在节孝祠内设立牌位。而女堕民作为贱民,即使完全符合这一规范,也只准在墓前建坊,不得列名于祠内。"若于孝节祠内一体设位,未免良贱不分",或"未免主婢不分"②。女堕民虽以生命作为代价维护贞节道德,也必须区分良贱的界线。然而,清代地方志仍载诸多女堕民拒奸殒命的事迹。《浙江通志》载应烈妇为鄞县东乡"丐户"。"己亥年海寇乱,偕其曹避村庙中,俄一卒带刀入,见

---

① 赵跃年:《阿秀姑殉节》.《六月晒红绿——听外婆讲慈城的故事》,宁波出版社 2009年版,第 92 页。

② (清)觉罗勒德洪等奉敕修纂:《大清高宗纯皇帝实录》卷 276、卷 523,清内府钞本。

氏将污之,挽之不动,卒怒,其曹恐见害,咸劝之就,坚不从。已而知其不可脱,佯许诺,卒喜,稍纵之,遂逸出庙门外,将投井,为卒所持,不得入,复逼之,终号泣不就,卒大怒,乱斩之,年十八。"①乐清立有女堕民的节烈牌坊。"乐户陈应表妻叶氏,嘉庆间立在六都。"②其详细事迹为"乐户陈应表妻叶氏,途遇强暴,威逼不从而死,奉旨建坊"。另有"乐户吴哲银妻陈氏"③,也被归入烈女行列,其事迹不详。

上虞也有堕民陈宗标妻徐氏,"美姿容,成婚时宗标尚幼而貌丑。有富豪某招之服役,止宿焉,夜深款门,欲污之,不从。诱以金,不从,遂殴之。氏厉声曰:身虽卑贱,志操一也,奈何以势相胁,呼救得不污。黎明归告其姑,姑怖某势,登门谢罪,笞氏。氏白诸母,母贪某贿,又笞氏。氏抱愤莫诉,缢而死,时年二十一"。堕民陈宗标妻徐氏美貌异常,富豪以势逼奸,遭到其断然拒绝。徐氏求告于亲属,均畏惧权势,讨好富豪,给予谴责。徐氏乃以死以示抗议。上虞堕民许景春妻叶氏,"咸丰遇贼不辱自刎死"。堕民施朝仁妻陈氏,"壬戌索钱物,陈怒骂之,遂见杀,年八十二"。另有堕民施行衍妻曹氏,"壬戌贼逼,不从,死"④,均为太平天国时期,女堕民受到太平军的逼迫而死,也载入烈妇册。

慈溪县志记载两位郑氏堕民之妻,因反抗太平军的强暴而死,竖有"双烈妇坊",立于太平桥西南侧,乃是浙江巡抚左宗棠于 1864 年为"丐户"郑坤金妻周氏和郑天祚妻王氏所立。⑤ 两位堕民郑氏之妻的事迹为:"郑坤金妻周氏、郑天祚妻王氏,立丐籍。周孝谨勤操作,食贫无怨言。天祚业优,恒说所演忠孝节义事于家,王每乐闻之,或抚侍新嫁娘,不肯随俗作一谐谑语。壬戌八月,与村妇数十人同被虏,以一绳连系之过太平桥,贼暂憩。周倚石阑,目摄王相牵投江,贼愤,下矛丛刺之,遂并没,周年二十三,王年二十八。同治三年巡抚左宗棠题旌,为立碑桥畔,大书以丐妇殉烈处,光绪五年,里人复醵赀建祠赭山之麓。"⑥左宗棠亲自为堕民之妻题旌以示表彰。

---

① (清)王国安、黄宗羲:《浙江通志》卷之四十《列女一》,康熙二十三年刻本。

② (清)李登云修,陈珅撰:《乐清县志》卷之三《规制志》,光绪二十七年修,民国元年补刊本。

③ (清)李登云修,陈珅撰:《乐清县志》卷之九《人物志》,光绪二十七年修,民国元年补刊本。

④ (清)唐煦春修,朱士黻撰:《上虞县志》卷十四《列女》,光绪十七年刊本。

⑤ (清)杨泰亨、马可镛纂:《慈溪县志》卷三《坊表》,光绪五年刊本。

⑥ (清)杨泰亨、马可镛纂:《慈溪县志》卷三十八《烈女传四》,光绪五年刊本。

第四节　堕民反迫害斗争

堕民作为贱民,如果违犯法律,将受到比平民更重的处罚。"乐户但有与良民互骂同殴者,加倍问罪,情重者枷号。"①贱民与良民互骂同殴,无论贱民是对是错,均受到加倍惩处。堕民常常成为不法侵害对象,明代堕民曾为此进行抗争。每当良贱相争,官员均偏袒平民。按照明朝法律规定,良贱相殴,官府不分青红皂白,唯堕民是问。雍正虽然颁布堕民除籍令,改贱为良,可平民仍然将堕民视为贱民,并未因雍正皇帝的诏书而有丝毫改变。但堕民却不愿自己的权利受到伤害,毅然拿起法律武器维权。平民不能容忍堕民干名犯义,以卑告尊,以贱告良。乾隆十三年(1748)三月,慈溪堕民郑世德受雇于寺庙演戏酬神,与平民伊阿鹤以及被革斥武生身份的韩堂,因戏码角色发生冲突。郑世德据此向县衙提出控告,但演戏同行姚我范、韩魁、丁峋等人,却认为堕民郑世德乃贱民身份,从事演戏贱业,依例无权控告具有平民身份的伊阿鹤和韩堂,遭到郑世德的断然拒绝。由于双方协调未果,姚我范等人倡议自行演戏酬神,并公开联合禁止郑世德同行之人,严禁其再向平民招揽婚丧生意。反对郑世德之人,后因科敛钱财,演唱夜戏,伤害兵役,遭到严惩。浙江巡抚方观承重申:"丐户即堕民,于雍正元年钦奉恩旨,改业为民,因内有贫民无业者,凡遇民家婚丧,前往吹唱抬轿,以图糊口,原属小民常业,并非仍为丐户服役良家,亦非民户压勒充当,应仍听各安生业。"②方观承认为雍正元年颁布堕民除籍令后堕民已入籍为良,平民不能再将堕民视为贱民以歧视。一些开明的地方官员,将除籍后的堕民视为良民,即使从事传统所属贱业,也只是贫民养家糊口的谋生职业而已。

良贱在法律上的地位虽不平等,但封建法制仍规定贱民也不得任意处死,"贱其人不可贱其命"③。如果良人殴死或因故杀死他人奴婢,也要处以绞刑。且民国规定解放贱民,堕民享有与平民一样的法律地位。老闸大戏院老板堕民章益生次子章宗尧,自幼喜习武功,传说能纵跳如飞,且禀性忠厚老实,小时生过癞头疮,绰号"癞四王"。上海老闸桥一带有个绍籍恶棍,绰号"胡面子",常到

① (明)吕坤:《实政录》卷之四《禁谕乐户》,万历二十六年赵文炳刻本。

② 《逆匪·敛钱演唱夜戏聚众夺犯伤兵案》,《清代地方剧资料集》,东京大学东洋文化研究所1968年版,第61页。

③ 湖北谳局编:《大清律例汇辑便览》卷二十七《良贱相殴》,同治十一年湖北谳局刻本。

戏院看戏,与章家套近乎。一来二去,与章益生长子章宗汉的大房勾搭成奸。两人正做苟且之事,被章宗尧当场抓获。章宗尧严厉斥责,并警告"胡面子"到此为止,否则转告章宗汉,施以颜色。"胡面子"对此怀恨在心,决定除掉章宗尧"这个活口"。"胡面子"在绍兴家中后花园设宴,宴请章宗尧,名为赔礼道歉,从此洗手不干,实则暗藏杀机。章宗尧不知是计,如期赴约。"胡面子"深知章宗尧武艺高强,不是对手,乃在酒中下了迷药,且不断劝酒,使其意识不清。"胡面子"趁机拔刀朝章宗尧刺去。章宗尧惊醒,跃上葡萄架,因迷药发作,跌落下来,跌在井圈上面,痛苦不堪。"胡面子"持刀朝章宗尧刺去,并推入井中,分尸埋葬。章宗尧前往绍兴后失踪,章益生万分焦急。章宗汉经过多方打听,确认是"胡面子"所为。章宗尧养有一条狼犬,对主人忠心耿耿,从府山脚下找出主人头颅,还从"胡面子"家后花园找到尖刀等凶器。章宗汉拿起法律武器,向上海市高级法院控告"胡面子"谋杀亲弟一案。"胡面子"被捕获,对杀害章宗尧供认不讳,被处以极刑。章家虽是堕民,因有影响力,尚能主持正义。

为了庆祝抗战胜利,"泉源第一舞台"班长林泉源,邀请堂兄林玉麟唱"当家花旦"。林玉麟从柯桥阮社赶往城里参加演出,刚走到斜桥直街月池坊口,突然窜出几名警察,用枪将其拦住。冤家路窄,此人正是叶副官,原来抗战胜利,叶副官摇身一变,成了国民党政府警察局的一名警察队长。叶副官声言当年修筑城墙的账还未清算,林玉麟一走了之,害得叶副官被上司一顿训斥,还罚了一千元大洋。林玉麟若能拿出一千元大洋,这笔账就算了清,否则,就要捉拿到警察局,严刑拷打。林玉麟乃耿直汉子,直言相告,不要逼人太甚,自己乃是迫不得已出逃。要一千元大洋,就算自己倾家荡产,卖儿卖女,也拿不出这么多钱;要命,则有一条。叶副官恼羞成怒,吩咐手下将林玉麟押到警察局,私设公堂,命人端来一盆炭火,将刑具烧红,拟将林玉麟毁容。对于一个堕民艺人而言,一张秀美的脸,尤其是男扮女角的演员,乃是从艺首要的必备条件,如果一旦毁容,等于谋杀了其艺术人生,这比杀了林玉麟还要难受。正当叶副官手拿烧红的刑具要往林玉麟脸上烙时,一位国民党少将及其夫人带一队荷枪实弹的卫兵赶到,及时制止。原来林玉麟被捕后,林泉源托人找到林玉麟的结义妹妹——豆姜鲍家二小姐,搭救了林玉麟。

鲍家二小姐丈夫乃国民党军官,抗战胜利后复员返回绍兴,在绍兴县政府担任要职。常言道:"官大一级压死人。"鲍家二小姐的丈夫正是叶副官的顶头上司。国民党军官严词训斥,叶副官双膝瑟瑟发抖,早已吓破了胆,萎缩一角,连大气也不敢出,他不知道林玉麟有如此大的后台,不敢回答半句,恨不得有地缝可钻。鲍家二小姐夫妇将林玉麟堂而皇之地带出警察局,送回永福街自己的家中。叶副官彻夜未眠,思前想后,为自己今后仕途作想,竟然厚着脸皮,拎了礼品,到林家向林玉麟"负荆请罪"。中华人民共和国成立后,绍兴市人民政府审查了叶副官的历史资料,其犯罪证据确凿,不杀不足以平民愤。叶副官得到了应有的下场。

然而,事情并未因此结束,叶某的亲属及其爪牙,以为叶某被镇压,乃林家告发所至,迁怒于林家,蓄谋报复,他们捏造事实,诬告陷害林玉麟的二子林柏顿,以种种"莫须有"的罪名,将其告上绍兴市人民法院。人民法院受理这桩"诉讼"后,查明真相,将林伯顿无罪释放。①

第五节　堕民争取办学自主权斗争

绍兴三埭街同仁学堂学生大都是堕民子弟,经费也由堕民戏班卖票所得捐助。三埭街也开设戏园——千秋模范剧场,经常有三埭街的戏班班长率领艺人义演,所得经费全部捐献同仁学堂作为办学经费。1914 年,堕民戏班班首周柏年、张老虎、林芳钰、陈祥增等四人发起,状告同仁学堂校董侵吞同仁学堂捐款。三埭街艺人一纸诉状,禀请绍兴教育司暨知事查办。

立公约各班首为校董侵吞公款借学勒捐查算整顿事

吾等戏业自前清在本坊创办同仁学堂,由抽捐充校公款,本为培植乐户子侄,咸受教育起见。光复后各班生意日形凋落,且自前校董巧立名目,又有戏曲改良之别名,为侵贪捐款之歧途。前校董去席,后董接任仍沿故习,本年该校董等办理,更属不善,借办学捐为名,向各戏班勒加捐款倍增,苛索统计各班捐款约收肆千余百元之多。而本坊乐籍子侄往该校课业者,所交校费纷繁,比较私塾书金价倍增。屉是以乐户籍学童仅只五、六名,其余课读之生,均系招集外坊商富。则该董等利令智昏,不啻以校为市,大失抽取戏捐教育乐籍儿童之宗旨。是以吾等虽出戏捐,而子侄仍于私塾诵读也。今该董等借学捐公益之名,所收捐款上下朋奸,虚縻侵分,是朘削各班汗血之脂膏,饱润若辈无厌之贪壑,是以邀集同志共奋义举,维持校务,一面向该校董查算收支账目,以清积弊,力加整顿,除禀请教育司暨知事署核办外,嗣后凡吾同人须知就地公益咸尽义务,各宜奋勉,胜负曲直,在此一举,祸福利害,各负仔肩,临事毋得推诿,务祈学务整理一新,不致仍蹈故辙,始终勿怠,是所厚望焉。欲后有凭,立此公约议据,并给

---

① 陈顺泰、林越胜:《绍剧大家林氏门宗——记绍剧名伶玉麟偘家史艺术》,2016 年 5 月 26 日,陈顺泰提供。

发起人合同证,各执一纸存照。

中华民国三年阴历五月日

班首发起人:周柏年 张老虎 林方钰 陈祥增①

1927年秋,绍兴县政府鉴于私立同仁小学经费充裕,校舍宽广,而且能够安插教职员十四五人,遂将其收归县办,改为县立,被"绍兴学阀"所把持。绍兴县有两所中等学校,一为第五师范,一为第五中学。两校毕业生除部分升学以外,大多数就业的目标都是在县立小学任教。中学毕业生年年增加,而县立小学却并未扩增。于是,两所学校的毕业生分成两派,角逐绍兴县教育局局长。那派夺得县教育局局长的位子,全县县立小学校长和教员就换成那派的人员充当。1927年,"师范派"的祝洪友夺得绍兴县教育局局长,为了扩充安置"师范派"毕业生,遂挖空心思,将私立同仁小学收归县立。"表面上说,县立胜于私立,但事实上他们办理得既腐败,又不照顾该校的特点(秋冬两季结婚忙时,堕民子弟为生活计,往往要旷课做吹鼓手)。到1929年夏季,该校求学的三百多个堕民子弟,在教员和非堕民子弟的排挤歧视下,只剩下了五十多个。"②于是,三埭街全体堕民纷纷集会商讨,一致认为应向绍兴县政府和教育局请示,建议该校改善办学方法,以确保堕民子弟上学的机会。请示公文递上去以后,犹如石沉大海,杳无音信,县政府和县教育局置之不理。堕民又推派代表,举行请愿呼吁,仍无效果。(图6.4)

全体堕民义愤填膺,秘密举行集会,商讨应对办法。"大家认为只有把同仁小学收归堕民自办,恢复原状,否则堕民子弟既无入学的机会,要改行转业,更没有希望了。"③堕民推派汪涛和陈延生起草请愿书,向浙江省政府呼吁,控诉该校的腐败情形以及排斥乃至歧视堕民子弟的种种行为,请求在县教育局的监督下,归还堕民自办。汪涛乃同仁小学毕业生,升入上海大学学习。汪家开设"糖坊店",专门制作"堕民糖"。汪涛从上海大学毕业后,子承父业。浙江省政府下发公文,饬令绍兴县政府查明具复。绍兴县政府竟以"该校办理完善,并无排挤歧视"来搪塞。另外,还在三埭街张贴布告,以示恫吓。声称近查有"不法分子",在三埭街"造谣生事",有意破坏同仁小学,如仍执迷不悟,"定予严惩"云

---

① 2017年3月16日陈顺泰提供,原件存林芳钰之孙林越胜先生。

② 陈延生:《绍兴堕民被压迫和斗争的片断》,《文史资料选辑》第20期,1962年,第93页。

③ 陈延生:《绍兴堕民被压迫和斗争的片断》,《文史资料选辑》第20期,1962年,第93页。

图 6.4　同仁小学二十周年纪念会歌(资料来源:《绍兴县立同仁小学校廿周年纪念刊》)

云。堕民遽见此措辞严厉的布告,恐慌万状,唯恐祸及自身,纷纷退出争取同仁小学自办的斗争,不敢轻举妄动。

　　然而,是可忍,孰不可忍。为了堕民子弟的前途,经过一个多月的酝酿和接洽,堕民再次鼓起勇气,举行秘密集会,收集更多该校管理腐败和歧视堕民的材料,据实向浙江省政府进行控告。如此一而再,再而三地文件往返,历经半年之久,仍毫无结果。

　　1930 年春,浙江省教育厅厅长易人,由绍兴的刘大白继任。刘大白为现代著名诗人,原名金庆棪,辛亥革命后改名刘靖裔,字大白,乃前清举人、光复会会员。五四运动前他就尝试用白话文写诗,积极参加新文化运动。其新诗侧重于反映农民的痛苦,其中以反映农民在地主的压迫下过着痛苦生活的《田主来》以及反映农村在帝国主义经济侵略下趋于破产的《卖布谣》最为有名。刘大白同情农民和工人的苦难生活,也为堕民的不平等待遇鸣不平。"在刘(大白)当上海大学教授的时候,堕民汪涛系上大学生;与刘(大白)有师生之谊,于是先由他拜访了刘大白,说明情形。刘有所感动,认为可以考虑。汪(涛)返回绍兴,报告情形。于是,又兴起了一个控告的高潮。但事情经过仍非一帆风顺,还是迁延不决。后经一个在省府当秘书的宁波堕民李钦予努力援助,刘大白最后才敢大胆提出'绍兴县同仁小学由堕民收回自办,逐渐转变贱业'的方案,并将'准由绍兴堕民自己组织同仁社,由社推派校长,自行接办'方案提交省府会议讨论,得到通过。"①李钦予乃宁波堕民子弟学校毕业,刚好在浙江省民政厅任科员,同情堕民的遭遇,支持堕民收回同仁小学自办。这场持续三年的堕民争取同仁小学自办的斗争,终于以堕民的胜利而告终。

堕民的历史就是一部被损害与被侮辱的历史,也是堕民的抗争史。堕民作为"底边社会"的"底边阶级",深受官府和平民的欺辱,封建国家法律也给予支持。堕民虽有持续不断的反抗,但大都是个体的斗争;堕民也曾群起抗争,但堕民挣扎在社会的底层,自身也未能拧成一股绳,形成坚强的团结力量,稍被恐吓顿成一盘散沙。堕民软弱无力的斗争,虽能暂时改善其处境,但对其屈辱的地位没有丝毫的改变。

---

① 陈延生:《绍兴堕民被压迫和斗争的片断》,《文史资料选辑》第 20 期,1962 年,第95 页。

第七章 堕民反清抗日斗争

堕民激以民族大义,参与抗日斗争。① 明代会稽典史吴成器组织堕民义勇,利用堕民的"不平之气",得到堕民"死力"相助,屡次击退倭寇入侵。清末绍兴同仁学堂乃光复会的秘密革命基地,宁波育德农工学堂成为革命党人活动的秘密大本营,农工学堂学生成为宁波辛亥光复的急先锋。抗战时期,绍兴堕民演员参加"绍兴艺人集训班",演出抗日宣传戏,激励民众同仇敌忾。原慈溪籍的堕民空军少尉陈怀民驾机参加惨烈的武汉"四二九"空战,血洒长空,蒋介石宣读祭文哀悼,周恩来参加陪祭,毛泽东和朱德赠送花圈。堕民艺人喜迎解放,昔日的贱民开启新的演剧生涯的帷幕。

第一节 明代堕民的抗倭斗争

明代会稽堕民义勇,曾奋勇抗击倭寇的入侵。明代叶权回忆:"余乡人吴成器为会稽典史,值海寇乱,籍丐户三百人为义勇,乘其素不平之气而厚遇之,尝得其死力,超升府通判。吴去官,散复如故也。"②吴成器,字鼎庵,安徽休宁人,出身于下级武官家庭。自幼习武,爱骑马射箭,喜读孙子兵法等兵书。嘉靖二十八年(1549),探父于湖南靖州任所,参与镇压苗民起义,吴成器应征入伍,随父亲出征麻阳有功。嘉靖三十二年(1553),授予绍兴府会稽县典史,掌管缉捕、狱囚职责。明代嘉靖中期以后,倭寇日益猖獗,嘉靖三十一年至三十六年(1552—1557),乃东南倭寇最为严重时期,吴成器赴任后,招募堕民义勇,积极

---

① 关于堕民的反清抗日斗争,唯有严昌洪刊于《史林》2005 年第 4 期的《近代东南社会"贱民"群体的复权意识与复权斗争》,提及堕民组织校董会,监管堕民子弟学校同仁学堂;宁波堕民学校所在的堕民聚居地盘诘坊,成为宁波革命党人的秘密机关;绍兴同仁学堂成为光复会活动场所,第二任校长王子余就是光复会会员,故受到皖浙起义的牵连,遭到清兵的搜查。

② (明)叶权:《贤博篇》,中华书局 1987 年版,第 32 页。

参与抗倭斗争。

嘉靖三十二年(1553)八月,倭寇林碧川从崇明岛驾船数百而至。十二月,倭寇一部在沥海所登陆,千户张应奎、百户王守正、张永均战死。吴成器率堕民义军参与抗倭,在白斗偃策马射中海盗面门。"二十步内,贼从东趋左腋,时手尚占弓,马不辔而驰,事尤奇异。"①徐渭撰《吴使君马·戏效韩体序》以称赞。

嘉靖三十三年(1554)九月,倭寇林碧川、沈南山率众劫掠萧山、临山、沥海、上虞。十月,掠观海卫。十一月,由仙居进掠诸暨。诸暨知县徐木魁在赞画周述学协助下,聚众千余,裂衣为旗,拆篱举火,金鼓齐鸣,火炮颇发。"是夜二更,贼至,见有备,遂由山径入山阴境,至府城南,城内不知,莫为备,常禧门尚开。贼登跨湖桥岘,见城垛高耸,疑不敢入。乃往柯桥,遇乡民姚长子,贯其肘,使为导。长子绐之西,而密谓乡人曰:'俟贼过某桥,若等急毁之,我死不恨。'遂陷贼于化人坛,四面皆水。总兵俞大猷、会稽典史吴成器各率兵奋击,悉剿之,斩首二百余级。贼竟杀姚长子。"②吴成器率领堕民义勇参战,因杀敌心切,用背水作战的方略与倭寇作战,反被倭寇击败。吴成器乃听从乡民之计,挑选擅长游泳的青壮年预先将船底凿洞,用棉絮塞住而投放湖中,待倭寇登船后,暗中泅水将棉絮拔掉,使船沉没,尽剿倭寇。

嘉靖三十四年(1555)四月,松浦海盗从钱仓白沙湾抄掠宁海,转掠上虞东门外,焚烧居民房屋,渡江后遭到御史钱鲸拦截,乃将钱鲸杀害。"至皋埠,兵备副使许东望、知府刘锡、典史吴成器,各率兵围之,至夜,贼乘兵倦遁走。"③是役,明军伤亡惨重,倭寇乘官军疲倦而逸去。吴成器率堕民义勇驱赶逃亡倭寇百余人,陷没皋埠泽中以聚歼。吴成器因功升浙江布政使经历,适父丧丁忧,总兵胡宗宪奏请夺情留任,擢绍兴府通判。

嘉靖三十四年(1555)十一月,倭寇流窜萧山县龛山丁村,参将卢镗跟踪追击,斩首26级,倭寇大惧,以银物弃地,明军纷纷抢夺,倭寇乘机溃逃。翌日暮,萧山知事何常明侦探寇踪被杀,胡宗宪督兵进军长山,闻报大怒,欲拔剑自刎,被李如桂夺剑救免。"丙午,宗宪壁龛山之巅,镗以丁村功献。宗宪恐贼渡钱塘江也,促镗再战,镗曰:'士疲也,休养数日乃可。料此贼须,镗了非兹毛头所能也。'宗宪佯诺,与山阴人故郎中王畿计之,畿密语亲兵曰:'尔等豢养,久未立战

---

① 徐渭:《徐渭集》,中华书局1983年版,第116页。

② (明)萧良幹修,张元忭、孙矿纂:《绍兴府志》卷之二十四《武备志二》,万历十五年刊本。

③ (明)萧良幹修,张元忭、孙矿纂:《绍兴府志》卷之二十四《武备志二》,万历十五年刊本。

功,今贼将灭,而诸将逗留不进,且卢参将以毛头目尔尔,能无耻乎? 乘其间袭之,贼可尽也。'众踊跃请死。即令吴成器兼率以进,不数里,遇贼死战,无不一当十,贼遂大败,循海而走,奔匿于坡下小堡内。我兵乘势围攻之,贼登屋掷瓦,瓦尽,继之于枪,枪尽投刀,刀尽乃下死守。我兵急攻破之,悉斩首以献。"①《明史》也载有吴成器于龟山之役的事迹。"时休宁吴成器由小吏为会稽典史。倭三百余劫会稽,为官军所逐,走登龟山。成器遮击,尽殪之。"②吴成器身先士卒,率领堕民义勇杀敌,取得龟山之役的大捷。徐渭为此专门作《龟山凯歌》九首以记其事,诗曰:"短剑随枪暮合围,寒风吹雪着人飞;朝来道上看归骑,一片红冰冷铁衣。"

嘉靖三十四年(1555)闰八月,倭寇千余人窜犯松江,占据华亭陶宅镇。九月,督察军务侍郎赵文华,集结浙江胡宗宪、苏松巡抚曹邦辅的精兵在陶宅出击倭寇。倭寇分兵迎击,明军大败。原在拓林的倭寇残部也进击陶宅,赵文华以为此乃夺取战功之机,悉简浙江精锐4000人,亲自与胡宗宪督之,扎营于松江砖桥。倭寇突围,浙江诸营皆溃,自相践踏而死者甚众,损失1000余人。吴成器曾向浙江兵备副使许东望、绍兴知府刘锡建言:"'道险而远,须间道察虚实,指地形,令人各晓畅,乃始逐程逼以进。'主之者不然之,兵刻其入,果败,越十日,再入,又败。然战时君独能令两健足裸走,视贼巢中,所望见拥诸兵仗坐屋角上二绛衣者,知其草人也,始纵击贼,杀六十人,斩十二级,复以身殿他道之败兵以出其所部七百人,无一死者。若再战之日,则以百余散走之卒,搏胜寇以险,以己所乘马脱兵备副使,悉驱其败卒使前,独瞋目断后,侧颈顾而走,引虚弓射却其所追贼。"③吴成器所率堕民义勇及所部七百余人,在陶宅战役中,无一伤亡,且掩护其他溃退明军,给予百金奖励,以未能采纳其意见而追悔莫及。

嘉靖三十四年(1555)十一月,淞浦倭寇由平阳窜入,守备刘隆、千户郑纲、百户张澄皆战死。倭寇由台州抵新昌,欲与占据绍兴的倭寇汇合。"提督胡宗宪令天台以南,知府谭纶兵击之;新昌以北容美宣抚田九霄兵击之,吴成器为先导。十二月乙未,贼抵新昌,焚民居,杀戮一二百人,屯醴泉。知县万鹏率民兵拒之,不克,贼亦去。闻绍兴贼已破,畏谭兵,及士兵犹豫莫定所往,至嵊之上馆岭。会容美兵陈而待,田九霄以正兵当其前,田九章援兵以进,左翼则留守王伦伏兵当之,右翼则经历毕爵伏兵当之,以一部诱敌出战,良久,伏兵起,左右夹

---

①　(明)萧良幹修,张元忭、孙矿纂:《绍兴府志》卷之二十四《武备志二》,万历十五年刊本。

②　(清)张廷玉等撰:《明史》卷二百五《列传第九十三·任环》,武英殿本。

③　徐渭:《徐文长全集》卷二十《陶宅战归序》,广益书局1936年版,第236页。

击,而指挥吴江率部兵绕贼后,且多张旗帜为疑兵,贼四面受敌,遂大溃,且战且走,我兵追之入清风岭,俘斩一百七十余,是贼之未败也。淞浦贼又有福宁州来者,越平阳、仙居至奉化,与钱仓贼合,几七百人,入绍兴,势益滋蔓。田九霄既破贼清风岭,提督胡宗宪复命副使许东望、杭州府同知曲入绳同九霄往邀之,遇贼于西小江桥,仅隔一河,宗宪于马上自恃一帜,作指挥状示之。贼止聚观宗宪,笑曰:'此易与耳,若不顾而南,其气未可乘也。'即率兵渡河,九霄邀其前,入绳袭其后,贼见两兵夹至,大怖,走后梅,匿民舍,官兵围之三匝,纵火夹攻,死者甚众。宗先躬立于田中督战,曰:'贼若乘我兵半渡迎击,胜负未可。今已投死地,犹釜鱼耳,何能为?'周述学曰:'贼至夜必南逸,急设伏邀击。'山阴知县叶可成曰:'西岭之巅可伏也。'从之。时值天雨,夜二更,大雾咫尺莫辨,贼乘黑冲围,典史吴成器故善战,驱兵奋击,颇有擒斩,然脱走者众,果由西岭南遁。夜将半,岭畔伏兵起,贼惊溃,遂大败之,斩首及焚死者二百有奇,余奔太平蒲岐港,官兵追之,贼坚壁不出。乃夜逼垒,投以火器,贼惊起,自相攻杀。比明乃遁出洋,得脱者无几矣。"[①]吴成器率领堕民义勇左冲右突,斩获甚众。是役明军大捷,倭寇被歼 520 余人,仅有少数脱逃。

吴成器及其所募堕民义勇,屡次取得抗倭斗争胜利。"成器与倭贼交战大小数十次都获胜。"[②]徐渭曾在《赠府吴公诗》中给予高度评价。"会稽典史吴侯成器,徽之休宁人。其始仕会稽,当海上寇初入内地,侯以能将兵著名。于是承大名命,提兵守水陆厄寨,历浙东西南直隶,与贼遇,大小数十仗,斩贼首数百级,生获数十人,还虏者亦以百计。"[③]吴成器暨所募堕民义勇,之所以战绩辉煌,是因为"成器领兵身先士卒,进退都有策略,部下对百姓秋毫无犯。士兵与百姓都在他们战斗过的地方建立祠堂祭祀他"[④]。也因吴成器善于利用堕民的"不平之气",得到堕民"死力"相助。

第二节　同仁学堂是皖浙起义的秘密基地

1906 年,黄寿衮援例分发河南任候补知府,将同仁学堂监督(校长)托交王

---

①　(明)萧良幹修,张元忭、孙矿纂:《绍兴府志》卷之二十四《武备志二》,万历十五年刊本。

②　(清)张廷玉等撰:《明史》卷二百五《列传第九十三·任环》,武英殿本。

③　徐渭:《会稽吴侯生祠碑》,《徐文长全集》,广益书局 1936 年版,第 295 页。

④　(清)张廷玉等撰:《明史》卷二百五《列传第九十三·任环》,武英殿本。

子余。"黄创同仁小学自任校长,至次年他到河南去了,而同仁学校大家都称为'堕民学堂',很受社会鄙视,因之校长没有人愿担任。当时王子余以为要使堕民翻身,必须施以教育。毅然接任校长。王在《五十岁述怀》诗中曾有'教育及僧伶,吾道皆一试'之句,自注:'予尝长僧教育会及同仁学堂。'"①王子余,名世裕,浙江绍兴人。1874年生于江苏淮安,父亲王庸吾宦游苏北,与周恩来祖父周殿魁同幕江苏淮安,双方系患难之交。周殿魁将女儿许配王子余,双方结为儿女亲家。王子余早年受业于明末朱氏后裔宗稷人,萌发反清思想。早年中过秀才,清廷下令废除科举,兴办学堂,出任会稽县学督办,周建人和秋瑾哥哥秋誉章都是他的学生。1902年,王子余在仓桥直街开设"万卷书楼",与徐锡麟在府横街轩亭口开设的"特别书局",均为印刷和销售革命书刊的绍兴两家进步书店。1903年,王子余与徐锡麟等人假能仁寺,创办"越郡公学"。绍兴尚无女学,王子余又与徐锡麟创办"明道女学"。王子余还创办绍兴第一家铅印报纸——《绍兴白话报》,以"唤起民众爱国,开通地方风气"为宗旨,致力于推广白话文,宣传民主革命思想。(图7.1)

同仁学堂也是皖浙起义的一个秘密基地。1905年,秋瑾因反对日本颁布歧视中国留日学生的取缔规则,愤而罢学回国。1906年春,王子余与秋瑾等人商议成立"学务公所",以促进绍属八县的教育事业。时任光复会会长的蔡元培被催促返回绍兴,出任"学务公所经理"。王子余与蔡元培乃世交,由蔡元培介绍,加入了光复会,后来又加入同盟会。徐锡麟捐官赴皖之际,与王子余相约在仓桥一家小酒馆喝酒。王子余与徐锡麟倾心交谈,王子余表示:"要革命必须具备二个字,一个是'铁'字(即武器),一个是'血'字(即自我牺牲精神)。"②双方商讨接近清政府的官吏,以取得其"信任",以便"为民除害"。秋瑾应徐锡麟之邀,接任大通学堂督办,也曾到火珠巷板桥头的王宅饮酒吟诗,共同商讨革命大讨。王子余和秋瑾均属"海量",据说秋瑾因饮酒过量,竟然毫无顾忌地坐到桌子,让王子余的母亲大吃一惊。《绍兴白话报》第131期刊登《大通师范学堂第二次招生广告》:"本校已与二月初十日开校,十三日开课,尚不敷额。如有年在十八岁以上,三十岁以下,果欲来校肄业者,务于二月三十日前到本校报名。随交墨银两元。限三月初二日上午八句钟,各持照片至校,投考逾限截止。"③王子余参与皖浙起义的筹备工作。

---

①　《同仁小学的创建》,《民国绍兴县志资料》第2辑第4册,广陵书社2011年版,第104页。

②　陈德和:《王子余传略》,《绍兴文史资料选辑》第1辑,1983年,第41页。

③　逸莺、听莺:《关于绍兴白话报与万卷书楼》,《辛亥革命绍兴史料》,1981年,第61页。

图7.1　光复会会员、同仁学堂校长王子余

　　王子余接任同仁学堂校长后，聘请何悲夫、谢飞麟和陈国惠等光复会会员到该学堂任教。1907年受到"大通党案"牵连，同仁学堂也成为清政府查缉的重点目标，浙江巡抚委派候补道陈翼栋带兵前往绍兴查办。7月19日，陈翼栋和绍兴知府贵福带领清军到同仁学堂搜查军火，却一无所获。同仁学堂有八人被捕，其中二人为城外埠村毓秀学堂办事人，因到同仁访友而被捕。绍兴绅士向贵福提出质问，贵福以"有人投函言此，然其中函并无名姓。有见会稽差役投入贵守信桶者"。同仁学堂专为堕民子弟而设，曾经商部立案。绍兴堕民原以俳优为业，所以该堂经费，均依靠戏捐。"有刘姓者，到戏捐公所承包戏捐，然刘并不缴捐，惟冒用学堂名目，抽收他处戏捐，因是公所将刘姓戏箱，扣在公所，刘怀恨，声言定要破坏学堂。及大通事发，陈道奉命到绍兴，刘姓便写无数匿名揭帖，以耸动陈道，陈道信之。"7月20日，陈翼栋又派兵包围戏捐公所和同仁学堂，命令二名清兵闯入，声称乃"弁目学堂学生到此游历"。同仁学堂杨某领着二人参观一圈。继又有清兵呼啸而入。杨某厉声责问来此地何事？清兵即将

杨某逮捕,四处搜寻,翻揭地板,打破墙壁,仍一无所获。戏捐公所有他人所寄放的棉花袋,清兵不敢动手,责令戏捐公所中人解开搜检,也空无一物。清兵搜查了2小时,未能搜出一枪一弹。遂将同仁学堂办事员以及童仆捕去8人,再三审讯,查无证据。"陈道督兵搜同仁学堂时,凡堂中衣物器具,多被抢劫。所有师生等衣物,该兵皆分著身上,外罩军服,身躯臃肿,极为可笑。有一兵手持大自鸣钟一具,排队过市,被一妇人指是校具,该兵乃当场掷碎。"①同仁学堂遭此浩劫,损失惨重。

同仁学堂遽遭横祸,绍兴舆论大哗,纷纷控告。绍兴绅士等24人联名致电浙江巡抚:"本日有匿名帖,指同仁学堂私藏军械,督办陈道带队搜查无获;妄拿校内职员,毁坏校舍,致办学者人人自危。阖郡人民亦愈惊扰。"②绍兴绅士还致电杭州铁路公司的汤寿潜:"陈道到绍办事操切,今日轻信揭帖,带队毁坏同仁学堂,妄拿无辜校员,学界震动,大局岌岌。请转禀抚宪,速电撤回。"③山会学界也致电浙江巡抚,同声声讨:"督办陈道翼栋来绍,山会绅商学界,以事关大局,各举代表,谒陈利害。陈道坚不接见,未知何意?初十日,路旁有匿名帖,谓'同仁学堂,藏有军械;戏捐公所董事,系属匪党'等语,陈道不加体察,督队前往。拿获校员五人,并毁坏校舍,攘取校具。提讯均无影响,人心益为惊慌。前此封闭学堂,拿办校员、学生之谣言,适得佐证,学界危象,已达极点。"④并致电《神州日报》,请予呼吁。同仁学堂学生也致电浙江巡抚:"省委陈道,轻信揭帖,带队揭毁学堂,抢掠杂物,妄拿无辜,命在旦夕。"⑤同仁学堂绅董也联名致电浙江巡抚,控诉清军的胡作非为,请求主持公道,严惩凶手。

宁波育德农工学堂的创办人卢洪眇也同情同仁学堂的遭遇,亲自到绍兴微服私访,上书浙江巡抚为同仁学堂鸣不平,以肇事之因乃是将戏捐改为同仁学堂办学经费,断了恶役的财路,以致耿耿于怀,出示匿名揭帖,指控同仁学堂私藏军火,乘机进行报复,并点名道姓指认要求惩办的恶役。

窃职道于光绪三十二年三月二十四日春商部批"绍兴府属堕民,较之

---

① 《浙江绍兴府查抄徐锡麟家属株连学界捕戮党人始末记》,《辛亥革命浙江史料选辑》,浙江人民出版社1981年版,第461页。

② 《绍绅致浙抚电》,《辛亥革命史资料新编》第4册,湖北人民出版社2006年版,第6页。

③ 《绍绅致汤京卿电》,《辛亥革命史资料新编》第4册,湖北人民出版社2006年版,第6页。

④ 《山会学界论陈道妄拿无辜事》,《辛亥革命史资料新编》第4册,湖北人民出版社2006年版,第27页。

⑤ 《同仁学堂学生至浙抚电》,《辛亥革命史资料新编》第4册,湖北人民出版社2006年版,第6页。

甬郡亦复不少,如能设法推广,以宏教育,本部尤有厚望"等因奉此。近年职道奉差湘鄂,绍兴之同仁学堂,皆由绅士杨景时经理。今接同仁学堂及劝学所电称:陈道听信匿名揭帖,毁坏学堂,其校董、教员、来宾、斋夫等,有八人被拿,并毁坏校具多件等情。当即复电,属其无论如何,总宜守法遵查。惟虑事关重大,遂于六月二十日赴绍,先至邻近密访详查,复至校内履勘情形。始知同仁之被揭帖,在革除差役陋规,改由戏捐充作常年经费,差役因之怀恨。陈道接见揭帖,遽往搜查,之后明知无可疑惑,但能当场安慰数言,即可息事,何至再遣兵役至校董之家重复查抄?查后仍无可疑之据,应即释放所拿之人;乃校董等一再苦求,免至公堂,尚必欲带至府署,吊系凉棚,以致阖城惊恐。幸李令力为剖解,始交由何绅保释。如此举动,观者皆谓于情于法,皆属不得其平。兹者同仁学堂已将被毁各件,添修完备,准于七月二十日开校,照常督课。此次起衅,多由蠹役造成。如差役吴元(即吴兴,又即马豪,又即今改姓名之毛灿),以及棕朋阿有,向充东房之小有黄梁子阿林月楼升等五人,皆酿祸作恶之尤,不能不加以严办。用敢禀恳大人,札饬绍兴府,究其诬良之罪,严行惩治。并出示晓谕,切实保护,以安学校而杜祸端。是否有当,伏乞恩准施行,实为德便。①

浙江巡抚迫于舆论压力,不得不进行狡辩。清兵以搜查军火,逮捕革命党人无可非议,否则,若听认革命党人"谋乱",绍兴之惨状将不堪设想。至于因听信匿名揭帖,对同仁学堂有所扰乱,也是在所难免。若有所损失,可适当弥补。同仁学堂监督鸣冤叫屈,实属不识大体。"该校员等,平日如果并未附和匪类,虽有私藏,绅学商界也自有公论,即府县亦岂能不讯而诛?且推其所言,则嗣后搜出军火,皆可以私藏二字抵赖,官亦且引为深戒,不复搜查军火,更何以护卫地方?且如大通之复壁,暗藏军火数千,又系何人于何日私藏耶?该校长等之为此言,其意何居?至兵役如有任意捣毁搜刮情事,自应查明惩办。"②无风不起浪,同仁学堂如果平时与"匪类"泾渭分明,也不至于此。

上海《中外日报》对于同仁学堂的遭遇,也颇为同情,加以评骘,鞭辟入里。"同仁学堂事,由吏役诬诈而起,非若妄杀秋某,枪毙学生,事关人命,激动公愤者可比。乃越人舍大而遗细,置豺狼不问,而问狐狸。即此以观,绍郡绅士之无

---

① 《卢绅上浙抚禀陈同仁学堂被诬详情》,《辛亥革命史资料新编》第 4 册,湖北人民出版社 2006 年版,第 17 页。

② 《张抚批同仁学堂监督禀》,《辛亥革命史资料新编》第 4 册,湖北人民出版社 2006 年版,第 13 页。

人,更甚于他府也。"①浙江巡抚张曾敭为时论所迫,不安于位,拟调江苏巡抚,遭到苏人拒绝;拟调山西,又被晋人拒绝。张曾敭知不容于世,乃托病辞职居鄂。贵福也受到舆论攻击,拟调宁国,也遭拒绝,被迫辞官隐居。

秋瑾在轩亭口遇难后,同仁学堂校长王子余的亲戚何某到火珠巷通报。王子余对秋瑾赞叹不已:"像这样的事,连男子汉大丈夫都难于做到的,秋瑾作为女子居然这样英勇,慷慨地做到了,真是了不起。"②清政府通缉"秋案"和"徐案"的同党陶成章等人,王子余获讯后,在《绍兴白话报》发了一条消息,报道山阴县吏再次到大通学堂搜获枪械和子弹甚众,并非当场搜出,这种证据乃指鹿为马,见风当雨,纯属罗织罪名。王子余一度避难上海,因秋瑾并未泄露革命党人秘密,王子余的光复会会员身份也未暴露,旋即返回绍兴。王子余次子刚刚出生,为了悼念遇难的秋瑾,乃取名为"瑾甫"。受皖案牵连,徐锡麟父亲徐凤鸣被迫到山阴县衙"自首",关押在山阴县监狱。王子余想方设法营救,通过山阴县衙内的关系,以倒填年月的办法,在旧档内补入徐父控告其"忤逆"的状纸。贵福也被蒙在鼓中,徐父竟被保释出狱。贵福去职后,此案也不了了之。

第三节　宁波堕民子弟成为宁波光复的急先锋

宁波育德农工小学堂校长陈训正乃革命党人,将堕民学堂作为革命宣传的基地。"陈氏又为育德学堂撰写校歌,提倡平等自由,宣传民主革命之大义,该校学生受革命思想鼓舞,而后积极参与宁波光复,对当地社会进步取了一定作用。"③陈训正亲自为育德学堂撰写了一首校歌,提倡资产阶级自由、民主、平等。"堂堂亚东,泱泱大风,四明佳气横青葱,闻越中子弟,谁人不是文明种?黑消红灭,何堪父老尚痴聋?撞破自由钟,责任如山压肩重,唤起一间梦。民权挽补天无功,愿同胞大家努力,一雪奴才痛。心肠菩萨胆英雄,福我众生众。"④育德农工学堂不仅教授堕民子弟识字和技能,还灌输民主主义革命思想,校内弥漫反清革命气氛,宁波辛亥革命火种悄悄点燃。这些堕民子弟受到进步思想的熏陶,成为首先光复宁波的一支最年轻的力量。

---

① 秋宗章:《风雨楼痛语》,《辛亥革命资料选编》第1卷,社会科学文献出版社2012年版,第64页。
② 陈德和:《王子余传略》,《绍兴文史资料选辑》第1辑,1983年,第43页。
③ 陈训慈、赵志勤:《热心兴办宁波地方教育的陈屺怀》,《浙江文史资料选辑》第45辑,浙江人民出版社1991年版,第279页。
④ 俞福海主编:《宁波市志》(下),中华书局1995年版,第849页。

育德农工小学堂位于宁波西门城脚下,为堕民聚居区,房屋低矮破旧,平时行人很少,地极偏僻,成为宁波反清运动的秘密集议和通讯联络点。黄钟明如是说:"出任育德初等农工学堂校长的是刚从日本考察回来的陈训正,此人素负文名,有志于反清革命事业,与我外公既是同乡,又是好友。他聘请我外公林端辅、张世杓等为教员。因为他们都胸怀反清爱国革命抱负,后均成为同盟会会员。育德学堂地处偏僻的盘诘坊,作为革命活动的掩护处极为相宜。辛亥革命前夕,校长陈训正与其友人赵家蕃、赵家艺兄弟及林端辅、张世杓等教员,以该校作为革命的秘密机关,密谋在宁波组织力量,响应革命,又与上海的革命党人陈其美、张人杰互通声气,配合策划反清革命。辛亥革命在宁波的火种就这样在这里点燃了。"①林端辅也回忆说:"我写辛亥光复,必须先写育德初等农工学堂及我在该校充当教员的经过。育德学堂是堕民学校,因此就须先写宁波堕民的情况,因为都与辛亥革命有密切关系。"②陈训正与宁波的赵家荪、赵家蕃和赵家艺兄弟过从甚密,赵家蕃和赵家艺在日本留学,加入同盟会,于1905年返回宁波组织革命活动。"时先生(陈训正)方任宁波府教育会副会长,既与家艺共事兴办新教育事业,同时又相与密谋组织当地革命力量,结交有志之士,策划反清革命。同志中闻风而参与其事者有林端辅、张世杓等。遂以教育界为主要基础,并联系地方各界人士,争取逐步走向革命。故宁波之反清革命开始活动,即以先生当时任校长之私立育德农工小学堂为秘密集议与通讯联络之所。"③1906年,赵家艺离甬赴沪,上海与宁波革命党人联系密切,两地革命信息由往来沪甬轮船的可靠工友传递。有时为了防止泄密,陈训正与赵氏兄弟亲自往返沪甬商议,宁波方面的实际行动,由陈训正主持。

陈训正等人在育德农工学堂的所作所为,引起宁波地方当局的注意。"几年以来,进行都很顺利,但为日既久,不免风声外露。育德学堂是革命党人的机关,渐为官厅所注意。但一方面由于主持者事事防范,处处谨慎,应付当地军政官员,联络各界领袖人物,运筹策划,力求妥善,所以并未发生事故。另一方面,由于清室末年政治腐败,外交庸弱,帝国主义侵略日深,割地赔款丧权辱国之事层出不穷,国内灾荒颇仍,捐税繁重。"④地方官贪污腐化,地主恶霸横行不法,以致哀鸿遍地,民不聊生,全国人民稍具爱国心者,莫不痛恨帝国主义的贪得无

① 黄钟明:《忆外公——辛亥革命老人林端辅》,《天津东丽文史资料》第4辑,1995年,第151页。

② 林端辅:《宁波光复亲历记》,《辛亥革命宁波史料选辑》,宁波出版社2011年版,第6页。

③ 赵志勤、陈训慈:《宁复光复前后的陈屺怀》,《辛亥革命宁波史料选辑》,宁波出版社2011年版,第59页。

④ 林端辅:《宁波光复亲历记》,《辛亥革命宁波史料选辑》,宁波出版社2011年版,第8页。

厌，清王朝的颟顸无能，同情革命运动，使革命事业得于顺利发展。

育德农工小学堂成为宁波辛亥光复的一个重要据点。1908年，范贤方、魏炯、章述洨等先后游学日本回国，范贤方和魏炯任教宁波法政学堂，章述洨出任宁波知府江畲经的幕僚，均有志于革命。“三人皆先生(陈训正)故交，同以推翻清朝专制统治为己任，于是，当地革命核心力量及其联络渠道益广，革命事业步步深入发展。”①为了掩护革命活动，陈训正仿上海尚武团体创建先例，筹组“国民尚武会宁波分会”，推邵憩棠为会长，范贤方、林端辅为副会长，林端辅还兼任干事，处理日常事务。林端甫乃陈训正提拔，协助其办理教育，主持育德农工学堂的日常校务。“国民尚武会宁波分会”以“提倡武风，挽救文弱，鼓吹革命，网罗人才”为宗旨，革命党人以“尚武会”的名义公开活动。“国民尚武会宁波分会”扩大革命宣传，组织民众操练，秘密筹划武装起义。“国民尚武会宁波分会”设立“国民体操团”，征集团员，定期操练。并创办《武风鼓歙》旬刊，每旬一期，每月三期，逢一出版，陈训正特聘其友冯君木的学生章闾为主编，以提倡练武救国，激发同仇敌忾的革命意志。宁波青年莫不争购，先睹为快，社会风气为之一变。1911年，宋教仁和陈其美在上海成立同盟会中部总会，宁波成立同盟会支部，赵家艺任会长，陈训正任副会长。同盟会宁波支部的会员十多人，大都为宁波尚武分会会员。

武昌起义爆发后，陈训正即与范贤方、魏炯、林端辅等在赵家荪家的穆家巷寓所集议响应事宜，决定以“保卫地方治安”名义，成立合法的民团组织，以直接掌握武装，作为起义的基础。宁波已设立“地方自治会”，范贤方任会长，由范贤方召集各界人士集会，以宁波城防空虚，地方治安堪虞，亟须组织地方民团，充实治安力量为幌子，决定组织“宁波民团”，推夏启端为团董，范贤方、赵家荪为副团董，魏炯为团长，林端辅为司令。为取得民团的合法地位，乃报省请示，浙抚复电照办。宁波民团于1911年10月22日正式成立，招募团员80余人。民团一部分以新军陆军编制，朝夕操练；一部分团员巡逻街巷，保卫地方治安。

宁绍台道文溥令宁波知府江畲经逮捕革命党人，江畲经受章述洨影响，暗中倾向革命，故意加以掩护。宁波驻军新军协统刘洵以及巡防军统领常荣清，也经过长期联络，表示合作诚意，愿意共襄大事。宁波军政界为大势所趋，均已倾向革命。范贤方和魏炯急于起事，但上海同盟会中部总会陈其美，以宁波为财富之区，欲联为己援，忧虑他人先入将不为己用，乃派赵家艺由沪返甬，告诫宁方以上海未下，宁波切勿轻举妄动。时陈训正正在沪上，乃与赵家艺一起返

---

① 赵志勤、陈训慈：《宁复光复前后的陈屺怀》，《辛亥革命宁波史料选辑》，宁波出版社2011年版，第59页。

甫。"先生(陈训正)与赵(家艺)在路上熟筹之,所虑刘洵乃北人,万一我军不利,彼反复起应北军,则宁波又将生变;而范贤方性直无留言,故所筹虑者不可与范(贤方)明言,否则势必影响大局。乃商定由赵(家艺)晤范(贤方),试以言阻止。"①陈训正和赵家艺抵宁波后,赵家艺劝范贤方以宁波不必过于急躁,应与上海采取一致行动。于是,相约成立"保安会"。11月1日,范贤方乃召集清方军政官员以及地方父老各界领袖于府教育会开会,由范贤方任主席,成立"保安会",由江齐经任会长,陈训正为副会长,范贤方以及军政商学各界共12人为干事,并决定以后地方军政事务均由"保安会"决定。宁绍台道文溥接到密报,责成江齐经迅速制止革命党人活动,江齐经以满城都是革命党人搪塞。文溥大惊失色,弃印携眷遁逃。

11月5日,"保安会"召开第一次会议,范贤方、魏炯欲先发制人,主张即日宣告"独立",赵家艺坚持静候上海起义之后再采取行动,陈训正同意赵家艺的意见,两种意见对峙。时同盟会会员卢成章也自沪来甬,参与会议。卢成章乃育德农工学堂创始人卢洪昶之子,留学英国谢菲尔德大学。刚刚离开英国,拟回国参加推翻清王朝的斗争,取道瑞典经西伯利亚,于10月15日抵达北京。时武昌起义已逾5日,卢成章自北京到上海,应陈训正之邀,于11月5日返回宁波。"卢(成章)见会议势将破裂,刘洵辈皆默然不作语,而似有所伺,乃示意先生(陈训正)先退席。卢(成章)出,到西城育德农工小学堂。召所教学生百余人,并自乘一白马,缠白布执旗为导,沿城突趋东渡门,学生亦皆臂缠白布,手执'保商安民'旗帜,高呼'革命军来了'。民团司令林端辅闻讯,觅团长魏炯未见,急切约民团若干队长率领团丁出城,与相会合。市民仓促莫辩,咸相率缠白臂,树白旗,夹道欢迎。一时全城白旗林立。卢(成章)又佯以杭州光复电报送保安会。至此,大事既已成局,即由范贤方等指挥尚武会会员以及民团、商团共千余人冲入道署。"②"保安会"重新举行会议,正式宣布宁波光复。时杭州尚未光复,暂时成立"宁波军政分府",并设立"军事委员会"。刘洵、常荣清任正副都督兼任"军事委员",马志勋任参谋总长,赵家艺任参谋部长,魏炯任民团总长,均为"军委会"委员。江齐经、范贤方、卢成章分掌分府各部,陈训正被推任分府财政部长,因坚辞不受,转推张传保担任。宁波自1655年四明寨陷落后,清政府统治255年的历史终结,兵不血刃得于光复。宁波流传"卢成章单骑克宁波,林

---

① 赵志勤、陈训慈:《宁复光复前后的陈屺怀》,《辛亥革命宁波史料选辑》,宁波出版社2011年版,第60页。

② 赵志勤、陈训慈:《宁复光复前后的陈屺怀》,《辛亥革命宁波史料选辑》,宁波出版社2011年版,第61页。

莲村（端辅）民团作内应"之说。卢成章和育德农工小学堂的学生,成了宁波辛亥革命的急先锋。（图 7.2）

图 7.2　带领堕民子弟光复宁波的急先锋卢成章

第四节　堕民艺人的抗日宣传

　　"九一八"事变的消息传到上海,堕民艺人周信芳刚从天蟾舞台演完戏尚在化妆间卸妆,从晚报获悉震惊而愤慨,并连夜决定停演《封神榜》,改演抒写亡国之痛的《明末遗恨》。1931 年 10 月 28 日,《明末遗恨》在天蟾舞台演出头本,洐洪承畴降清。12 月,又推出第二本,洐清兵攻破紫禁城,崇祯吊死煤山。周信芳通过演出以"唤起人心,齐力救亡"。1932 年 5 月,周信芳组织"移风社",北上演出抗日戏剧。1932 年夏,移风社第一站来到青岛,演出《明末遗恨》等剧目。移风社在天津演出《卧薪尝胆》《明末遗恨》等戏。时日军在天津搞军事演习,整天炮声隆隆,人心惶惶。同班的齐韵芳要回上海结婚,请周信芳题扇面。周信芳用小楷写了杜甫的三首七律《蜀相》《恨别》《野望》,诗中有"出师未捷身先死,长使英雄泪满襟""草木变衰行剑外,兵戈阻绝老江边"等句。周信芳将杜甫于安史之乱后写的悲愤诗题赠朋友,寄寓了国破家亡的深意。时局势动荡,日军侵占东北后,又向华北进攻。周信芳演出《卧薪尝胆》时,报纸刊登广告,标题为"唤醒国民,有益社会,激昂伟大,杰作佳剧"。剧情介绍明确指出:"卧薪尝胆之故事真能仿效十年生聚,十年教训,群众一心,何愁不报仇雪耻,何虑不强国。《卧薪尝胆》看过真知亡国之苦况,激发爱国热忱。"[①]周信芳在天津演出时,一位清室遗老看了周信芳的演出,赏给周信芳一百元。周信芳将这一百元全部捐献给抗日前线的宋哲元部队。

"八一三"上海淞沪抗战爆发后,周信芳积极投入抗日救亡运动。1937年10月6日,周信芳出席上海文化界抗日救亡协会,并在会上提出京剧界的爱国艺人要与整个文化界的同志联合起来,投身于民族救亡运动。周信芳与欧阳予倩倡议成立戏剧界救亡协会,并专门设立歌剧部,得到与会者的一致同意。10月7日,上海戏剧界救亡协会正式成立,与会者高唱《义勇军进行曲》,群情激昂。会议决定成立话剧和歌剧两部,推举周信芳为歌剧部主任。歌剧部成立后,周信芳等人开展繁忙的抗日救亡宣传活动。周信芳等人奔赴近郊前沿阵地,向抗日战士进行慰问宣传,还去后方伤病医院慰问负伤战士。周信芳经常到电台义播劝募,并播唱全部《明末遗恨》,租界到处都能从收音机里听到周信芳苍劲有力的念白:"我君臣虽死,也要死个悲壮慷慨!"上海沦陷后,"八百壮士"被困胶州路。周信芳决定前往胶州公园慰问演出,用自己的私人汽车运送幕布、地毯等演出用具,演出《战蒲关》《潞安州》,颂扬历史上固守孤城、誓死抗敌的忠烈儿女,勉励"八百壮士"继续抗敌。

周信芳留在"孤岛"上海继续坚持抗日救亡运动,恢复了原来组织的移风社,仍任社长。移风社于1937年10月28日开始在卡尔登戏院演出,直至1941年太平洋战争爆发,长达4年,演出最多的是《明末遗恨》和《徽钦二帝》。周信芳自"九一八"以后就多次演出过《明末遗恨》,现在大片国土沦陷于日军的铁蹄之下,再演此剧,其效果更加强烈。周信芳饰演崇祯皇帝,念、表苍凉有力,抑扬顿挫,具有强烈的艺术感染力。在"杀宫"一场,崇祯皇帝以悲凉深沉的语调诉说:"世上什么最苦?亡国最苦!世上什么最惨?亡国最惨!"一字一句,催人泪下,全场观众无不为之扼腕动容。1938年,周信芳又请著名电影导演朱石麟编写了《徽钦二帝》。9月,《徽钦二帝》在卡尔登戏院首演。该剧演宋徽宗沉湎声色,信奉道教,纵容道士郭京演六甲神兵;罢斥忠臣李纲,重用奸佞童贯和张邦昌。金将粘罕攻破汴梁,掳获徽钦二帝,囚于五国城,使之青衣侑酒。侍郎李若水随行,痛骂金人后殉节。《明末遗恨》和《徽钦二帝》乃孤岛时期周信芳演出的

---

① 沈鸿鑫:《周信芳传》,中国戏剧出版社2010年版,第114页。

影响最大的两出戏,被誉为"两颗艺术炸弹"。敌伪对周信芳恨之入骨,伪皇道会会长常玉清多次进行威胁,英租界巡捕房也派人前来盘查,还有人用装有子弹的恐吓信恫吓周信芳。当局对周信芳演的戏目都要审查,《明末遗恨》剧词中的"山西""曲沃"等地名不许说,《徽钦二帝》仅仅上演21天就被勒令禁演。周信芳又夜以继日地编写了新戏《文天祥》,仍然遭到禁演。周信芳不顾恐吓,在卡尔登戏院的舞台两侧挂出新戏预告,一边是文天祥,一边是史可法,使观众一进戏院就能看到两位英雄的名字。

1937年12月26日,贺扬灵再次出任绍兴专员,积极动员各界力量抗日。贺扬灵提出"冲过钱塘江,收复杭嘉湖"的口号。1938年3月19日,绍兴县"抗日自卫委员会文化委员会"正式成立,主要成员有绍兴民众教育馆馆长朱秉均、《绍兴民国日报》社社长许焘、《战旗》剧团团长墨易等人组成,组织全县文化人进行抗日宣传。"文化委员会"成立"战时新闻学会""作者协会"及"战时美术工作者协会"。还成立绍兴三区政工宣传队、绍兴县政工宣传队、绍兴抗日自卫妇女营宣传队、绍兴抗日自卫青年营宣传队、绍兴抗日自卫少年营宣传队、乡镇宣传队、学校宣传队、化装宣传队。"文化委员会"还在此基础上着手组织"绍兴艺人训练班",对旧剧进行改良,以适应战时宣传的需要。

1938年5月,为了更好地开展抗日宣传,绍兴民众教育馆组织了二期"艺人训练班",参加的人员除了绍兴的绍剧班社艺员,包括紫云班、沿山班外,还有三副调腔班演职员,每期都有三百余人,有著名的绍剧堕民艺人筱月楼、王桂发、王来顺、筱玉兔。由于战时戏班停演,艺人生活艰难,艺人均踊跃参加。"艺人训练班"就设在稽山中学,艺人吃住均在学校。每人均发一套灰色军装,还专门制作了一面大旗,旗上印有青天白日的国民党党徽。艺人均进行军事化训练,每天早上起来出操,不发枪支,仅训练立正、稍息、向左转、向右转、齐步走、跑步、"一二三——四"这样一些动作。艺人从未进行过类似训练,颇觉新奇。白天听报告或讨论或教唱抗日歌曲。晚上抽出80余人,在党民舞台联合演出。艺人记得教唱的歌曲中有一首《青天白日满地红》的歌词:

> 中国国民志气宏,
> 戴月披星去扶农。
> 夷尽世间不平地,
> 相祝共享稻梁丰。
> 地权平等,革命成功,
> 人权进化,世界大同。
> 青天白日满地红。

另一首为《外交失败歌》，歌词大意为：

> 任凭那好河山主权莫保，
> 最恨东邻强暴，心如狼豹。
> 签订二十一条，
> 平原激起风潮，遇大强怎不交？
> 敬告同胞，赶紧图报。

"艺人集训班"除了"文化委员会"的主要成员负责领导外，贺扬灵秘书何贝雅也是负责人之一。何贝雅经常跟艺人聊天，畅谈国事，宣传抗日道理。专员贺扬灵也前来做报告。贺扬灵正在演讲之时，突遭日机空袭，艺人们惊恐万状，准备四处逃窜。贺扬灵喝令不准乱动，就地坐下。艺人们只得战战兢兢地坐下，心里却忐忑不安，幸好飞机盘旋几圈后，就飞啸而去。虽是一声虚惊，但艺人们却吓出一身冷汗。副司令员郑继光、参谋长汪乃晶也上台发表热情洋溢的讲话，动员艺人通过演戏，以唤醒民众，团结一致，共同抗日。

艺人们经过专门训练，懂得了抗日的道理，提高了宣传抗日的自觉性。每当演出队伍走上街头，前面高擎一面大旗，旗下一名吹鼓手，后面紧跟步伐整齐、训练有素的艺人，成为绍兴城内一支独特的文艺队伍，异常威武。每次戏班演出之前，全体演职人员均齐集舞台，共唱"三民主义"国歌以及"大刀向鬼子头上砍去"等歌曲，背诵孙中山总理遗嘱。然后，演出一些捉汉奸的"活报剧"，如沈季刚编剧的《反省鉴》（衍捉汉奸事）和《民族遗恨》《扫社》。《反省鉴》揭露汉奸认贼作父、屈膝献媚的丑恶嘴脸。汉奸最后被游街示众，狼狈下场，痛斥民族败类卖国求荣的罪恶行径。传统剧目的演出，也经过精心选择，均有抵抗侵略的内容，经常上演的有张处德编辑的《击鼓追金兵》，老剧目有《忠岳传》《潞安州》等，均为宋代抗金故事，歌颂岳飞、梁红玉、陆登等英雄。绍剧班社还上演爱国历史剧如死守扬州、人城共亡的《史可法》；廿年生聚教训、强兵富国的《卧薪尝胆》；明朝在东南沿海抗击倭寇十余年，扫荡多年为虐沿海的倭患《戚继光》。这些剧目借古喻今，激励民众同仇敌忾，磨砺以待，抗击外患，保家卫国。1938年底，由戏业公会领导班子决定，从各戏班抽出90多名演艺高超的精兵强将，由赖国友担任导演，新编《民命恨》《侠义救国》两出戏，主要剧情内容为国家有难，匹夫有责，在觉民舞台公开募捐义演，经过数天演出，场场爆满，座无虚席。每场演出收入，除供给演职员的日常生活开支外，剩余部分全部捐献给抗日前线。

经过一个月的集训，由民众教育科及民众教育馆，召开各戏班班长开会协议，依据演出的质量与声望，设立二十三副戏班，其中绍剧班社被分成十多个舞台,第一舞台(泉源)、第二舞台(大世界常春荣)、第三舞台(玲珑)、第四舞台(森贵)、第五舞台(新同福)、第六舞台(玉麟)、第七舞台(天荣)、第八舞台(素云)、第九舞台(祥金)、第十舞台(大舞台)、第十一舞台(昌新),其余舞台因名气不大,故未列出。三副调腔班为丹桂越中台、桂仙舞台、新大舞台;二副沿山班为大贤春舞台、荣华舞台;一副紫云班为(俞)德佬紫云;二副小歌班(越剧)为高昇舞台,另一副班名不详。然而,除了“泉源第一舞台”至中华人民共和国成立前夕仍用新名外,因艺人和观众不习惯新名称,故新班名未能延续。另外推出九名戏班班长作为戏业公会领导班子,林泉源、筱玲珑、张森贵、爱角布(其本名不详)、胡福奎、陈德发、玉麟倌、陈素云、俞德佬等九人,林泉源为主要负责人。绍兴戏业公会规定,凡公会挂名戏班,每台演出后必须上缴公会三块大洋,作为支援抗战前线以及资助同仁学堂的办学经费。

这次“绍兴艺人集训班”的举办,鼓舞了绍兴人民的抗日斗志,激励艺人投身于抗日宣传。“虽然时隔五十年了,但老艺人还是记忆犹新,尚能哼出其旋律,唱出其歌词,他们虽然不识文化,错讹字音较多,但还是能辨出其歌词表达的意思,足见这次艺人集训班,对他们来说,是有着深刻影响的。”[①] 1941 年 4 月 16 日,日军从三江、斗门沿海偷渡登陆,国民党军队不战自溃。4 月 17 日凌晨,绍兴城区沦陷。戏业公会也被迫解散,许多堕民艺人激以民族大义,有的退往后方,有的息隐改行,有的蓄须养发,不再在沦陷区登台演剧,直到抗战胜利。

　　　1937 年,抗日战争(全面)爆发后,日寇的铁蹄长驱直入,致使祖国大好河山沦于魔掌。1939 年,杭嘉湖失守,绍兴频遭敌机轰炸扫射,到处是乱壁残垣,饿殍野外。除了外患,又有内奸,“和平军”、“游击队”、汉奸特务,烧杀抢掠,无恶不作。那年月,艺人们更是走投无路,寸步难行,极大部分班社解散了,艺人们自找门路,谋求生计,有的修套鞋,有的换鸡毛,有的贩旧货,有的沿街乞讨。八年离乱,艺人们在死亡线上挣扎,有不少死于战祸。[②]

第五节　堕民抗日英雄——陈怀民

抗日战争时期,许多堕民子弟积极参加国民党军队抗击日军侵略的正义战争。著名的堕民抗日英雄莫于过空军少尉陈怀民。“陈怀民本姓任,祖籍今江

---

①　严新民:《抗日战争时期的绍兴艺人集训班》,《绍兴戏曲资料汇编》第 4 辑,1985 年,第 4 页。

②　陶仁坤、罗平、严新民:《绍剧史料初探》,1980 年,第 92 页。

北区慈城镇。在震惊世界的武汉'四二九'空战中,他驾着自己的飞机撞落敌机,不惜以自己的身躯,抗击日军的侵犯。"①陈怀民原籍慈溪,父亲陈子祥原姓任,被山东籍的陈姓武术师收养而改姓陈,成为"脱壳堕民"。清末,陈子祥从日本陆军士官学校毕业,加入同盟会,追随孙中山,成为反清志士。20 世纪 30 年代,出任镇江市警察局长。陈怀民于 1916 年 12 月 25 日,出生于江苏镇江市白莲巷 29 号,初名陈天民,参军后改名陈怀民,意即应有所作为,爱国怀民。1921年秋,先后就读于江苏省立第九师范附小。白天在校学习,早晚与妹妹陈难一起随父亲习武。1923 年秋,陈怀民作为江苏少年武术队员,参加在南京举行的全国少年武术大赛,荣获冠军。1928 年至 1929 年,陈子祥在镇江举行两次少年武术比赛,陈怀民均夺得冠军。1929 年秋,陈怀民就读于无锡成美中学,中学毕业后考入常州工业专科学校。

"九一八"事变后,陈怀民参加南京学生"送蒋介石北上"的请愿示威,蒋介石被迫出来面见请愿学生。1932 年,"一二八"淞沪抗战爆发,陈怀民投笔从戎,参加义勇军,支持十九路军抗战。十九路军军长蔡廷锴到前线视察,勉励陈怀民等学生保家卫国,陈怀民表示中国若建立空军,将报名参军。1932 年秋,中央航空学校招收飞行员,陈怀民报名参加考试,但在"对眼睛"时,却名落孙山。陈怀民并不气馁,又于 1933 年 1 月,考入中央航空学校第 5 期学习。第一年的陆军基本制式训练,其成绩均为优等。第二、三年的初、中、高级飞行训练及各学科考试,获得第一的优异成绩。陈怀民的体育成绩,也在全校出类拔萃,多次代表航校参加杭州地区篮球比赛,取得优秀成绩。美国教官肯特认为"陈怀民将来无疑是中国最优秀的飞行员"。1935 年底,中央航校第五期毕业时,父亲陈子祥和母亲魏静诚应邀参加"恳亲会",蒋介石和宋美龄以"父亲英雄儿好汉"相勉。(图 7.3)

1937 年 8 月 14 日,"八一四"空战爆发,陈怀民所在的空军第四大队,在杭州参加对日机的空战。高志航、李桂丹等击落日机 6 架,取得 6∶0 的辉煌战绩而永载史册,"八一四"成为中国空军节。这是陈怀民第一次参加空战。陈怀民在随后的一个月,屡次从南京驾机奔赴淞沪战场参加空战,取得累累战果,荣获"空中勇士"之称。9 月 19 日,日机侵犯的警报拉响,有 30 架日机进犯南京。我驻句容的 21 架飞机迎接,陈怀民驾驶 2405 号战机与敌机激战。陈怀民左冲右突,时而猛烈开火,时而隐蔽云中,一架日机被击中,拖着长长的浓烟欲逃走。陈怀民紧追不放,突然 4 架日机前来围攻。陈怀民不肯后退,英勇反击,不幸被击中油箱。陈怀民降落地面时,不幸撞上一棵大树,被弹出机舱,夹在树杈上,

---

① 《江北堕民》,《宁波市江北区志》,浙江人民出版社 2015 年版,第 1819 页。

图 7.3　堕民抗日民族英雄空军少尉陈怀民

鼻梁骨断裂，眼睛及身体多次受伤，血肉模糊。宋美龄到中央医院慰问，称赞陈
怀民是中国空军的骄傲，了不起的英雄，没有辜负航校的培养，也没有辜负蒋介
石对他的期望。

陈怀民伤愈后，随空军第四大队迁往武汉，参加武汉保卫战。1938 年 2 月
18 日，日军出动驱逐机 29 架，轰炸机 12 架，中国空军第四大队大队长李桂丹率
29 架飞机迎战，陈怀民随队长李基淳驾驶战机升空作战，击毁日机 12 架。4 月
4 日，陈怀民随大队长毛瀛初驾机在台儿庄低空侦察，对日军交通线及营房投下
大量炸弹，杀敌甚众。4 月 10 日，陈怀民驾机前往枣庄执行对敌轰炸，完成任务
返航时，与 17 架日机发生遭遇战。陈怀民被团团围住，他沉着应战，撞向一架
日机，日机坠毁，其座机也受伤坠地，所幸在危急关头跳伞，得于安然无恙。4 月
中旬，陈怀民驾机在归德上空与日机激战，再次遇险负伤。4 月 28 日，陈怀民回
家与父母做了畅谈，回到寝室后，他写下了一篇近似"遗言"的日记：

在家中，我很想把自己的心情给父母亲讲讲。我怕他们难受，又怕他们为我的安全担心,故话到嘴边又咽下去了。我常与日机在空中作战。打仗就有牺牲,说不定哪一天,我的飞机被日机击落,如果真的出现了那种事情,你们不要悲伤,也不要难过,我是为国家和广大老百姓而死,死得有价值。如果我牺牲了,切望父母节哀,也希望哥哥、姐姐、弟弟、妹妹继续投身抗日,直到把日本侵略者赶出中国。①

　　4月29日,乃日本天皇的"天长节",由日本54架护航歼击机和重型轰炸机组成的特大编队飞临武汉上空,时任空军少尉的陈怀民参加了惨烈的武汉"四二九"空战,5架敌机对陈怀民形成包围之势,并对着他的战机疯狂地扫射。陈怀民寡不敌众,所驾战机被击中数弹,机尾冒着浓烟,机身也燃烧起来,机舱内的陈怀民已身受重伤。弹痕累累的机身带着火焰急速下坠,即将机毁人亡。而日机依然穷追不舍,步步紧逼,必欲置之死地。陈怀民沉着冷静,紧握操纵杆,瞄准时机,掉转机身,朝日机主机——日本佐世保著名的"红武士"——高桥宪一的飞机撞去。视死如归的陈怀民驾驶战机在苍穹中划过一道白光,高桥宪一猝不及防,两机相撞,一团巨大的火球直冲天空,霎时火焰冲天,两机碎片陨石碎裂般携着火花与啸声坠落,机毁人亡。《申报》载我空军保卫大武汉,击落敌机二十一架,佐世保航空大队遭惨败,报道了这次震惊世界的武汉空战。

　　6月5日,"空军殉国烈士追悼大会"在汉口总商会举行,与陈怀民一起献身的还有空军第四大队的张效贤、杨慎贤以及第三大队的孙金铿。国民党军政负责人宣布陈怀民被追赠为空军中尉。哥哥陈天和代表烈士家属致辞:"记得英国的纳尔逊将军,在临死之前,用他最后的一滴眼泪,掉落在图上,给他的战友们以胜利的启示。我兄弟给全国同胞的启示是:'四二九'的那一天,空中的一团火光。这火光印在我们的脑子里,将永远不会忘记。这火光照亮了我们的民族,使我们中华民族走上幸福自由的道路,怀民烈士在青山附近的江边,他的血,要由长江流到东海,由东海流到全世界。"②上午10时,中共代表周恩来、王明、博古、李克农来到大礼堂致祭,带来"义薄云天"的横幅,代表毛泽东和朱德赠送花圈,并致送挽联"为五千年祖国英勇牺牲,功名不朽;有四百兆同胞艰苦奋斗,胜利可期",还向其父母陈子祥、魏静诚及陈天和、陈难表示亲切的慰问。中国共产党创办的《解放周刊》,还发表了《英勇的中国空军万岁》。下午5时,蒋介石、宋美龄在航空委员会主任钱大钧及蒋坚忍、毛邦初等人陪同下,来到总商会礼堂致祭。蒋介石宣读祭文后,来到陈怀民父母陈子祥和魏静诚身边,向他们表示慰问。宋美龄代表蒋介石,发给陈子祥、魏静诚抚恤金一万块现洋。

---

① 陈德:《抗日英雄陈怀民》,《湖北档案》2005年第7期。
② 周渝:《国民革命军抗战将士寻访录》,团结出版社2014年版,第192页。

航空委员会官员及烈士家属在武汉、汉口、汉阳等地为烈士寻找长眠的场所,最后选定武昌青山矶头。武汉市政府将汉口日租界一条街命名为"陈怀民路",烈士出生地镇江市也拟将其出生的地方命名为"怀民村",该碑现存镇江博物馆。

第六节　堕民抗日堡垒——郎桥村

抗日战争时期,也有许多堕民参加中国共产党领导的抗日斗争。"抗日战争时期与解放战争时期,淹浦徐氏有(堕民)青年徐绍义满怀一腔热血,投身革命,他于1942年7月参加革命,为一纵三旅战士,后在1945年11月于山东酱油江牺牲。"[①]徐绍义,1925年出生,慈溪县淹浦乡施家桥村人,1942年7月参加革命,为一纵三旅战士,1945年11月于山东牺牲。[②] 最为典型的抗日堡垒莫过于堕民村——郎桥村。位于上虞县城丰惠东门外三华里的孟尝乡郎桥村(今通明乡黎明村)乃是堕民聚居村,该村为浙东四明山抗日根据地的首府梁弄通往上虞县城丰惠的必由之路。"抗日战争时期,郎桥村只有100来户人家,绝大多数是贫雇农,少数中农和富裕中农,没有地主。由于郎桥人民受三座大山压迫之深,1937年七七事变后,许多共产党人都来郎桥村领导抗日救亡革命活动。"[③] 1938年,大革命时期参加革命的中共党员朱庆云、钱念先来到郎桥领导"抗日救亡""减租减息"的农民运动。1939年,上虞县政工队的中共党员徐涤生、吴经云(女)前来郎桥开展抗日宣传。中共党员万正、王琳(黄粹青)、金丹与郎桥的堕民青年施达、武扬等结拜"兄弟会",通过创办夜校读书会,宣传"抗日救亡"主张,学习孙中山的"联俄、联共、扶助农工"三大政策,在校内外张贴抗日标语。1940年11月,时任中共上虞县工委组织部部长的赵虞由王琳(黄粹青)、金丹陪同,来到郎桥施达家发动穷苦堕民青年,秘密召开座谈会,以"推翻三座大山,穷人要翻身""耕者有其田"等革命道理,启发郎桥堕民青年走上革命道路。赵虞、王琳(黄粹青)、金丹、朱庆云在郎桥秘密发展中共党员,并于1941年11月建立中共郎桥党支部,施炳炎担任支部书记。中共郎桥党支部乃是虞东区最早建立的一个党支部,直属中共上虞县委。虞东区下辖上虞(丰惠)县城东门外孟尝、朱巷、永和、后陈、谢桥、夹塘、云梯七个乡镇,地处四明山麓,东与余姚(四明山)

---

① 方煜东主编:《三北徐氏》,宁波出版社2012年版,第49页。

② 慈溪市地方志编纂委员会编:《慈溪市志》,浙江人民出版社1992年版,第1029页。

③ 许瑞棠:《郎桥抗日烽火》,堕民许首先为许瑞棠父亲。上虞丰惠访问许瑞棠,2016年11月17日,所有郎桥抗战的图片和材料均由许瑞棠提供,特致谢意。

梁弄区接壤,西接国民党上虞(丰惠)县政府。

1942年3月,中共郎桥党支部改由施达任党支部书记。9月,施达任虞东区委书记兼中共郎桥党支部书记。中共郎桥党支部组织不断壮大,至10月已有施达、武扬、施炳炎、许首先(图7.4)、吴新德、许顺寿、许根先、许庆尧、吴下棋等9名党员。10月,三北游击司令部在姚南成立姚南办事处,旋又成立姚慈办事处。为适应上虞虞东地区发展工作的需要,姚慈办事处改为姚虞办事处,主任朱之光。时浙东区党委司令部实行"坚持三北,开辟四明,在四明山完全占领后,再争取会稽山"的工作方针,谭启龙、何克希、张文碧率部渡过姚江,挺进姚慈南陆埠袁马,连柏生、刘亨云率部坚持三北,开辟慈东西地区游击战争。时任姚虞县委副书记兼组织部部长赵虞派郎桥党支部地下党员许顺寿前往姚慈南陆埠袁马"区党委司令部"送信。许顺寿跋山涉水,穿过重重封锁线,往返路程200多里。11月,赵虞陪同姚虞县委书记陈布衣前来郎桥与郎桥党支部9名中共地下党员相见,勉励"每个地下党同志革命到底"。赵虞宣布"中共郎桥党支部"正式成立,由虞东区委书记施达兼任中共郎桥党支部书记。

图7.4 堕民许瑞棠母亲施调娥和父亲中共郎桥党支部党员许首先(许瑞棠供图)

1942年5月,绍属特派员杨思一特派上虞县党组织赵虞组建上虞抗日武装——南山游击队,番号为"第三战区特派行动组"。起初,仅有赵虞、金丹、王琳(黄梓青)三人,一支手枪,赵虞乃选调郎桥党支部书记施达和武扬等地下党骨干,组成南山游击队,队员有十五六人,诞生了上虞第一支红色抗日武装。游击队缺乏武装,郎桥地下党通过下管珍坑的黄培根、黄志民,收集了国民党溃退时隐藏的一批枪支弹药。游击队伍不断壮大,迅速发展到三十余人。南山游击队主要在蔡岙、仙姑洞、横路、麻岙、竹桥寺、沈湾江一带活动。每到一地,都积极开展抗日宣传,发动群众支援抗战。游击队生活给养困难,只能以土豆、竹笋充饥。队员千方百计越过封锁线,前往金丹和王琳家挑粮上山,山下的黄慧姬等中共党员也变卖金戒指,筹粮筹款。6月,党中央和毛泽东根据浙赣战役后浙东严峻形势,指示华中局和新四军军部派遣谭启龙即赴浦东转浙东。谭启龙、连柏生、张席珍等率淞沪五支队第一大队100余人,从浦东南汇坐船抵达浙东古窑登陆,随即与吕炳奎、林有璋部队会合,统一领导部队和党组织。7月,华中局和新四军军部又派何克希、张文碧、刘亨云等一大批干部到达浙东,在慈北宓家埭召开了"浙东第一次干部扩大会议",上虞党组织赵虞、金丹、王琳(黄梓青)三人参加会议。谭启龙传达了党中央和毛泽东关于敌后游击战争的一系列重要指示。7月28日,中共浙东区党委在慈北宓家埭正式成立,谭启龙为书记。8月,"第三战区三北游击司令部"在慈北鸣鹤场成立,简称"三五支队",何克希任司令员,连柏生任副司令员,张亨云任参谋长,张文碧任政治部主任。上虞南山游击队在蔡岙遭到国民党八十八团"挺四"田岬山部袭击,因敌众我寡,损失惨重。赵虞请示杨思一,向谭启龙做了汇报,决定将南山游击队编入三五支队,汇入浙东抗日武装的洪流。

11月下旬,平湖国民党艾庆璋部和土匪黄八妹部共3000余人,向刚组建的三北游击司令部发动突然袭击,企图消灭浙东抗日武装三五支队。时三五支队仅1200余人,何克希司令员积极开展三北统战工作,并调集三五支队全部军事力量,对艾庆璋部和黄八妹部发起自卫反击,从慈溪的周家路、登州街一直打到黄家埠,击败艾庆璋部,俘平湖县长以下500余人。艾庆璋部和黄八妹部退往上虞县谢家塘、小越伪军据点。12月上旬,何克希率部追敌至谢家塘和小越,时任姚虞县委副书记兼组织部长赵虞、虞东区委书记施达率郎桥党支部以及朱巷党支部地下党骨干赶往虞北,与余上县委领导张光、周明联系,配合三五支队,一举歼灭谢家塘和小越的艾庆璋部和黄八妹部,取得浙东第一次反顽自卫战的胜利。

1943年6月,中共上虞东南县工委书记赵虞通知郎桥党支部许首先、许顺寿、吴下棋三人前往上虞和余姚二县交界的梁棋岙参加四明地委会议。由于梁棋岙进出均要通过日军控制的夹塘,三人途中又接到通知,会议地点改到姚江南岸的沈湾江召开。参加会议成员有地下党代表,各县委区委领导,浙东区党委书记谭启龙、四明地委书记陈洪做报告,贯彻"开辟四明山,连接会稽山"的工作方针,鉴于浙东抗日武装三五支队已开辟四明山根据地,要求地下党以及各级党组织发动群众,开展征粮扩军工作。上虞乃敌伪顽势力错综复杂的地区,浙东区党委、四明地委将上虞作为工作重点。

1943年夏，三五支队派遣赵淑英前往上虞县城（丰惠）开展侦查工作，她来到郎桥，请求党支部协助。时任虞东区委书记兼郎桥党支部书记的施达派施炳炎、许顺寿密切配合，将赵淑英打扮成农家妇女，换上破旧衣裳，装作病人，用藤椅轿抬往丰惠，轿上覆盖破网，以示辟邪。当施炳炎和许顺寿将轿抬到城门口时，日军坚持"病人"下轿检查。施炳炎和许顺寿乃"哀求"日军，表示病人病情严重，无法下轿。日军上前两步，左手握着带刺刀的枪，右手掀开盖着的破网和被子，赵淑英披头散发，紧闭眼睛，假装意识不清。日军见状，唯恐感染病菌，乃退后两步，手势一挥放行。赵淑英家斜对面就是日军司令部，赵淑英了解了日军在丰惠的兵力情报，顺利地完成了侦察任务。五天后，施炳炎和许顺寿又前往丰惠接赵淑英出城，用轿子将其抬往梁弄横坎头三五支队司令部。

国民党八十八团"挺四"田岫山部投降日军，残杀抗日志士，挖人心当下酒菜，残忍至极。田岫山长期盘踞上虞县城丰惠、东门城外郎桥、钱家和虞南许岙。1945年3月，田部在丰惠县城至四明山梁弄交通要道的郎桥设立二道岗哨，盘查过往行人，构筑防御工事，设置泥堡、铁丝网以及竹篱笆。新四军浙东游击司令部也在郎桥设立"联络站"，由郎桥村民主保长、郎桥党支部书记许首先、副民主保长、郎桥党支部副书记吴新德以及上虞县委书记赵虞负责，浙东区党委司令部敌工委林一新、司令何克希直辖。许首先以民主保长的合法身份，派郎桥民兵为田部站岗放哨、扫地、洗碗，以侦察田部情报，每隔二三天前往朱巷向赵虞汇报。有时，由赵虞开具介绍信，由许首先直赴梁弄横坎头向林一新和何克希汇报。田部对许首先也颇有防范，在许首先家屋后山头设置手榴弹，从河北面拉长线过河西南，一旦发现许家藏有新四军，驻防田部将长线一拉，就能将许家炸毁。许家也有防御工事包围。5月，何克希偕赵虞、金丹以及上虞民主政府县长陈子方带领侦察排前来许首先家与之联络，实地侦察郎桥田部的兵力部署，绕道侦察钱家东岳庙、河心墩碉堡防御情况以及县城东门的地形和河流。第二天，驻防田部韩连长责问许家昨晚何故人声嘈杂，许首先以在家搓麻将搪塞。韩连长乃挟持许首先前往田部营房搓麻将，二个卫兵故意在许首先边上拉枪上膛。许首先并不畏惧，从容地与韩连长搓了四圈麻将，机智地应付过去。

田部一部第三次前往姚北第泗门投降日军，郎桥"联络站"及时将情报送往上虞县委和浙东区党委司令部。浙东区党委司令部决定发起"讨田战役"。5月29日，三五支队主力及余上自卫大队夜袭姚北第泗门，拔除"挺四"田部据点，毙伤和俘敌200余人。6月1日，三五支队进攻上虞县城东门外的郎桥和钱家，许首先和吴新德组织民兵积极配合战斗。郎桥的田部据点被拔除后，三五支队利用桥北坎头堆丘陵地形，攻击驻守钱家东岳庙和河心墩碉堡，战斗异常激烈。

郎桥和钱家战役共毙伤敌军 300 余人,我军牺牲一名指战员,许首先和吴新德在车畈车森林家买来一具棺材,收殓烈士遗体,送往梁弄新四军游击纵队司令部,伤员也被直接用担架送往梁弄。6 月 7 日,新四军刘亨云、张文碧率部攻打虞南田部老巢许岙。陈子方负责支前,以确保部队的后勤保障,郎桥党支部组织民兵,加入支前队伍,将物资运往许岙战场,将伤员送往后方医院。6 月 20 日,许岙战役大获全胜,攻毁碉堡 28 座,歼敌 1000 余人,缴获大批枪支弹药。田部残兵败将退往上虞县城,将城门紧闭,用大石头堵死。郎桥党支部组织民兵日夜巡锣,夜里 2 人一班,轮流潜入县城东门城墙根,往城内甩进二发手榴弹,诱使田部驾在城头的机枪不断消耗弹药。郎桥党支部还发动虞东区基本群众,组织几百部竹梯,做进攻上虞县城的准备。驻天台的顽军第三十二军副司令陈沛和浙保副处长王云沛调集十个团的兵力,企图围攻四明山根据地,以达到救援田部的目的。新四军奋起还击,将其击溃。6 月 30 日,龟缩上虞县城的田部残余势力见增援无望,乃弃城逃往嵊西。7 月 1 日,上虞县城宣告解放。7 月 7 日,谭启龙、何克希进驻上虞县城,途经郎桥时,会见了许首先和吴新德以及郎桥民兵。谭启龙和何克希称赞"郎桥是革命的村庄,英雄的村庄"。

不少郎桥堕民青年,为了抗击日军,解放全中国,献出了宝贵的生命。其中为革命献身的郎桥堕民青年就有 4 名。武扬,原名吴新柜,上虞县孟尝乡郎桥村人,1918 年出生于一个贫苦堕民家庭,1939 年参加抗日救亡活动,1941 年加入中国共产党,1942 年 3 月任中共郎桥党支部书记,同年 9 月任虞东区委书记兼中共郎桥党支部书记,经过浙东区党委党训班学习,担任县民运干部。1943 年 1 月参加"第三战区三北游击司令部",简称"三五支队",成为部队干部。1944 年 1 月,主力部队派武扬率一个中队前往三北游击司令部虞东办事处、三五支队上虞办事处、上虞县办所在的虞东地区开展武装斗争,与商子青、陈山一起工作,武扬担任上虞县办、虞东区署两块牌子一套班子的警卫排长,10 月参加浙江抗日军政干校学习,12 月调区党委政治整风班、锄保班学习和工作。1945 年 2 月,武扬出任上虞县警卫队队长,被亲切地称为"武扬队长"。1945 年 9 月,武扬奉命随新四军浙东游击纵队北撤,时任一野一纵一旅连长、政治指导员。1946 年 11 月,武扬参加宿北战役,指挥全连战士,身先士卒,英勇奋战,壮烈牺牲,年仅 28 岁。

许吉祥,原名施菊羊,原籍上虞孟尝乡郎桥村,1918 年 2 月出生于一个贫苦堕民家庭,父亲早亡。施家兄弟四人,施菊羊排行老大,老二施土羊(跷脚),老三施明羊,老四施小羊,均依靠寡母拉扯成人。长兄为父,正需许吉祥工作来维持家庭,为母分忧之时,中共郎桥党支部动员施菊羊参军,深明民族大义的母亲于 1943 年 12 月毅然送肩负家庭重担的长子参加三五支队,在部队改名许吉祥。1945 年 9 月,许吉祥奉命随新四军浙东游击纵队北撤,时任一纵三旅七团战士。1946 年 10 月,许吉祥在鲁南战役中光荣牺牲,年仅 28 岁。

施伯善,原籍上虞县孟尝乡郎桥村,1925 年出生于一个贫苦的堕民家庭,父亲施瑞泰,父母早亡。施伯善排行老二,老大施伯六乃残疾人,老三施伯钧和老四施伯均早亡。中共郎桥党支部动员堕民青年参加抗日斗争,施伯善毅然投身革命,于 1944 年 1 月参加新四军浙东游击纵队。1945 年 9 月,施伯善奉命随新四军浙东游击纵队北撤,时任一纵三师七团班长。1947 年 11 月,施伯善在苏北战役中光荣牺牲,年仅 28 岁。

施水涨,原名阿张,原籍上虞县孟尝乡郎桥村,1923 年出生于一个贫困的堕民家庭,母亲早亡,父亲前往上海煤炭行做工。中共郎桥党支部动员阿张参加抗日斗争,他于 1943 年参加新四军浙东游击纵队。阿张身强力壮,打仗勇敢,多次投入浙东战斗,担任副班长。1945 年 4 月,新四军浙东游击队发动章镇战斗,施水涨冒着猛烈炮火,临危不惧,冲锋在前,不幸身中数弹,英勇牺牲。

施士桥,原籍上虞县孟尝乡郎桥村,奉命随新四军浙东游击纵队北撤,后来下落不明,成了无名烈士。在中国共产党的领导下,郎桥堕民青年踊跃参加新四军浙东游击纵队,投入抗日斗争,参加解放战争,为了挣脱自身的枷锁,为了民族独立和人民幸福,抛头颅,洒热血,献出了年轻的生命。

第七节　堕民喜迎解放

解放军铁的纪律感动了上海人民,也感动了留在上海老闸大戏院的绍剧堕民演员。中华人民共和国成立后,他们都对眼前发生的一切感到新鲜。上海成立包括越剧、绍剧等地方戏剧艺人在内的"越剧工会",将艺人们组织起来,进行思想文化教育。"越剧工会"布置任务,所有剧团都要参加全市组织的庆祝大游行,每个团要拿出新编的节目参加宣传演出。"六龄童"与"七龄童"商量后,决定用改造的办法,编排一出活报剧。"我们将绍剧《调无常》中'送夜头'的情节移植过来,改头换面,把原来的送夜头者改成国民党反动派的头目,原先的道具龙筛则改为台湾岛的立体模型,又将无常由一个增至六个,分别扮作六个大战犯。"[①]"六龄童"扮演其中的一个战犯,敷高鼻头,涂抹白粉,戴着墨镜,身上仍穿戴无常的服装和高帽。节目在老闸大戏院排练时相当成功。后来,工会发来通知,所有剧团节目都要在天蟾舞台试演,再上街分头游行。天蟾舞台乃上海有

---

① 六龄童:《取经路上五十年》,上海文艺出版社 1988 年版,第 65 页。

名的大舞台,六个老闸大戏院才能抵一个天蟾舞台,演惯了小剧场的同春舞台进大舞台演出,乃是破天荒。

同春舞台试演的剧目颇受欢迎。游行开始后,场面蔚为壮观。聚集马路两旁的观众鸣放爆竹,鼓掌欢迎。同春舞台艺人受到强烈震撼。"六龄童"打了一个开始的手势,绍剧堕民演员个个精神抖擞,冒雨进行了一场表演。回到老闸大戏院后,每个人都淋得像落汤鸡一样。为解寒气,剧团分给每人二两烧酒,以解风寒。虽说人人极度疲劳,但每个人心中却感到从未有过的舒畅和满足。第二天,同春舞台上了报纸的消息传遍老闸大戏院。这一消息惊呆了所有演员,大家几乎不敢相信,许多人一哄而上,围着传看报纸。原来报纸上报道了昨天在天蟾舞台演出的盛况,并点到同春舞台的节目"受到热烈欢迎""掌声如雷"。同春舞台的艺人乐得手舞足蹈。作为堕民演员被当作新闻上报纸,对于同春舞台而言,还是历史上的第一次,昔日的贱民演员开启新的演剧生涯的帷幕。

1949年春,三埭街的堕民正在学士街与新建路交界的"大街口"打棕绳,突然有人惊慌失措地奔跑过来,口中大喊,"大事不好","猪油葱"(堕民暗语喻部队)进城了。堕民闻言,急忙收拾东西回家。第二天早上,家家还是大门紧闭,不敢出来。堕民吃够了"和平军"(伪军)、"游击队"(国民党军队)的苦头,谈兵色变。一连几天,三埭街上人迹稀少。周梅生家的门虽然开着,但大门外还有二扇高约四尺的"摇门",紧关着不敢打开。一队士兵赶着几辆装满棉花、布匹的马车,从周梅生家经过,突然停了下来。原来是马车上的绑绳断裂,一包包棉花和布匹散落一地。周梅生连忙打开大门,吩咐三个儿子,帮助解放军将东西装上车,并拿出好几绞准备出卖的棕绳,将货物捆牢。周梅生夫人钱阿花埋怨丈夫多管闲事,将买主定了的棕绳白送他人。谁知第四天上午,三个解放军在一个绍兴籍干部的陪同下,来到周梅生家里。解放军感谢周家的帮助,不但如数归还绳子,还要付钱作为劳务费。周梅生无论如何也不肯收下,感慨地说:"我从来呒有见过介好个兵,换作是'和平军',你如果不给他,他老早自说自话拿走哉,弄得勿好还要挨几个耳光,解放军就勿同哉,今天还会把绳子来还伢,伢真当是想都想勿到啦。"①堕民对人民解放军遵守三大纪律八项注意,不侵犯群众的利益,感触颇深。

中华人民共和国成立初期,绍兴建立了居民委员会,三埭街建立"长桥委员会",堕民踊跃报名参加。为了加强国防建设和支持抗美援朝,人民政府号召民众捐献飞机大炮。周梅生捐出一万元,其他堕民受到感召,纷纷解囊相助,有的

---

① 周春香:《纯朴家风代代传——忆我的父亲周梅生》,《绍剧名伶录》,中国戏剧出版社2016年版,第391页。

捐一千,也有的捐五千。人民政府倡导每家每户订立《爱国公约》,周梅生订了一条:"每天多打一个钟头绳,捐献飞机大炮。"能歌善舞的堕民,发挥自己的特长,很快成为绍兴基层政权宣传队的骨干。他们不仅学会了原来老解放区的革命歌曲,如"解放区的天是明朗的天"等,还自编自演以配合党和政府的政治宣传。新民剧团的汪小奎编有批判封建迷信的剧目,其中套用毛泽东讽刺"泥菩萨"的顺口溜:"一动不动,两目无光,三餐不食,四肢不动,五官端正,六亲无靠,七窍不通,八面威风,九九长寿,十足无用。"基层政权组织的扭秧歌队,农村妇女羞于启齿,队员几乎为清一色的老嫚。王坛山区小孩还编了一首顺口溜以取笑老嫚不害羞带头扭秧歌:

> 赊拉赊拉多拉多,隔壁有个老太婆。
>
> 年纪活到六十多,天天带头扭秧歌。
>
> 人家难看我不怕,人家难看我不怕。
>
> 拖要拖,赊要赊。①

中华人民共和国成立后,城东乡成立了"东门剧团",天门下的如法等 7 位"吹行堕民"加入了剧团,与城东乡的领导班子一起排演《三代拜年》《上甘岭》等现代戏。东门剧团的每一场演出,都受到高度赞扬,频繁被邀请到各村演出。据竺大爷回忆:"东门剧团之所以受欢迎,与后场的吹拉弹唱的完整组合分不开,而后场乐手全部是吹行堕民。"②昔日贱民身份的"戏子",在中华人民共和国成立后成了社会主义的文艺工作者,焕发了革命的热情和冲天的干劲。堕民自编自唱《人民曲》:"从不劳动很惬意,进出包车用娘姨,吃喝嫖赌浪荡少爷百样才惬意。只晓得自己来惬意,不晓得人民死勿死。封建剥削打主意,还话自己好福气,不知道万恶社会坏东西。"③慈城堕民以喜悦的心情,放声高歌《庆解放》:

> 正月梅花树上开,自从解放到现在,人民政府下命令,各乡各村要土改。
>
> 二月兰花开得清,各村干部多热心,日夜工作忙煞人,大小户口要查明。

---

① 俞婉君:《绍兴堕民》,人民出版社 2008 年版,第 220 页。

② 王静:《中国的吉普赛人——慈城堕民田野调查》,宁波出版社 2006 年版,第 110 页。

③ 王静:《中国的吉普赛人——慈城堕民田野调查》,宁波出版社 2006 年版,第 110 页。

三月桃花开得香，苦工团结来商量，不好成分顶靠硬，农代大会好出场。

四月蔷薇开粉花，穷人翻身好讲话，封建势力都不怕，打倒地主斗恶霸。①

---

①　王静：《中国的吉普赛人——慈城堕民田野调查》，宁波出版社 2006 年版，第 250 页。

第八章　堕民翻身得解放

《中华人民共和国宪法》宣布,各族人民在法律上一律平等,是否标志堕民的彻底解放?[①] 中华人民共和国成立后,堕民被列入劳动人民的行列,成了社会主义的劳动者,农村堕民分得土地,成为生产队的社员;城市堕民被定性为小手工业者和自由职业者。堕民翻身得解放,当家做主人,成了基层政权的管理者;原来被人鄙视的"戏子"成了"人民演员",绍剧应邀到中南海怀仁堂汇报演出,受到毛泽东、刘少奇、董必武、周恩来等党和国家领导人的称赞。堕民享有平等的受教育权,堕民子弟能够进入所有学校接受义务教育。

第一节　堕民成为社会主义的劳动者

中华人民共和国成立后,堕民成了社会主义的劳动者。"1949 年起的解放才是真正的解放,经济、政治、社会、各种制度都起了彻底的变化,地主阶级的封建势力,由削弱而垮台。共同纲领的民族政策又规定了中华人民共和国境内各民族一律平等,实行团结互助,反对大民族主义和狭隘民族主义,禁止民族间的歧视压迫和分裂各民族团结的行为。现在的堕民,可以分得土地,加入工会,参加冬学或识字班。堕民的经济正在改造中,由于他们热爱劳动的优秀传统,必定能够大有作为的。"[②]绍兴农村堕民大都划为贫下中农。"堕民的彻底解放应是中华人民共和国成立之后,虽然没有见诸解放堕民的文件,也没有像西藏那样有'百万农奴解放纪念日'。堕民政治上的彻底解放应是从土地改革始。上

---

① 关于堕民的彻底解放,学界论述较少。俞婉君在《绍兴堕民》中认为中华人民共和国成立后,堕民翻身得解放,成了劳动人民的一部分,当家做了主人,主顾的消失成为堕民真正解放的标志,堕民坊的围墙开始打破,良贱融为一体,平民不再歧视堕民,堕民与平民自由联姻,堕民的特有习俗消失。虞达人撰写的《上虞堕民》却认为堕民在政治思想上的彻底解放,应在改革开放以后。

② 陈志良:《浙江的堕民》,《旅行杂志》1951 年第 6 期。

虞堕民的阶级成分,大多数是贫下中农,与其他民众的贫下中农没有区别,同样分得了土地,同样能在各项革命运动场合平起平坐,政治上真正翻身做了主人,不依靠堕民职业也能过上好日子。"①领导绍兴柯桥区陈后山堕民聚居村土改的蒋和濮回忆:"陈后山村没有一户划入地主和富农,有 2—3 户中农,多是贫雇农。有一家拥有 3 亩田,按政策应划入富农,考虑到堕民解放前被人看不起,被定为中农。有十多户没有农田的定为'平民'成分。"②人民政府十分重视绍兴县杨汛桥坍石下村的堕民解放,彻底废除其陋习,享有与"四民"一样的平等权利,真正翻身做主人。"他们有的成为著名艺人,有的被提拔为干部,有的当了工人,有的成为供销社职员。土地改革时,也分得田地,走合作化、人民公社化的集体生产道路,并给予多方帮助。三年暂时困难时期,当时的江桥公社,对坍石下生产队特别支持,给予粮食和资金的帮助,并在农业生产上给予技术指导。改革开放后,坍石下已完全消除了堕民村的陈迹。至目前,与全镇人民共同奔上小康之路,向着更高标准的小康之路迈进。"③据俞婉君调查,绍兴堕民在土改中大都划为平民和贫民,没有一户划为地主。凡是农村无地的堕民,如果选择当农民,政府均分给一份土地,在社会主义改造后,成为生产队的队员。如果选择当居民,在社会主义改造后,有的成为社会主义公有制下的工人,政府招工时,给予特别照顾。

　　聚居绍兴城镇的堕民,被定为小手工业者和自由职业者。中华人民共和国成立初期,百废待兴,人民政府千方百计解决堕民就业困难,将最困难的三埭街堕民家庭子女,逐步安排到工厂、铁路、邮政、商业等国营单位工作;原先经商的堕民家庭给予扶植,街道和居委会办起了小型工厂,组织一批社会闲散人员和家庭妇女走上工作岗位,使三埭街堕民基本上家家有饭吃,人人有衣穿,生活有了一定的保障。家住三埭街的陈顺泰家也发生了翻天覆地的变化,大哥陈元洪,原来在上海一家私人裁缝店当学徒,只管饭而没有工资。中华人民共和国成立后,陈元洪安排到上海益康五金厂工作,由于他思想进步,吃苦耐劳,进厂不久就入了党,并当选为厂长,深得领导和职工的信任。二哥陈元鑫也由居委会推荐,进了绍兴大明电灯公司(今浙东供东局)。陈顺泰也考入新民绍剧团,尽管属于自负盈亏的民营剧团,但至少能够自己养活自己。三年出师后,每月

　　①　虞达人:《上虞堕民》,《上虞史志》2010 年第 1 期。

　　②　俞婉君:《绍兴堕民》,人民出版社 2008 年版,第 217 页。

　　③　陈平儿、徐木兴、孙长耕:《绍兴县杨汛桥镇展望村农民文化生活田野调查》,《浙江省新农村文化报告——来自 118 个行政村农民文化生活田野调查》(上),中国美术学院出版社 2007 年版,第 420 页。

也能领取一笔工资,贴补家用。①"由于进单位难,许多堕民无法进厂,基本上以挑换糖担为生。为解决他们的生活问题,1958年前后政府设立偏门废品厂,整理废旧及加工拖把、鸡毛掸扫,堕民张阿五为厂长。"②绍兴堕民聚居区三堻街在中华人民共和国成立后建立了蕺山长永居居民委员会,发挥堕民特长,在蕺山建立废品加工厂,以解决堕民就业问题。蕺山废品加工厂共有9个车间,尽管设备简陋,但其产值却很可观。"原来自从大跃进以来,这里陆续办起一些工厂,去年十二月正式合并成现在这个厂。开始是赤手空拳,到去年年底为止,已有六万七千余元结余,光加工旧麻袋的第二车间,四十二元的本钱,到现在已盈余二万多元。现在有四百多居民在厂里工作,其中近90%是家庭妇女,老老少少都有。"③蕺山废品加工厂也解决不少堕民就业,主要吸纳妇女就业。三堻街"家家闹生产,户户无闲人"。"解放初期,这里困难户还很多,以后年年减少,可还断不了救济;这一下打灯笼也找不到一个了;这里过去吃的是豆渣、苞米粉,披的是麻袋片,现在吃好的穿好的,家家还都有储蓄,这里变成了储蓄的先进单位,还得到县循环优胜红旗。"④记者王亮报道了《"老太师"和小黄虎》的故事,为我们提供了堕民成为社会主义的劳动者,参加社会主义生产劳动的冲天干劲。

我又走在路上,只听得金属敲击劈拍连声,抬头一看,是蕺山废品加工厂的第一车间,里面很多人在敲油箱。嘿,汪凤彩也在这里;讲的什么话没听清,点了点头可看见了。我顺便拐进去。他问我了解得怎样了。我说很满意,已经基本上摸清了底细。我还提起"老太师"和小黄虎他们,他说,像这样的人,还很多很多,比如绍剧团的筱柏龄和筱扬松,也是这里人。一个小生,一个大面,都是有名的老演员。现在两人都是共产党员,是1958年省社会主义建设积极分子;可是他俩现在都在外地演出,暂时碰不上面。他还说,从前人们是生活的奴隶,身上背负着沉重的镣铐,被禁锢在社会的最底层;解放了,大地回春,阳光普照,奴隶成为生活的主人:这些人物的出现是不足为怪的。去年开展社会主义和共产主义教育运动时,多少人忆起往日的辛酸而泣不成声;但当他们一投身劳动和工作中去,那股劲儿呀,山都能连根拔起;他们深深感谢党和毛主席搭救他们出火坑,又给指出一条

---

① 访问陈顺泰,2017年3月16日。
② 俞婉君:《绍兴堕民》,人民出版社2008年版,第217页。
③ 王亮:《绍兴三条街》,《湖山春色——浙江解放十年散记》,东海文艺出版社1959年版,第98页。
④ 王亮:《绍兴三条街》,《湖山春色——浙江解放十年散记》,东海文艺出版社1959年版,第99页。

无限幸福的康庄大道。是的，在党和毛主席的教导下，人民用勤劳的双手，创造了新的历史，在时代的白纸上写下最新最美的诗，画下最新最美的画；而"三埭街"的恶名，"堕民"的贱称，已随着社会制度的变革，跟这种恶名贱称的制造者——罪恶滔天的统治阶级一起，被永远、彻底地埋葬掉！归途中，我在想：三条街居民的过去，不正是旧社会劳动人民含辛茹苦、被侮辱和被损害的生活图景的一幅缩影吗？而三条街的今天，又不正是我们新生的社会主义祖国绚丽无比、一瞬千变的建设面貌的反映吗？我抬起头，只见一轮红日悬挂中天，光芒射人，而半空中还飘着那只纸鸢；它迎着春日的和风，沐浴在金色的阳光下，飘呀飘的似乎飘得更高了。①

社会主义制度的建立，地主阶级被打倒，堕民在政治上成了新中国的公民，摆脱了几百年的贱民身份。宁波农村堕民也分了田，成了贫下中农。宁波北仑区"对愿意务农的分给土地，真正获得了平等。'堕民'的贬称已成为历史陈迹"②。戴江岸乃是宁波著名的"剃头村"，堕民主要从事服务行业。"鸣凤乡十二村戴江岸，所居人民多系惰民。他们平日除剃头外，不事生产；专赖人家婚丧等事，男做吹手抬轿、女做'送娘'为业。解放后，事实教育了他们，非参加劳动不可。近来响应政府生产号召，从事生产，有的种植；有的成群结队，携带被铺、炊具，往横溪、栎斜等地，日里上山砍柴，夜间借宿庙祠。青年男子每天可砍柴一百五六十斤，妇人老少，也可砍百斤左右。积聚多了，装运回家；供自己燃烧外，还可供应邻近村庄。"③堕民原本并不习惯农业劳动，也不能从事"四民"的职业，现在也积极参加农业生产。

宁波城市堕民成了工人阶级。宁波王伯桥也是远近闻名的专业剃头户，直到1949年中华人民共和国成立，堕民才得到彻底解放，当家做主人，其政治地位、职业行当、经济收入、文化素质等均发生翻天覆地的变化。土改时期，陈氏堕民被定性为手工业者，也分了田地。宁波三眼桥堕民也成为劳动人民的一部分。"在人民政府帮助下，堕民恢复了劳动人民的本色，经济生活也发生了巨大的变化，男的几乎全部成了专业的搬运工人，都加入了工会组织，也有改作小贩及其他职业的，如撑船；也有继续挑剃头担流动替劳动人民理发的。女的除理家务外，多发挥故技，从事刺绣工作。"④三眼桥有住户324户，以前全部都是堕

①　王亮：《绍兴三条街》，《湖山春色——浙江解放十年散记》，东海文艺出版社1959年版，第98页。

②　《北仑旧时堕民》，《宁波市北仑区志》（下），浙江人民出版社2013年版，第1859页。

③　《劳动改造自己，惰民参加生产》，《宁波人报》1950年3月27日。

④　全一毛：《堕民的新生》，《全一毛文集》，学林出版社2005年版，第52页。

民。现在从事搬运、撑船、剃头、刺绣及其他手工业者有 165 户,其余则从事其他职业。王坟巷有 86 户,以前 80 户都是堕民,现在全部改了行,没有一个失业者。原先的"送娘"、现任三眼桥居民小组长的高阿菊喜形于色:"现在,阿拉已经可以和城里人结婚了,书也有读了,自己劳动生产,靠自己养活自己,住在乡下的还分进了田呢!"①记者在派出所"胡同志"的陪同下,走访三眼桥堕民聚居区,记录了堕民成为社会主义劳动者的喜悦心情。

萧山土地改革时,农村堕民与其他劳动人民一样,分得了土地和房屋。非农业户口的堕民,则由政府安排力所能及的工作。由于社会风气的变化,旧的婚丧习俗被废除,以前需要堕民进行的吹唱和伴送也随之停止。20 世纪 50 年代,沿街叫卖的"换糖担"仍随处可见,现在已改为街头设摊。"随着乡镇工业的发展,除一部分人参加农业生产外,很多人进入乡镇企业,再加上扎箸丝、打绳索的副业收入,他们的人均年收入已过萧山农民的平均水平。例如,地处临浦镇峙山之西的石塔村,1984 年全村年人均收入 694.29 元,而该年全县农民年人均收入为 566 元。"②中华人民共和国成立后,萧山人民政府十分同情和关心衙前镇二十多户贫困堕民。"1951—1952 年,坎山新民剧团组成,衙前有 5—6 人去参加。衙前组织凤凰绍剧团,有 10 多人作前后场或上台演戏。有些人进了工厂,提高了政治社会地位。开始与平民通婚。1964 年,'堕民''老嫚'全部绝迹,千年'旧习'得以彻底摒弃。他们参加了公社办的福利厂,做老花毯。有几个人去了粮管所工作(后代有瓜沥粮管所所长吴来兴、陈关金);范长明女范爱琴、范文琴 70 年代还在挑货郎担;有个别进了合作商店,如陈关海,现已退休;陈钱江等进了供销社,现已转制分流,自己开商店、办厂。"③衙前乡凤凰绍剧团解放初由凤凰村组织,成员为该村村民、老街居民以及衙前堕民,共 30 余人。节目主要内容为配合形势宣传,自编自演小节目,诸如《抗美援朝》《捐献爱国粮》《十里亭》《交公粮》《童养媳》以及《刘金梅翻身》等,演出形式有扭秧歌、打莲花、三句半、快板以及绍剧、越剧等。演职人员全部尽义务,不取分文报酬。堕民群体随着社会的进步而消失,他们是社会主义社会的劳动人民,即使个别人仍从事以前挑货郎担等"贱业",也不再具有"贱民"身份,享有社会主义公民的一切权利。

---

① 全一毛:《堕民的新生》,《全一毛文集》,学林出版社 2005 年版,第 53 页。
② 洪雅英:《萧山"堕民"》,《萧山历史文化研究》,方志出版社 2006 年版,第 262 页。
③ 徐木兴主编:《衙前镇志》,方志出版社 2003 年版,第 966 页。

第二节　堕民当家做主人

　　明代严禁堕民充当里长、粮长或吏员,民国时期该禁令开始被打破。中华人民共和国成立后,堕民聚居区的基层政权领导,大都由堕民担任。堕民聚居区三埭街组建的新声居委会第一任居委会主任就是曾经创建过三个绍剧戏班的班主林泉源。林泉源为人正直,仗义执言,深得三埭街民众的爱戴。林泉源曾以居委会主任的身份,责令侮辱三埭街堕民的掏马桶农民向所有堕民提供一对大红蜡烛赔礼道歉。堕民汪凤彩出任长永居居委会主任,兼戴山废品加工厂厂长,领导三埭街的民众加工废品,解决堕民就业困难。堕民也属于贫下中农,担任基层领导理所当然。

　　绍兴陈后山的堕民"直到新中国成立后,才去掉头上的紧箍咒,获得了新生,有大学生,有企业家,有的当上了村支部书记、村妇女主任、村会计和土管所干部。昔日的奴隶,今天成了国家的主人"[1]。绍兴县车头乡第一任乡长李春林是乡所在地第一、二任书记的堕民出身的胡作林和陈茶生的提拔考察人,也是陈茶生的入党介绍人,他说明之所以选拔堕民任职:"车头村400多户,其中陈后山自然村仅40多来户。为什么选他们当干部?我们干部思想上对堕民不歧视,解放前堕民被人歧视,是被压迫阶级,解放了,堕民应与大家平等。在我们干部眼中,堕民是勤劳的,他们能搞农作,农闲时从事其他行业。堕民也很辛苦,他们村的绍兴大班是很有名的,学戏是很苦的,'台上一分钟,台下十年功',早晚练功,农闲练功,夏练三伏,冬练三九。唱戏也是苦的,堕民坐在廊檐下,吃的西北风,主人点出来的戏都要会唱,练成一身本领,例如友木老生、三枝小花脸、茶生板胡,在绍兴、诸暨是很有名的。堕民的群众关系也不错,对人友善,有礼貌,会说话,能做工作。"[2]绍兴彭家溇堕民也翻身做主人,过去受人歧视、被人侮辱的时代已一去不复返。"他们的政治地位、经济地位、子女读书、求业工作与平民一视同仁,有的还当选为村长、村支书和县、镇人大代表。著名绍剧演员彭运生(艺名筱昌顺)终生演戏,对艺术孜孜以求,创造了一个个栩栩如生的艺术形象,1960年在《孙悟空三打白骨精》一剧中饰演唐僧誉满全国。该剧还被摄制成彩色电影,中央领导同志在首都怀仁堂观看这出戏,周恩来总理还和筱昌

　　① 蒋和璞:《陈后山堕民》,《绍兴村落文化全书(稽东卷)》,中国文联出版社2010年版,第25页。

　　② 俞婉君:《绍兴堕民》,人民出版社2008年版,第220页。

顺等演员合影留念。老生彭木青、小花脸陈阿珍、彭又喜、三花脸彭沛霖、陈阿水等都先后成为著名的绍剧演员。"①堕民聚居区上虞彭家堰的妇女主任是"六九婆婆",初级社主任是严小六。②堕民不再被歧视,享有与平民同等的基层政权领导的任职权。

萧山农村的堕民掌握了基层政权的领导权。"现在,他们各村都建有共产党支部、共青团组织,一部分党团骨干担任了区、乡(镇)、村各级领导干部,有的被选为人民代表。各村还办了学校,目前已普及了中小学教育。"③堕民的历史陈迹以及歧视堕民的偏见早已销声匿迹,堕民入团入党,成为基层党组织的领导。

宁波堕民也不例外,担任农村基层政权的领导。1949 年 4 月 28 日,宁波解放的第二天。"绰号为'黑卵袋'的任长元代表慈城天门下的堕民,成了乡评议小组成员之一,这是堕民数百年来第一次登上政治舞台。"④曾任上海医学院副院长、上海市科委落实政策领导小组组长、上海市自然博物馆顾问的李源,抗战时期参加革命,也是慈溪籍的堕民。宁波三眼桥居民委员会的小组长高阿菊,就是以前的"送娘子"。"新中国成立后,传统偏见得到破除,政治地位提高,如石淋村任民兵副队长、闾长、农会小组长的堕民共 4 人。"⑤大嵩滨海平原的管江天打岩村、大嵩街村的堕民后裔当上了村干部。象山文岙村的堕民陶氏解放后担任近二十年的村党支部书记。⑥

作为堕民的个体,也在新中国得到崇高的荣誉。堕民艺人周传瑛乃著名的昆剧表演艺术家和教育家。1951 年,为了适应时代潮流,周传瑛所在的戏班在嘉善演出根据民间故事改编的《木兰从军》,新编大型苏剧古装戏《光荣之家》,叙述南宋军民奋起抗金故事,配合正在掀起的抗美援朝运动,获得好评,剧团获准就地登记,隶属嘉兴地区,正式定名为"国风苏昆剧团"。农历中秋节,剧团进入湖州兴业书场,首次演出由周传瑛根据郭沫若的话剧名著编导的大型苏剧《孔雀胆》,大获成功。因苏剧通俗易懂,题材贴近现实生活,颇受观众所喜爱。1953 年 1 月,国风参加杭州戏曲会演,演出由周传瑛编导的《牡丹亭》,深受杭州文艺界和观众的赞赏,并得到杭州市文化主管部门的重视,同意剧团在杭州落

① 李贤生:《话说彭家溇的堕民》,《绍兴村落文化全书(安昌卷)》,中国文联出版社 2010 年版,第 162 页。

② 王德江:《银东关春秋》,浙江文艺出版社 2014 年版,第 122 页。

③ 洪雅英:《萧山堕民》,《萧山历史文化研究》,方志出版社 2006 年版,第 262 页。

④ 《江北堕民》,《宁波市江北区志》,浙江人民出版社 2015 年版,第 1819 页。

⑤ 《北仑旧时堕民》,《宁波市北仑区志》(下),浙江人民出版社 2013 年版,第 1859 页。

⑥ 文岙村志编辑委员会编:《文岙村志》,中国文史出版社 2006 年版,第 227 页。

户,成为该市领导的民间职业剧团之一,并留在杭州人民游艺场演出。周传瑛如是说:"旧社会把我们当棵草,新社会把我们当成宝;旧社会称我们为'戏子',新社会把我们称为人民艺术家;旧社会把我们戏班叫成'叫化子戏剧团',新社会我们变成了国家剧团,我们成了国家的主人。没有共产党就没有我们这些根本变化。"①周传瑛及其"国风苏昆剧团"在党和人民政府的关怀下,结束了"叫化子戏班"的江湖流浪生活。周传瑛的女儿朱雅感慨地说:"新中国给老一辈艺术家们带来了质的改变。他们对此感触最深。由一个艺人变成了文艺工作者。那种感激之情,今天的演员们是很难体会的。"②

1955年冬,周传瑛参加《十五贯》的剧本改编和导演工作,并在剧中饰演主角况钟,一个为民请命、清正廉洁的清官。这台新编昆剧刚一上演,就得到社会各界好评。1956年4月,国营浙江昆苏剧团成立,周传瑛担任团长。《十五贯》进京献演,共演出47场,观众达七万人次。4月17日和4月25日,毛泽东先后两次观看昆剧《十五贯》,并指出:"十五贯是个好戏。这个戏要推广,全国各剧种有条件的都要演。这个剧团要奖励。"③并派人到昆剧团传达三条指示:"(一)祝贺《十五贯》的改编和演出,都非常成功;(二)要推广,凡适合演出的,都可以根据各剧种的特点演出;(三)对剧团要奖励。"④周传瑛百感交集:"我们这些早年流浪在江南农村的'叫化子戏班'里的人,怎么能够想到,有这么一天,能在我国首都,在党中央办公的地方,为毛主席演出。"⑤周恩来也看望了周传瑛和全团同志,给予高度评价:"你们浙江做了一件好事,一出戏救活了一个剧种。《十五贯》有丰富的人民性和相当高的艺术性。"⑥中央文化部、中国戏剧家协会在中南海紫光阁召开了《十五贯》座谈会,周传瑛向周恩来以及首都两百多名文艺界著名人士谈了改编和演出《十五贯》的经过和体会。周传瑛坦言:"我个人

---

①　周世瑞:《我的父亲周传瑛》,《昆剧一代宗师——周传瑛》,中国书籍出版社2013年版,第34页。

②　朱雅:《难忘怀,忆往昔——怀念慈父严师周传瑛》,《昆剧一代宗师——周传瑛》,中国书籍出版社2013年版,第262页。

③　周传瑛:《昆剧生涯六十年》,上海文艺出版社1988年版,第110页。

④　黄源:《毛泽东思想救活了昆曲》,《昆剧一代宗师——周传瑛》,中国书籍出版社2013年版,第199页。

⑤　潘伟民:《昆坛周传瑛》,中国戏剧出版社2013年版,第100页。

⑥　周恩来:《关于昆剧十五贯的两次讲话》,《周恩来选集》(下),人民出版社1984年版,第192页。

有今天,剧团有今天,昆剧有今天,都是由于中国共产党的支持和帮助。"①五一国际劳动节,周传瑛等8名主要演职员应邀登上天安门两侧的观礼台,并幸运地见到了毛泽东及其他党和国家领导人。京城五月出现盛况空前的"满城争说《十五贯》,一票难求看昆曲"的景象。《十五贯》演出的巨大的成功,使昆剧这个濒临绝唱的古老剧种获得了新生,北京、上海、南京和湖南等地相继成立了昆剧院团。周传瑛也名扬大江南北。周传瑛1956年加入了中国共产党,先后当选为第二、三、四届中国文联委员,中国剧协理事,浙江省政协第三、四届常委和第五届委员,省剧协副主席、名誉主席。1957年获"浙江省劳动模范"称号和浙江戏曲会演一等奖;1969年获文化部颁发的荣誉奖;1986年荣获浙江省"省级机关优秀共产党员"称号。

1949年7月,堕民艺人周信芳在北京怀仁堂参加第一届文代会,受到毛泽东、朱德、周恩来等党和国家领导人的亲切接见。9月,周信芳又应邀出席第一届中国人民政治协商会议,当选为全国政协常务委员,并参加盛大的开国大典。周信芳感慨万千:"五十多年来,我眼看着半封建半殖民地的旧中国由崩溃而灭亡;我亲切地迎接我们伟大的祖国,像迎接初升的朝阳。五十多年来,我第一次以最大的兴奋和骄傲,做一个解放了的中国人民,做一个为人民服务的艺术工作者。"②9月20日,上海市文化局设立"戏曲改进处",周信芳被任命为"改进处"处长,昔日一个"贱民"身份的京剧名角成长为人民政府的处级官员。1950年11月,中央文化部在北京召开"全国戏曲工作会议",周信芳出席了会议。1951年5月5日,政务院发布"五五指示",就是根据这次会议的建议,其中心内容为"改戏、改人、改制"。1951年2月4日,上海市人民政府在上海举行"庆祝周信芳演剧生活五十周年暨戏曲界敬老大会",周恩来亲笔题词:"庆贺周信芳先生演剧五十周年成就。"3月5日,"华东戏曲研究院"在上海成立,周信芳任院长。1952年10月,中央文化部主办"第一届戏曲观摩演出大会"在北京举行,这是中华人民共和国成立后第一次全国性的戏曲会演,旨在检阅全国各地戏曲艺术创作和改革取得的成绩。参加会演的有来自全国23个剧种的30多个表演团体,1600多名演员,周信芳表演《徐策跑城》被授予荣誉奖,这是党和人民给予戏曲艺术家的最高荣誉和褒奖。原先没有资格做官的"贱民",竟然出任人民政府的官员,当选为政协委员,参政议政。

1953年10月,周信芳参加"第三届中国人民赴朝慰问团",前往朝鲜演出。

① 洛地:《周传瑛传》,《中国现代戏剧电影艺术家传》第2辑,江西人民出版社1984年版,第242页。

② 周信芳:《我欣慰活在这个时代》,《周信芳文集》,中国戏剧出版社1982年版,第1页。

慰问团总团长贺龙,梅兰芳和周信芳任副总团长。周信芳在战火纷飞的前线,为志愿军和朝鲜军民演出《徐策跑城》《群英会》《四进士》等剧目。1956 年 1 月 10 日,毛泽东在上海中苏友好大厦观看周信芳的演出,并上台与周信芳等演员一一握手,合影留念,称赞周信芳演技精湛。一个月后,周信芳应邀到北京政协礼堂演出四天,前三天毛泽东都来观看,被独具风采的麒派艺术所吸引。第四天,周恩来和陈毅观看了演出,周恩来称赞其表演"浓笔重彩"。1956 年夏,上海京剧院访苏团由周信芳任团长,前往苏联访问,演出节目有麒派名剧《四进士》《徐策跑城》《打渔杀家》《投军别窑》,周恩来审查了出访剧目。周信芳和演出团全体成员应邀出席在红场举行的十月革命 39 周年庆典,瞻仰列宁和斯大林墓。周信芳和访苏团在苏联逗留 64 天,历经 6 个加盟共和国的 9 个城市,即莫斯科、列宁格勒(圣彼得堡)、塔林、里加、考纳斯、维尔纽斯、明斯克、高米尔、基辅,行程两万多千米,共演出 53 场。这次访苏演出圆满成功,苏联文化部向周信芳等人颁发荣誉奖状。田汉称赞出访演出任务完成出色,称赞周信芳为"不倒的红旗"。昔日被人瞧不起的堕民"戏子",今天竟然能代表新中国出国访问。

第三节 当代大禹——梁焕木

"当代大禹"梁焕木,成为堕民当家做主人的典范。枫桥"轿佬"(堕民)梁姓由新昌彩烟迁往诸暨朱塘,仍为平民;而迁往枫桥的梁姓因从事"轿业"而沦为贱民。"轿佬""正月分大冰糖,正月半闹元宵,新娘上轿拜堂,洞房坐床,习成枫桥民族民风,直到解放,以梁焕木为首青年人解放了,不再做下等人,把小唱班乐器都毁了,止今后没有人去敲锣、打鼓、唱戏"[1]。1951 年,梁焕木当选为孝义村村干部,连续两年遭受旱灾,粮食歉收,对水利是农业的命脉有着切身的体会,激发了兴修水利的热情。"我从自身的亲身经历中认识到:解放前,农民受三座大山的压迫翻不了身,解放后不与自然灾害作斗争,同样翻不了身。"[2]梁焕木受枫桥人民政府的委托,发动人民进行全县性水库工程建设,并出色地完成了任务,获得"水利工程模范"称号。1954 年,梁焕木在人民代表大会上,提出在枫桥镇旁边建设蓄水 60 万方,受益农田 6000 亩的青岭水库,这是全省最大的

① 梁傅来口述,骆健儿、郑建兴整理:《枫桥民间轿佬》,《诸暨枫桥镇非物质文化遗产田野调查汇编本》,2008 年。

② 梁焕木:《共产党员就要活到老、学到老、贡献到老》,《当代共产党人浙江省先进基层党组织和优秀共产党员事迹选编》,1991 年,第 27 页。

两个水库之一。有的代表质疑:"凭你一身牛力气,挑个池塘也许不难,可用钢筋洋石灰造全省最大的水库,能行吗?"家人也提出担忧:"弄不好人命关天要坐牢。"梁焕木顶住重重压力,冒着极大风险,将铺盖带到工地,带领上千群众,奋战了一冬春,终于完成了水库建设。

然而,青岭水库即将建成时,暴雨以及洪水吞没了来不及加固的溢洪口,继而冲毁了大坝,大片良田沦为汪洋。梁焕木面对埋怨、讥讽、责难和哭号,他摘下了省县颁发的奖状,心如刀绞,整天发疯似的围着水库打转。梁焕木没有气馁,借了10元作为盘缠,向省里争取8000元经费,发回50吨水泥,挨家挨户动员群众返回工地。梁焕水表示:"造水库没有错,倒了大坝,要坐牢,我梁焕木去,但现在得重建青岭水库。"①梁焕木动员群众回到工地,他白天和群众"三担挑千斤",晚上则在煤油灯下进行业务学习,几个月后,青岭大坝再次建成,尽管屡遭风雨,依旧岿然不动。

青岭水库给梁焕木上了创业第一课,坚定了其献身水利事业、服务农业的决心。1957年冬,梁焕水被枫桥区公所选调为区水利技术员,全身心地投入水利建设。1960年,枫桥区的水利骨干工程——征天水库建成,梁焕木出任征天水库管理委员会主任兼党支部书记,这个库容1200万方的中型水库,由枫桥区6个乡镇40个村的农民联合集资建成,由于大坝草率完成,工程质量较差,戴着"危险水库"的帽子。正是三年困难时期,水库没有编制,也没有住房,无粮也无钱,人心浮动,员工大半流失。梁焕木动员妻子来到库区,以稳住人心。当时因收不上电费,实际每人每月仅有七八元的工资,梁焕木乃唯一拿45元工资的国家干部。梁焕木将自己的工资并入水库收入,带领职工住茅草房,吃番薯糊、草子糊、大麦糊,垦荒种地,喂猪养鱼,生产自救,依靠"萝卜汤加扁担"的征天精神,着力整修加固大坝,开拓溢洪道等后续工程,摘掉"危险水库"帽子。为了增加水库蓄水,打了一条长270米的引水隧洞,增加集雨面积7600亩,解决了水源不足问题。开辟53里排灌渠道,倒提浦阳江水,使钱塘江、征天水库和灌区的三条溪口相接,培修了100余里堤防,使征天灌溉面积由8600亩增加到22850亩,粮食产量保持稳产高产。水库建成30余年,经受了五次大旱,五次水灾的考验。即便遇到1967年那样的大旱之年,仍保持亩产1100斤,比全县亩产高出100斤,群众称赞:"自古种田靠老天,现在种田靠征天。"梁焕木为治水,也付出了丧子之痛的沉重代价,在水库当电工的长子因公身亡,他正在北京开会,强忍悲痛开完会议,返回征天已经安葬,曾自责不该让年仅13岁长子辍学

① 梁焕木:《共产党员就要活到老、学到老、贡献到老》,《当代共产党人浙江省先进基层党组织和优秀共产党员事迹选编》,1991年,第27页。

进水库,一起吃见不到一点油星的清汤萝卜,一起挑担固坝,垦荒种菜。1967年,"文革"期间,时枫桥干旱达143天,梁焕木也一度被打成"反动学术权威",遭到揪斗批判。但他毫不计较个人得失,依然采购变压器、水泵等抗旱物资,引枫桥江水灌田,确保库区水稻丰收。

梁焕木祖祖辈辈都是被歧视的"轿佬",他对生他养他的这块土地以及生活在这块土地上的农民,有着极为深厚的感情。梁焕木常对人说:"我最看不得的是农民受苦。从青年时代起,我就立志改变农村的落后面貌,建设社会主义新农村,使农民走上富裕之路。"征天水库从自救开始,逐步走上综合经营之路,梁焕木经常琢磨如何发挥综合开发优势,为农业服务,为农民走上富裕之路服务。1976年,梁焕木作为水利专家援助乌干达回来,发现农民还过着"鸡蛋换粮食"的日子,心里颇为着急。梁焕木经过调查,发现农业产量过低的原因在于肥料太少。俗话说:"有收无收在于水,多收少收在于肥。"梁焕木决定创办化肥厂,但说起来容易做起来难。几次报告,几番进城,都没有解决问题。12月下旬,梁焕木等三人,穿着草鞋,冒着鹅毛大雪,从枫桥进城争取支持,50里山路整整走了一天,终于取得建厂的批文。征天石灰氮厂的投产,使征天灌区2万亩农田施用化肥由每亩1.8斤增加到40斤,粮食亩产量也跃上1500斤,枫桥农民从此告别"鸡蛋换粮食"的日子。诸暨山区盛产番薯,而番薯的主要用途就是喂猪,利用价值极低,而且每遇多雨,番薯大量腐烂。梁焕木查阅有关资料,认为将番薯制成葡萄糖才是解决番薯销路、提高农民收益的最好办法。1981年,梁焕木带着征天人,走南闯北学技术,赶制工艺流程图,组织力量施工,安装设备。两个月后,主厂房还未完工,主要机器设备也尚未进厂,可红薯收获季节已经来临。为了让农民红薯不致烂掉,梁焕木要求没有钞票也要收购,只要还有一个农民没有出售,收购店就不能撤销。建成投产的葡萄糖厂年耗3000吨干薯丝,1000吨鲜薯,解决了大半个诸暨的番薯销路。征天水库创办了一个又一个企业,有些人讥为"不务正业",梁焕木不以为然,以"群众的需要就是正业"回击。(图8.1)

经过二十年的发展,征天公司实力雄厚,职工收入也有所增长,梁焕木提出征天富了,但不能忘记农民,"农业、农村、农民,这个农字是我们的命根子",并制定了"扶农助农"制度,每年从企业利润中拨出10%,加上水、鱼、电的净收益,专项用于支农。每年春节前夕,征天公司拖网捕鱼,总是以低廉的价格供应灌区的农民,然后才轮到公司的职工。征天公司先后自行设计和创办了水利机械厂、石灰氮厂、水泥厂、葡萄糖厂、罐头厂、铝制品厂、特种钢厂,迄20世纪90年代,征天已拥有11个企事业单位,8290万元固定资产,近600名职工的工业实体,对解决当地农村剩余劳动力、促进地方经济的发展做出了重要贡献。征天

图 8.1 昔日"轿佬"成长为当代"大禹"的梁焕木(1928—1996)

有 8 家企业,直接为当地农民服务。

　　曾几何时,社会上涌现"一切向钱看"的偏向,有些领导也劝梁焕木,"黄牛不必陪水牛晒太阳",现在政策允许,该多拿点也是应该。但梁焕木却认为干群之间收入差距太大,不利干群团结,应该规定适度,才能真正体现社会主义多劳多得的分配原则,促进精神文明建设,干部也才有威信。梁焕木常常语重心长地告诫干部:"搞改革不是为了个人发财,享受。"征天公司明确规定,企业领导的奖金最多不得超过职工一倍,1986 年和 1987 年,梁焕木将千余奖金留作企业的发展基金,他出差坚持"三不原则",不住高级旅馆、不坐卧铺、不坐二等以上舱位。半斤米饭,一碟猪头肉就是其美味佳肴。征天钢材、化肥、水泥一直是紧俏物质,梁焕木有审批权,但从未为自己和亲友动用一次权力。征天公司造了 6 幢职工宿舍,职工大都住进了新居,唯有梁焕木仍住在清代盖的土改时的老屋。公司领导拟出钱为其盖新居,遭到梁焕木的断然拒绝,直到 1992 年才住进公司集资所建的新房。1988 年,梁焕木在北戴河疗养期间,公司领导考虑到梁焕木年事已高,身体也不太好,8 个企业相隔 10 多里,又不会骑车,遂配置了一部桑塔纳轿车。梁焕木回到公司后,坚决要求将 18 万元的车子退掉。公司另外花 3

万元采购了一辆10座的国产面包车,干部职工均可使用。

梁焕木有过多次晋升、跳出"农门"的机会。1976年援助乌干达回国,外交部想留用另外安排职务,水利厅也想调用,组织关系压了半年,但梁焕木直接从外交部将户口迁到征天公司。诸暨县领导考虑让梁焕木担任大型水利工程负责人、政协专职领导、水利局副局长,梁焕木诚恳地向领导表露心思:"现在当官有人争,留基层没人争,我这个人是泥巴萝卜命,还是埋在土里自在。"[①]1982年,省人事厅下文,正式录用梁焕木为国家干部,并确定了行政级别。梁焕木接到通知后,坚决谢绝。县领导三次登门做思想工作,他无奈地提出,如果一定要转,不必转行政级别,就转个技术级别。许多亲朋好友对其举动难于理解,询问其这个也不要,哪个也不要,究竟要什么?梁焕木坦然回答,我要的就是当个农民,自己当过农民,冷暖甘苦自知,为农民兄弟办事才贴心。1963年,梁焕木参加华东地区农业先进集体代表大会,聆听了周恩来总理"八先八后"的讲话,即先集体后个体,先国家后个人,先求己后求人,先责己后责人,先顾公后顾私,先为公后为私,我为全民、全民为我,我为世界、世界为我。梁焕木听后极为激动,将它整齐地抄录在笔记本上,从此,"八先八后"成了其一生遵守的行为准则。梁焕木回顾自己走过的路程,面对党和人民给予的诸多荣誉,对照党的要求和自己立下的行为准则,深感差距很大,还要继续奋斗,继续奉献。要像周恩来总理那样,活到老,学到老,贡献到老,将自己的一生奉献给党和人民,被誉为"当代大禹"。

梁焕木由初识文化的"轿佬",成长为又红又专的水利工程师,1985年被授予全国水电战线特等劳动模范和浙江省特等劳动模范称号,1988年当选为全国七届人大代表,1989年被评为全国劳动模范,1992年当选全国八届人大代表,从一个库容仅千万立方米的征天水库作为起点,围绕为农民服务作为宗旨,发展成为八千多万元固定资产的企业群体——征天水农工商综合开发公司,不仅闯出了一条昔日堕民自学成才之路,而且闯出了一条振兴农村经济的"征天之路"。中共诸暨市委、市人大常委会、市人民政府先后发出"学习梁焕木,振兴诸暨市"的口号。1995年,梁焕木尽管身患绝症,仍亲临枫桥江考察,坚持完成10余万字的《枫桥江治理开发》。

2013年7月1日,纪念枫桥梁焕木、纪念征天精神的梁焕木纪念馆在征天大坝隆重开馆。纪念馆投资300多万元,展馆面积500平方米,以"当代大禹,为民征天"作为主题,分为序厅、崇学厅、为民厅、传世厅、廉政厅、荣誉厅6个展

---

① 梁焕木:《共产党员就要活到老、学到老、贡献到老》,《当代共产党人浙江省先进基层党组织和优秀共产党员事迹选编》,1991年,第32页。

区,再现了梁焕木"崇学、为民、传世、廉政"的光辉形象。展区采取图文并茂的方式,利用现代多媒体高科技手段,详细生动地展现了梁焕木的家庭生活背景、生平事迹,以及为社会和人民所做的卓越贡献,真实记录和再现了梁焕木勤奋好学、克己奉公、艰苦创业的辉煌历程,全面反映了用毕生精力心系民众,全力为民的伟大情怀。梁焕木乃是从"轿佬"(堕民)成长为社会主义主人翁和社会主义建设骨干的光辉典范。

第四节　堕民艺人成了人民艺术家

堕民演戏不再是贱业,而是"团结人民,教育人民,打击敌人,消灭敌人"的有力武器;堕民艺人不再是从前被人歧视的"戏子",而是"革命文艺工作者"。奉化堕民钱小毛于中华人民共和国成立后返回故乡奉化,以理发为生。虽然"九韶堂"早已解散,但艺人还在,经常合奏器乐以自娱。1955年,奉化举办"群众业余音乐舞蹈观摩演出会",钱小毛带领原"九韶堂"为主体的大桥镇代表队,演出大型丝竹锣鼓《万花灯》和吹打乐《将军得胜令》,由于十面锣敲打热闹,曲子热情奔放,荣获一等奖,并被选送到宁波参加会演。钱小毛的部分队员与宁波其他县区的器乐界同仁混合编队,参加浙江省会演。该节目又代表浙江省参加"全国农村民间音乐舞蹈会演",荣获优秀奖。北京凯旋后,钱小毛应邀加入浙江省文化厅组织的浙江民间音乐舞蹈巡回演出团,前往金华、衢州、温州、宁波、上海等地演出。

1956年8月,文化部举办"全国音乐周"。浙江尚无专业的音乐团体,浙江省文化厅临时抽调省内部分著名艺人,排演了一台节目。钱小毛等人的《万花灯》《将军得胜令》再次被选中进京演出,获得较高声誉。浙江代表队还为党的八大和中央首长做了汇报演出。1957年,浙江省民间歌舞团诞生,钱小毛担任该团乐队组长。由于工作负责,作风朴实,钱小毛于1960年光荣地加入中国共产党,昔日为人不齿的贱民,成长为一名共产主义战士。1973年,浙江省歌舞团准备参加秋季"广交会",钱小毛主持集体创作大型器乐曲《渔舟凯歌》。演出期间,钱小毛演奏的十面锣鼓,再次受到中央首长和外商的好评。为了加强对外文化交流,文化部组织"中国艺术团"。钱小毛及其《渔舟凯歌》均被选中,出访芬兰、多巴哥、朝鲜、日本、苏丹、委内瑞拉、圭亚那以及北非六国。在京期间,该曲目还为尼克松、金日成、李光耀、马科斯等外国贵宾演奏。《渔舟凯歌》为电影《百花争艳》选录,许多文艺团体也把具有浙江民间特色的《渔舟凯歌》带到国外。作为十面锣鼓的创始人和著名演奏家,钱小毛将毕生积累的丰富艺术成果,毫无保留地传给下一代,浙江歌舞团打击乐手严济华、陈基达均为其嫡传弟子。1986 年,奉化编纂《民间器乐集成》,年逾七旬的钱小毛欣然应邀返乡,协助奉化县文化馆指导业余民间乐队,排练了《万花灯》《将军得胜令》《划船锣鼓》《八仙序》等民间乐曲,还亲自担任十面锣鼓的演奏。《将军得胜令》等五首曲谱被编入《中国民族民间器乐曲集成(浙江卷宁波分卷)》。1996 年,为民族民间器乐曲挖掘、整理、传承和发展并做出积极贡献的钱小毛因病去世。钱小毛生前是中国音乐家协会会员、浙江省劳动模范、浙江省政协委员。

中华人民共和国成立后,金华"小姓"翻身得解放,迎来了艺术的春天,东阳"小姓"王贤龙成了"民间吹打手"。党和人民政府非常重视民间艺术的挖掘、整理与加工,民间艺人也有了用武之地。"民间乐手王贤龙,1956 年参加全国首届音乐周演出,主奏婺剧乐曲《花头台》获好评。并参加中南海专场演出。"[1]1956年春,为了继承和发扬优秀的民族民间音乐文化,浙江组织业余民乐队,53 岁的王贤龙有幸被选拔到民乐队,担任唢呐演奏员,并参加全国首届音乐周大会演。王贤龙在《花头台》《将军令》等节目中,唢呐声声,一鸣惊人,受到全国音乐界乃至中央领导的高度重视。尤其是在中南海演出后,受到许多中央领导人的接见。还应邀到中央音乐学院、中央乐团、中央民族歌舞团以及浙江民间歌舞团等专业单位演奏传艺。浙江民间歌舞团录下王贤龙吹打乐曲 100 余首,为社会主义民乐事业做出很大贡献。60 年代以后,王贤龙致力于传承优秀的民间音乐,活跃在东阳农村业余剧团的不少"正吹",均出自王贤龙门下。他慧眼识英才,物色浙江歌舞团聘用的东阳县优秀业余唢呐演奏员何荣昌为弟子,将毕生所搜集的音乐资料全部相赠。70 年代,王贤龙出于对共产党和社会主义的真诚挚爱,以传统旧曲为素材,创作《毛主席领导好》《解放军守边疆好》《社会主义好》《机械化好》《计划生育好》等十多首新的民间器乐曲。其中《机械化好》的音型、节奏,模拟拖拉机的音响律动,形象生动,栩栩如生。王贤龙谙熟传统,技艺精湛,为社会主义精神文明建设做出了重要贡献。1977 年冬天他坐在椅子上晒太阳,再也没有起来,结束了他那生命交响的乐章。(图 8.2)

演戏乃堕民最有出息的职业,也是堕民作为贱民的另一个标志。过去,"戏子"带给堕民无尽的屈辱,新中国则成了"人民演员",带给他们无限的尊崇。林熙凤感慨地说:"阳光照耀着祖国的山河大地,全中国解放了,我们一贯受封建统治,资产阶级所卑视的旧戏班子,一跃而为文艺工作者,起着感化人民、艺术为人民服务的作用。过去自己的儿女,不敢在人前说出爸爸是演戏的,怕影响

---

① 　王庸华主编:《东阳市志》,汉语大词典出版社 1993 年版,第 716 页。

图 8.2　东阳小姓"民间吹打手"王贤龙(1904—1977)

了前途。解放后,党和人民给我们许多的照顾和荣誉。"①绍剧演员从"贱民"阶层解放出来,能够按照自己的意愿和才能选择职业,即使重操演戏旧业,其地位也与中华人民共和国成立前大不相同。

　　筱昌顺是绍剧著名的老生之一。"筱昌顺,绍兴安昌彭家溇人,堕民出身,从小在纸扇作坊画扇面,十七岁以后进座唱班,婚丧庆吊,替人吹打。"②筱昌顺先后在"大发舞台""泉源舞台"演唱。抗战时期到上海入"同春"戏班,在老闸大戏院演出。他在《滑油山》中饰演刘氏,开始扬名,擅演冠带戏和袄子戏,动作迂缓,塑造人物极有个性。在《孙悟空三打白骨精》中饰演唐僧,刚柔相济,端庄稳重。其拿手戏还有《芦花记》《桃花恨》,在上海轰动戏坛。另有《渔樵会》《香罗带》等剧也在观众中享有盛誉。1954年,《芦花记》参加华东地区第一届戏曲会演,获得一等奖,这是中华人民共和国成立后绍剧界唯一获得戏剧会演最高奖的绍剧演员。1956年,同春绍剧团由民间职业剧团改制为国营浙江绍剧团,筱昌顺与"七龄童"和"六龄童"均为浙江绍剧团挂牌主要演员前三名之一,长期担任浙江绍剧团副团长和艺术委员会主任。1958年,浙江绍剧团首次进京演出,周恩来亲点筱昌顺主演的《芦花记》在全国政协礼堂演出,受到周恩来的赞誉。60年代,绍剧《孙悟空三打白骨精》拍摄成电影后誉满全球,其所饰演的唐僧被

---

　　①　林熙凤:《风霜雨雪严相逼　三投师门终不悔——我的男旦生涯和旦角艺术举要》,《绍剧文论选》,中国戏剧出版社2011年版,第20页。

　　②　陶仁坤、罗平、严新民:《绍剧史料初探》,1980年,第108页。

誉为"活唐僧"。1961年10月10日,筱昌顺随浙江绍剧团第二次进京在怀仁堂为毛泽东、刘少奇、董必武等党和国家领导人演出《孙悟空三打白骨精》,得到中央领导的肯定和关注。毛泽东、郭沫若和董必武为《孙悟空三打白骨精》题写了光辉的诗篇。"筱昌顺演唐僧,也有一个波折过程,郭沫若同志题诗'千刀当剐唐僧肉'后,唐僧表演一度偏凶。不久,毛泽东同志和诗中点出'僧是愚氓犹可训',唐僧的表演分寸恢复到原来。"①筱昌顺演唱早年以真嗓为主,假嗓为辅,自称"堂怪喉"。壮年即以假嗓为主,真嗓为辅,称为"怪堂喉",真假嗓结合,圆润无痕,浑然一体。刚中含柔,颇具特色,为后辈所效法。(图8.3)

图8.3 七龄童、六龄童、筱昌顺扮演《孙悟空三打白骨精》剧照(浙江省文化艺术研究院供图)

王振芳,家住堕民巷唐皇街五十一号,祖辈三代演唱绍剧,祖父王茂源乃远近闻名的绍剧丑角,父亲王继法也学老生。王振芳家境贫寒,八岁即随祖父在上海学戏。祖父逝世后,王振芳的学艺之路更加艰辛。抗战胜利后,年仅十二岁的王振芳随父亲回到绍兴,组织"共和戏班",流动四村演出社戏。第二年,班社进城登上觉民舞台,十三岁的王振芳初露头角,被誉为"十三龄童"。中华人民共和国成立后,"共和戏班"改名为"新民绍剧团",并出任团长。"十三龄童"擅演袍带戏和青衫戏,所塑造的众多清官形象,个性独特。而在《于谦》中,他又以稳重的表现,抑扬顿挫的唱腔,细致地刻画了于谦文武双全和刚正不阿的秉性。还在《无常》中饰演无常、《男吊》中饰演男吊,《男吊》乃杂技性的表演段子,其动作称为"七十二吊",难度极大。"十三龄童"王振芳的演唱音色清润明亮,唱腔高亢激昂,善于吸收和借鉴前辈艺人的唱腔,在绍剧唱腔流派中独成一体。

① 钱法成:《百年流雅韵,一代名宗师》,《百年昌师——纪念绍剧泰斗筱昌顺诞辰一百周年》,2011年。

1950 年末，"十三龄童"与汪筱奎、王桂发等共同组建新民绍剧团，并担任新民绍剧团团长。2007 年，"十三龄童"出版自己的回忆录《绍兴乱弹从艺录》，也是绍剧发展的"史记"。"十三龄童"光荣加入中国共产党，因其精湛的表演艺术，屡次登上国家大舞台，国庆三十周年晋京演出《于谦》，荣获一等奖，获得"全国劳动模范"称号，受到毛泽东、周恩来等党和国家领导人的接见，当选为浙江省第五、六、七届人大代表，享受国务院特殊津贴。2016 年 9 月 19 日，"当代绍剧一代宗师"，"十三龄童"与世长辞，享年 84 岁。绍剧著名艺人陈顺泰对比了新旧社会绍剧艺人冰火两重天的生活。

过去旧戏班演戏，一般都以庙台、祠堂或草台当舞台，演出环境极差，晚上演职员只靠台上四角绑扎四根松树枝照明，如果台上有两盏汽灯照明，已算很不错了。现代舞台灯光运用全套自动化遥控操作，只需预先设置，届时必定准确无误地达到预期效果。舞美布景也呈现千变万化的创新境界，令观众心旷神怡。过去被人瞧不起的戏子，现在是文艺工作者，深受党和国家的重视和无微不至的关怀，他们所从事的工作，得到社会的尊重。仅以 80 届前后进入绍剧团工作的中青年演职员状况为例，获得国家一级演员（高级职称）就有 15 人，国家二级（副高级职称）38 人，余下的人也是三级（工程师、讲师职称）。演职员不仅提高了政治地位，且经济收入也有很大的提高。同样是唱戏的艺人，由于处在两种不同的社会，显示两种截然不同的待遇和境界。[1]

第五节　堕民戏剧世家——猴王家族

堕民世代以唱戏为业，形成许多戏曲世家，以"猴王世家"章氏最为典型。父艺子承、衣钵相传，乃天经地义。"第一代章廷椿（艺名'活猴章'）演猴王是穿草鞋戴木脸的；第二代章益生（艺名'赛活猴'）是穿布鞋戴布脸的；第三代章宗义（艺名'六龄童'）是穿高靴画油彩的；到了章金莱（艺名'六小龄童'）这代'美猴王'，行头则换成了毛套和软牛皮。章家四代美猴王书写了中国猴戏的历史。"[2]章家原是上虞道墟的一个村民，世代擅长演出"猴戏"，"猴王世家"第一代传人是章廷椿，经常在田间地头，戴上木刻的孙悟空脸谱，光着脚扮演孙悟空，因擅长演出"猴戏"，有着"活猴章"的美誉。"道墟章氏历史上实际是蒙古人后

---

[1]　访问陈顺泰，2017 年 3 月 16 日。
[2]　何文杰、何家炜：《上虞名贤名人》，西泠印社出版社 2011 年版，第 421 页。

裔,元朝灭亡明朝建立后,他们被贬为堕民,来绍兴一带居住。堕民是一个特殊人群,他们只能从事演艺、手工业等行业,不许耕读工商。到清朝时限制有所放宽,但大部分堕民还是从事所谓的低贱行业。百年前的道墟有个叫章廷椿的人,很会演猴戏,得了个'活猴章'的名号,那个人就是六小龄童的曾祖父。"①六小龄童家门厅墙上,悬挂一块匾额,有作家谢冰心题写的四个大字——"猴王世家"。六小龄童回忆:"从曾祖父开始,我们家演猴戏便有了些名气,那个时候曾祖父章廷椿还有个'活猴章'的名号,农闲时喜欢穿草鞋戴木脸耍耍猴戏。而真正把猴戏发扬光大的则是祖父了。我的祖父名叫章益生,是浙江绍兴上虞道墟镇的一个村民,除了在田里辛勤耕耘以外,还经营着一家小灯笼铺。但他在农闲、逢年过节的时候都会参与演戏,演得最多的就是猴,以至于到后来他有了'赛活猴'的名号,也算是地方上一个名角了。"②"猴王世家"的第二传人章益生,生肖属猴,在绍兴乡间庙会高跷队中扮演孙悟空,并形成自己独特的"猴戏"表演风格,赢得"赛活猴"的美誉,成为绍兴名角。然而,天有不测风云,在一次表演中不慎摔伤了腿,从此再也不能登上舞台,他从自娱自乐的社戏中受到启发,遂向邻居借了五块银洋,闯荡上海滩,将大城市的服装、道具以及水绉纱、马鞭等戏剧用品贩卖到绍兴,赚得第一桶金。

章益生经过多年经营,积累了一些资金,接管了上海老闸大戏院,成为绍兴乱弹在上海的主要演出场地。1928 年,同春舞台改由章益生领班,后来成为老闸大戏院中绍兴乱弹的基本班子,许多绍兴乱弹的知名演员,均先后应同春舞台的聘约,搭班在老闸大戏院演出,老生如梁幼侬、筱凤彩、林芳锦、吴昌顺、筱芳锦、筱昌顺、陈鹤皋等,武生如裘涌棠、赖国友等,老外如陆长胜、杨鹤轩等,小生如王桂发、筱柏龄、筱月楼等,花旦如筱玲珑、筱月英、章艳秋等,花脸如汪筱奎、盖玉兔(二花脸)、筱扬松、彭沛霖(大花脸)等。"当时绍兴乱弹的著名演员,大多数都曾在同春舞台搭班演出,使同春舞台成为名角荟萃、剧艺精湛、影响深广、知名度最高的绍兴乱弹戏班。"③同春舞台所演剧目,既有传统剧作,也有移植剧作,还有新编"连台本剧"。20 世纪 40 年代较有影响的"连台本戏"就有《济公传》和《西游记》。

老闸大戏院的同春舞台,培养了"猴王世家"的第三代传人——"活八戒""七龄童"和"南猴王""六龄童"。"七龄童"原名章宗信,又名鹤鸣,为章益生四

---

① 徐文华、魏国剑主编:《江南水乡 有道之墟(道墟卷)》,大众文艺出版社 2011 年版,第 114 页。

② 六小龄童:《猴缘》,京华出版社 2004 年版,第 13 页。

③ 罗萍:《绍剧发展史》,中国戏剧出版社 1996 年版,第 261 页。

子,生于 1921 年,为绍剧著名演员。"七龄童"顾名思义,七岁即在上海登台演出。"七龄童"在绍剧"悟空戏"中饰演猪八戒,被誉为"活八戒"。他在《孙悟空三打白骨精》中饰演猪八戒,以浓厚的喜剧色彩,刻画猪八戒纯朴憨厚,乐观诙谐的性格,入木三分。当唐僧在天王寺束手就缚后,他硬着头皮到花果山向孙悟空告急,最后与白骨精搏斗时,大打出手,立下功劳,令人喜爱。但他爱卖弄小聪明,扯谎,懒惰,在妖怪的变幻面前迷惑难辨,善恶不分,险些闯下大祸。"七龄童"以"笨扮巧演"的手法饰演猪八戒,善于运用准确、生动、富有感染力的形体动作,以体现猪八戒的性格和感情。猪八戒头戴面具,喜怒哀乐均不能通过面部表演,只能依靠身段动作来补救。其举手投足之间,皆能传情达意,诸如步法就有"踮步""叉步""拱步""窜步""编步"之类。"七龄童"的道白,采用绍兴方言,精确幽默,寓意深长,具有强烈的喜剧效果。这种方言道白,继承传统"活白二花脸"道白的艺术,结合猪八戒的人物性格,进一步来发展和创造。罗萍高度评价七龄童"笨扮巧演"猪八戒:"他的'笨扮',是指以头套遮掩眼神,脸相,穿着胖袄,挺着个大肚子,那是形象上的猪相;所谓'巧演',则是指以准确、生动、富有感染力的形体动作,来刻画猪八戒的性格、感情。"[①]七龄童饰演的猪八戒,以各种形体动作取胜,无论一耸肩、一摆腰、一弓背、一屈膝,无不细致入微,深合剧情。其唱腔清亮润净,高亢激越,在绍剧老生一行中,别具风格韵味。其饰演的猪八戒富有人情味,给人以诙谐幽默之趣,也使人倍感亲切。

"七龄童"集编、导、演于一身,在上海编演幕表戏三十六本《西游记》、七十二本《济公传》,优秀神话剧《孙悟空三打白骨精》即源于幕表戏《西游记》,于1957 年浙江省第二届戏曲观摩会演,获剧本二等奖,其饰演的猪八戒获演员二等奖。1960 年,由《孙悟空三打白骨精》整理改编小组整理改编后,摄制成彩色电影。50 年代初,"七龄童"出任同春绍剧团团长。"文化大革命"爆发后,"七龄童"又横遭批判,于 1967 年 9 月 28 日被迫害致死,年仅 47 岁。1979 年,组织上为"七龄童"平反昭雪,称赞其为著名的"绍剧表演艺术家"。

"六龄童"章宗义为章益生的小儿子,小名鹤皋。六岁开始学艺,以演猴戏著称的武生,其舞台生涯达五十年之久,被称为"江南美猴王"。"六龄童"自幼跟随同春舞台学艺,酷爱猴戏,在上海老闸大戏院演出时,经常到京剧戏班,观摩《西游记》,请教过扮演"公猴"的郑法祥,师从张翼鹏演出"美猴"。"六龄童"初次演出孙悟空并不成功,乃上街到处看猴子变把戏,观看别人打猴拳,后来,干脆买来一只猴子,形影不离地养了两年,仔细观察猴子的一举一动,将猴子

---

① 罗萍:《猪犹智慧胜愚曹——略谈七龄童和他饰演的猪八戒》,《绍剧文论选》,中国戏剧出版社 2011 年版,第 365 页。

喜、怒、哀、乐的种种表情模仿得惟妙惟肖，为造型舞台形象打下了基础。"六龄童"得到著名京剧武生盖叫天和张翼鹏父子的直接指点，懂得"神似必须胜过形似"的学艺之道，探索了全新的"南猴戏"，与饰演猪八戒的胞兄"七龄童"在绍兴乱弹"悟空戏"的表演艺术，堪称双璧。

"六龄童"的猴戏表演艺术，通过三十六本"连台本戏"《西游记》的演出实践逐步形成。在三十六本《西游记》中，不少戏在同春舞台单独演出，如《闹天宫》《闹地府》《五行山》《平顶山》《通天河》《黑风怪》《金钱豹》《万年青》《双星斗》《罗阴女》《三打白骨精》《三盗芭蕉扇》等。《西游记》从《猴王出世》到《大闹天宫》，演的全是"幕表戏"，"六龄童"以猴形猴相在舞台上即兴表演。"六龄童"还在《十字坡》《快活林》中饰演武松，在《三盗九龙杯》中饰演杨香武（反串武丑），均表演出色。"六龄童"以"武戏文演"见长，敢于标新立异，其亮相漂亮，动作利索，不论长靠短打，或是翻滚腾扑，技术娴熟，并撰写《取经路上五十年》，总结其艺术成就。"六龄童"主演的《孙悟空三打白骨精》被拍成彩色电影，脍炙人口，至今仍常演不衰。"南猴王""六龄童"得到毛泽东、邓小平和江泽民三代国家领导人无微不至的关怀和照顾。"文化大革命"前，"六龄童"就是浙江省政协委员，"文化大革命"后，又成为第五届中国人民政治协商会议委员。全国政协每届任期五年，"六龄童"连任第五届、六届、七届和八届，担任二十年的全国政协委员，享受国务院一级特殊津贴。"六龄童每年进京开全国人大、政协会议，年年与党和国家最高领导人邓小平、江泽民等共商国家大事，共绘祖国蓝图。"[1] 2013年，六龄童获中国戏剧家协会颁发的"中国戏剧终身成就奖"。"六龄童"是全国政协委员、浙江绍剧团团长、国家一级演员、绍剧著名表演艺术家。2011年，获中国剧协颁发的"突出贡献奖"。2013年，第十三届中国戏剧节授予其"终身成就奖"。2014年1月31日，"六龄童"在绍兴病逝，享年90岁。

"猴王世家"的第四代传人有"七龄童"的两个儿子，艺名"七小龄童"的长子章金元和"小七龄童"章金云，在浙江绍剧团中分别扮演孙悟空和猪八戒。还有"六龄童"的两个儿子，艺名"小六龄童"的次子章金星和"六小龄童"的五子章金莱。"文化大革命"开始后，"六龄童"遭到批斗，受到隔离审查，但他仍在思考如何将中国"猴戏"延续下去。"六龄童"拉木头去锯板厂锯板的间隙，捡了根细木条作为金箍棒，手把手地向"六小龄童"传授"南猴王"的技艺。1981年，中央电视台决定拍摄电视连续剧《西游记》，由杨洁执导。主创人员认为要拍好《西游记》，孙悟空的人选是关键。杨洁打电话给"六龄童"求助，"六龄童"推荐了儿子

----

① 小七龄童：《"活八戒"七龄童"南猴王"六龄童》，浙江人民出版社2007年版，第193页。

"六小龄童"。1982年，"六小龄童"来到北京，导演安排其前往北京法源寺剃光头当了一段时间和尚，又去北京白云观当了一段时间道士。还观摩北京演出的一些猴戏，专门到北京体育学院随夏柏华教授学习武术。到了剧组以后，又如饥似渴地捧起了小说《西游记》，看完后仔细推敲，并记下读书笔记。要演活猴王，莫过于直接向猴子学习，以研究猴子的习性和动作。"六小龄童"经常来到北京动物园的猴山，向自己的"师父"——真正的猴子求教。后来，剧组干脆买了一只猴子，"六小龄童"与之朝夕相处。他发现猴子闲不住，总是蹦蹦跳跳，并非其不舒服或者要讨吃，完全是下意识，搔痒也是如此。他将这些心得运用到表演中，对塑造孙悟空这个艺术形象起了至关重要的作用。

"六小龄童"的"取经之路"并不顺利，拍摄这部电视连续剧的跨度竟达17年之久。《西游记》前25集花了6年时间，直到1988年才拍完。等待10年之久后，"六小龄童"又于1998年参加中央电视台对《西游记》后16集的补拍，1999年拍完。2000年，41集《西游记》与观众见面，获得巨大成功。全国评选2000年度中央电视台的"十佳"演员，"六小龄童"名列前茅，成为家喻户晓的影星。"猴王世家"走过了艰难的从艺之路，唯有新中国才获得新生，"七龄童""六龄童""六小龄童"将绍剧表演艺术推向高潮，创造了猪八戒和孙悟空等绍剧经典艺术形象。（图8.4）

图8.4 "六小龄童"扮演孙悟空的经典剧照（"六小龄童"供图）

第六节　堕民享有平等的受教育权

中华人民共和国成立后,堕民也享有真正平等的受教育权,堕民的孩子与平民孩子一样,接受义务教育。1949 年 5 月 7 日,绍兴解放。6 月,中国人民解放军绍兴军事管制委员会就派军代表接管了城区原绍兴县立第一、第二和县立简师附小三所小学,并依次改称为市立第一、第二、第三小学。7 月,城区分设四个学区,各区小学由军管会直接管辖。城区共有小学 26 所,其中公立完小 11 所,初小 4 所;私立完全小学 7 所,初小 4 所。合计 132 班,在校学生 5660 人,教职员 212 人。学士街小学前身就是同仁学堂,设于城区堕民巷三埭街前街(学士街),以地取名。1950 年,绍兴市人民委员会提出"教育为生产建设服务,为工农服务和学校向工农开门"的方针,三埭街居委会开展"扫盲运动",动员学龄儿童入学,接受文化教育。

1952 年,绍兴市人民政府为了让更多的堕民子弟能够入校读书,决定扩建学士街小学。经绍兴市有关部门批准,将学校隔壁的明真观划入学校。校领导做了精心布置,将原塑在明真观的"千秋太子"李亨及许多泥塑菩萨全部捣毁,改为学校大礼堂,每逢开学及结业典礼,均在大礼堂举行。用砖块封闭了原同仁学堂校门,改建成围墙,使操场更加宽阔,师生改由原明真观双扇铁栅大门出入。进明真观两边的长围廊也作了装饰,石板地上铺设了一层木地板,东西两边各装有玻璃窗门,东首一间为教室,西边一间为教师办公室。原来大操场底的那间办公室,成了外地教师的寝室。原贺知章教授"千秋太子"读书的后大殿,也改成礼堂,也是下雨天也能上体育课的"风雨操场"。后大殿上面是一座大楼房,前楼二间为五、六年级的两个教室,朝南装有玻璃窗,坐在那里读书写字,光线充足。后楼三间是教师寝室。

学士街小学校面积较大,设有一年级、二年级各四个班,三至六年级各二个班,外加一个幼儿园,总共 17 个班级,学生近 700 人。学校招收的大都是三埭街的原堕民子弟,对于家境贫寒的堕民子弟,学校根据不同家庭情况,实行学费减免制度,以确保三埭街堕民子弟能够接受义务教育。专任教师包括校长在内,只有 18 人。教师上课任务繁重,有时生病或有事请假,由校长代课也习以为常。为了进一步提高师资力量,学校聘请许多优秀教师来校任教,以便让更多的三埭街堕民子弟接受正规教育。教师教学认真,严格要求学生。有些三埭街的孩子调皮捣蛋,受到教师严词训斥。曾在学士街小学读书的堕民陈顺泰如是说:

　　我读书期间,学校有两位姓顾和三位姓陈的老师,几个调皮捣蛋的学生课堂上不守纪律,受到老师严厉批评后,心中不服,每到放学时,他们就纠集一些学生,指使其高声叫喊:"大鼓(大顾)小鼓(小顾)阵阵阵(陈)!"弄得老师哭笑不得。[①]

　　陈顺泰晚年回忆起自己虽然家境贫寒,因学校全免学费,得于在学士街小学完成学业的求学岁月,感慨万千。陈家虽然过着十分穷苦的生活,但能够背上书包读书,乃是陈顺泰梦寐以求的愿望。绍兴解放初期,居委会主任严元吉来到陈家,上门动员学龄儿童读书。严元吉动员父亲陈玉水,认为三儿子陈顺泰已到读书年龄,可以去同仁学堂报名。陈玉水非常为难,以陈家"口食难度",哪有钱送孩子读书婉言谢绝。严元吉表示已知陈家生活困难,居委会可以出示证明,以减免陈顺泰的学费。时绍兴市人民政府向全市人民发出"扫盲"号召,三埭街人也不例外,积极响应,居委会组织一些有文化的居民,办起了"扫盲"学习班,开展"扫盲"运动,学士街学校实行学费减免制度,对家庭经济确有困难的三埭街子弟,分别减免三分之一、二分之一、四分之三乃至全部减免学费。由居委会出具证明,经学校调查核实,决定给予陈顺泰全免学费的优厚待遇。陈顺泰得知这一消息后,兴奋得几夜睡不着觉。开学那天,母亲薛德意从箱子拿出过年时穿过的新衣服给陈顺泰换上,还将大哥读私塾时用过的书包也交给其使用。爷爷陈连喜特地为孙子买了两支铅笔、小练习本和橡皮,陈顺泰连早饭也顾不上吃,兴高采烈、一路小跑地来到学校,找到指定的教室一看,已经有好几个像他这样激动的堕民子弟,坐在位置上等待老师上课。

　　上课铃声响起,开始上课,老师捧来一大沓新书和作业本,分发给每位同学。可是,由于陈顺泰没有缴纳购买课本和练习簿的"代管费",拿不到新书。陈顺泰回家向父亲哭诉,陈玉水也无计可施。突然,陈玉水眼睛一亮,拿起收废品时收购的几罐蓝色油墨,急匆匆地找到班主任老师商量,提出能否以几罐油墨冲抵"代管费"？老师见陈家确实困难,实在拿不出钱购买书本,而油墨乃是学校必需品,学校也经常要去文具店购买,于是同意抵冲。陈顺泰这才领到书本。陈顺泰在学士街小学读书期间,陈家均采用此法抵冲"代管费"。陈顺泰非常珍惜这来之不易的读书机会,每天一早就起床,帮母亲做完家务,就拿起书包上学。老师上课时,陈顺泰专心听讲,细心领会各道题目的含意,除了按时完成老师布置的作业外,还见缝插针地温习功课,天道酬勤,陈顺泰的成绩总是名列前茅,备受老师的赞赏与厚爱。三年级时就当上了少先队队长,四年级成了学

---

① 访问陈顺泰,2017年3月16日。学士街学校资料,均由陈顺泰先生提出,特致谢意。

校少先队大队长,不仅受到全校老师一致夸奖,还多次在戴山学区得到表彰。[①]

1966 年,"文化大革命"开始后,绍兴城区小学陆续"停课闹革命",学士街小学部分师生也离开学校,前往杭州、上海、北京等地进行"大串连"。9 月,中央下达《关于派工人毛泽东思想宣传队进驻学校的通知》,工宣队进驻学士街小学,并改名为"绍兴汽车配件厂'五七'学校"。1967 年 2 月,中央下达《关于小学无产阶级文化大革命的通知(草案)》,要求在外地的小学教师和学生返回本校"闹革命"。直到秋季新学期开始,学士街小学才全部复课。1972 年,学校改名为"绍兴县城关镇劳动路小学"。(表 8.1)

表 8.1 劳动路小学历任校长[②]

姓 名	任职时间
谢银芳	1979—1991
陈 凯	1991—1992
秋三生	1992—1995
许 蓉	1995—1996
黄 道	1996—2000
张 英	2000—2002

劳动路小学对校舍进行彻底翻造,将原有房屋全部拆除,造起了新洋房。2003 年,劳动路小学撤销,所有学生就近入学,分散到八字桥小学、戴山中心小学等校。作为一所以招收堕民子弟为主的学校,完成了其历史使命。原学士街小学改名为绍兴市职业教育中心(分部)、绍兴市国际教育服务有限公司、绍兴市职业技能教育培训中心。劳动路小学的终结,标志着一个时代的结束,曾经被剥夺受教育权的堕民子弟,获得了真正平等的受教育权,融入了社会主义大家庭之中。(图 8.5)

堕民吃尽没有文化之苦,极为重视对子弟的教育。三埭街的陈尧生,父亲是绍剧的著名小生,艺名"筱伯麟"。中华人民共和国成立后,"筱伯麟"不再做"戏子",改行收旧货,以 10 元钱将艺名卖给原浙江省绍剧团书记"小筱伯麟"。陈尧生当时只有 14 岁,也跟着父亲收旧货。尽管已经解放,但三埭街人没有文化,无法从事其他工作,只得重操旧业,挑着兑糖担鸡毛换糖。陈尧生后来参军,20 世纪 60 年代退伍回来,因搞合作化,连捡破烂的单干户也要集中起来,陈

图 8.5　原劳动路小学遗址（2015 年汪晓华摄）

尧生在地区旧货商店工作。1964 年以后才到铁路上工作。陈尧生有三个孩子，夫妻俩思忖三埭街乃"文盲街"，自家祖传三代，爷叔大伯七亲八眷都是"睁眼瞎"，不能再让儿女当文盲。陈尧生夫妻俩省吃俭用，将铜钿省下来，供子女读书。"过去堕民勿能进学堂读书，如今伢要死要活也要读。茶可以吃得坏些，衣裳可以穿得破些，屋可以住得旧些，伢下定决心要让这顶祖祖辈辈戴落来的文盲帽子，到伢儿女这辈甩伊掉。谢天谢地，儿女也争气。我三个小鬼，两个已经在上大学，一个在浙江医科大学，一个在读政法大学。我小鬼一个人一台显微镜，解剖尸体。小儿子还在读高中，成绩也相当好，去年考试时，按分数他可以去读中专，他勿肯去，一定要读大学，我家里尽管三个书包负担很重，可还是支持他。我要叫这个文盲世家出伊三个状元郎！也叫那些看勿起伢三埭街的人看看，伢三埭街里有的是人才。"①堕民陈尧生夫妇为文盲世家能出三个大学生而倍感骄傲。

中华人民共和国成立后，堕民成为劳动人民的一部分，成为共和国的公民；堕民不得为官的禁忌被完全打破，成为基层政权特别是堕民村的领导以及文艺团体的领导；堕民艺人演出的《孙悟空三打白骨精》《十五贯》等剧目，成为全国人民喜爱的经典；昔日被人歧视的堕民艺人，成为受人敬重的"文艺

---

① 赵锐勇：《别了，中国的吉普赛人——来自堕民后裔的报告》，《野草》1988 年第 1 期。

工作者"，六龄童、七龄童、十三龄童、麒麟童、周传瑛等著名堕民艺人，成为民众所喜爱的"人民艺术家"，受到党和国家领导人的赞赏和鼓励，甚至带领艺术团出国访问演出，享有国际声誉。堕民子弟也不再受到歧视，能够享受平等的义务教育。

第九章　堕民群体的彻底消融

　　党的十一届三中全会以后,原先有着收购废品经商经验的堕民,发挥自己的聪明才智,率先发家致富,像堕民林阿五等成功的企业家,成为堕民致富的"领头羊";涌现了一批堕民村诸如彭家堰村形成专门的玉雕市场,庙山村创建"金轮集团",成为社会主义新农村建设的致富典范。原先的堕民与平民,建立了新型的社会主义平等关系。大量的堕民从原先的堕民聚居区迁出,大量平民涌入原先的堕民聚居区,堕民聚居区与平民聚居区泾渭分明的界线被打破。平民不再歧视堕民,堕民摆脱自卑的阴影,能够正视不堪回首的过去。堕民作为一个被歧视和被侮辱的群体,早已融入平民之中。

第一节　堕民发家致富

　　中华人民共和国成立后,堕民成为社会主义的普通劳动者,过上了幸福安康的生活。在成立十周年之际,记者王亮访问了三埭街,记录了堕民聚居区发生的翻天覆地的变化。三埭街由长永居居委会管辖,四面环水,古称"荷叶地"。这三条平行的街道乃未改名,学士街是因为是唐学士贺知章的故里,唐皇街因供奉手执玉如意的"唐明皇菩萨"而得名,永福街则因永福庵而得名。几束柔杨在墙头好奇地张望,鱼背形的屋脊洒满金色的阳光。两旁黑油油的大门,均佩戴着"胸章"——洁白的"整洁户"纸条。大门下部有棕色的栅栏式腰门,犹如姑娘的多褶衣裙。石板铺砌的街道尽管不太宽阔,却平坦整洁。谁会想到这里曾是闻名遐迩的堕民巷三埭街。"说是学士街,其实都是睁眼瞎,一字不识;永福街更是一个多难的地方;唐皇街有多少饿殍!那时,这里的人被称为'堕民',连三条街的总称——'三埭街'也成为'堕民窟'的同义词!人家一听是'三埭街'

的人，就掩鼻而走；学校大门踏不进；出去找职业，也不敢说家乡。"①记者王亮到学士街的一户"光荣人家"做客，通过"光荣妈妈"之口，诉说了新旧社会堕民的不同生活。

可巧！在学士街一家挂着"光荣军属"的大红纱灯的门外，碰到一位老婆婆。这是个清癯但又健朗的六十开外的老人。她邀我进去坐坐。这是一家清洁户，地板、门窗光亮明洁，家具摆设井井有条，堂前贴有毛主席画像，下面还有贴满照片的镜框，另外两个镜框装着两张部队里的立功喜报。老婆婆殷勤地倒茶让坐，乐意地跟我交谈起来——过去，这里世代演戏，所以供奉"唐明皇"和"老郎"菩萨。当然，生活是贫困的，社会地位也很低微；但到了清代，禁止演戏，艺人更被贬为"堕民"阶层，不准入学进举，禁止与其他阶层通婚，从此，人们更堕入了苦难的深渊。迫于生计，他们只好寄人篱下，每逢富贵门第逢年过节、婚丧喜庆或生辰寿诞时，去吹吹打打，说说好话，做些帮闲事儿，讨点赏钱。财主说他们是"坐廊前屋的人"。平常日子，就成天挑副糖担到四乡换取破布废物，深夜回城换钱，才吃上一餐饭。后来也有出去演戏的，但遭到国民党反动政府、地方恶霸、行头主和包戏掮客的层层盘剥，所得寥寥，往往是流落外乡，卖掉仅有的衣被，才得归家。家里的唯一财产是：一根扁担两只筐，换糖鼓儿响叮当。妇女在家吞泪水打棕绳，一根棕绳一串眼泪！在解放前的悲惨岁月里，因饥饿而倒毙街头的不知多少！那时，停在前庙里的薄皮棺材小得盛不下尸体，只得用榔头、石块死命地敲，才盖上盖子。"这就是'三埭街'的'堕民'！"老婆婆说到这里眼角已嵌上泪花。记得有一年，一个绍兴大班的名角小生陈爱生贫病交迫，饿死在庙里，娘、两个女儿也相继饿死，一家七口，只剩下孤儿寡妻三个人；可现在，这一家已有十人，一个媳妇的肚子里还怀着一个呢！全家除了老的少的，全有了工作，大儿子还是绍兴旧货中心店的副经理，日子过得挺好；媳妇穿着花花绿绿，屋里摆设样样俱全，孩子跳跳蹦蹦上学去，老人在家料理家务，常说："托毛主席福，伲老太婆现在享福哉！"②

泉源第一舞台班主林泉源儿子林阿五，成了三埭街堕民二代致富的典型。林阿五自述："沐浴着新中国和改革开放的暖风，事业和唐皇一起快乐成长。"③

① 王亮：《绍兴三条街》，《湖山春色——浙江解放十年散记》，东海文艺出版社 1959 年版，第 100 页。

② 王亮：《绍兴三条街》，《湖山春色——浙江解放十年散记》，东海文艺出版社 1959 年版，第 98 页。

③ 朱银才：《林阿五：与唐皇共成长》，《纪实》2008 年第 5 期。

林阿五于 1950 年出生在唐皇街,在三埭街度过了自己的童年,上了堕民子弟学校——中华人民共和国成立后改名"学士街小学"。从小受到平民的歧视,儿时的记忆如刀刻不能释怀。林阿五如是说:"我在学士街小学念书时,还听到有些家长跟孩子说,不要和'堕民坊'出来的一起玩。"①林阿五生于唐皇街,生在新中国,长在红旗下,因父亲乃绍剧班主林泉源,成了平民眼中的"堕民"。或许正是这种听了让人刺耳的话,让林阿五从小就学会吃苦,不断上进。初中刚毕业,林阿五就用父亲给的 20 元钱,四处收购废品,出售杨梅,赚了 30 元钱,但真正发家是 20 世纪 80 年代中期。1969 年,林阿五响应上山下乡的号召,做了一个农民,直到 1978 年才回城,被安排到街道工厂,月薪只有 28 元,妻子是农村户口,没有收入,还有孩子嗷嗷待哺。绍兴市场上冬笋特别少,做冬笋生意肯定赚钱,但许多人担心亏本,路途遥远,裹足不前。林阿五说干就干,一人跑到广西和湖南等地,四处打听冬笋市场的行情,将价廉物美的冬笋用火车发回绍兴辕门蔬菜批发市场,一年就赚了近一百万,掘下了第一桶金。

以前来绍兴旅游的游客很多,但吃住都成问题,给旅客带来困扰,绍兴工商局的王局长建议林阿五开设个体小旅馆。于是,林阿五开了绍兴十分稀罕的个体酒店——"青年夫妻酒店"。林阿五买了隔壁邻居几间旧屋,重新进行翻造,还买了十几台电视机,安装到每间客房。另外办了小饭店,让客人吃宿方便。唐皇街冷僻人少,林阿五就雇人到车站码头接送客人。《文汇报》记者还写了《绍兴夫妻酒店》的专门报道,林阿五得到市政府的表彰,称赞其"有经济头脑,有创新精神"。"1950 年我爹生我时,米糠都吃勿着。我现在是绍兴个体劳动者协会会员,担任越城区管治安的组长,讲土话,就是第一把手,绍兴市个体旅馆还要我去领导他们,公安局也好,工商局也好,都很信任我。"展望未来,林阿五信心倍增,"以后钞票挣多了,我还想把这些房子统统卖掉,不要了!到大街上去办。我们绍兴汽车站对面不是造了绍兴大厦吗?你只要有资金有钞票,他们也可卖给你店面。因为我们这小街里地点太偏,冷落一点,不是我看不起三埭街,我是没有这个意思,我是三埭街生三埭街养的,有什么好怕的"②?"青年夫妻酒店"已发展为"新唐皇大酒店",林阿五也成了三埭街堕民后裔致富的"领头羊"。(图 9.1)

2007 年 3 月,媒体报道皋埠镇东庄村民孙某在丈夫猝死后,近 300 头生猪成了她的心病。林阿五十分同情这个不幸的家庭,在总价 14 万元的基础上,再加价 4 万,买下了猪场,以解孙某的燃眉之急。林阿五收购猪场后,一心扑在猪

① 何超群:《绍兴堕民的 58 年》,《绍兴日报》2007 年 9 月 27 日。
② 赵锐勇:《别了,中国的吉普赛人——来自堕民后裔的报告》,《野草》1988 年第 1 期。

图 9.1　唐皇街走出的共和国同龄的堕民创业者林阿五

场上，引进自繁自育的全封闭饲养管理模式。猪场发展很快，占地 100 多亩，生猪存栏 2000 多头。畜牧业激烈的市场竞争，让林阿五树立科学的养猪理念。林阿五成立了"唐皇畜牧公司"，建立生物安全体系，引入优良品种。猪场的三品猪和四品猪销量良好，有稳定的客户群。在推行标准化生产的基础上，林阿五特别注重品牌。品牌乃实力的象征，实力是品牌的支柱。有了自己独特的市场，雄厚的资金以及过硬的技术，"唐皇畜牧公司"的业绩节节飙升。公司还发展多种经营，养殖蛋鸭三万多只，投资建设 30 亩蔬菜基地，种植大棚蔬菜。各种不同的养殖产业形成天然的生物链。林阿五养猪种菜，积极吸纳闲置劳动力 17 人。林阿五是极具经济头脑的创业者，拟再次扩大养殖规模，养殖生猪一万头，为绍兴市的"菜篮子工程"多做贡献。林阿五有四张名片：绍兴市新唐皇大酒店总经理、绍兴市唐皇客运社总经理、绍兴市唐皇商行总经理、绍兴市皋埠唐皇畜牧有限公司总经理。"从一个收旧货的小贩发展为餐饮、运输、畜牧等多种经营的老板，林阿五的创业经历见证了'唐皇'的崛起。"①林阿五乃是一个与共和国同龄的创业者，"新唐皇"的崛起，也是三埭街的崛起，更是堕民发家致富的一个缩影。

　　20 世纪 80 年代，改革开放的春风吹遍神州大地，也吹进了姜山镇王伯桥村，许多堕民后代在经济大潮中脱贫致富。自 2006 年起，年老体迈丧失劳动能力的堕民也能享受每月 80 元的生活补助，还有农村劳保、新型合作医疗保险。年轻的堕民后裔能够自由地选择自己喜欢的职业，这是消逝的堕民群体经过嬗变后的生活写照。陈姓堕民后裔有政府干部和公务员，有教授和科研人员，也有民营企业家和营销人员。即使有些堕民后裔继承祖业，仍然从事剃头行业，

---

　　①　朱银才：《林阿五：与唐皇共成长》，《纪实》2008 年第 5 期。

也已是具备美容师资格的理发师了。陈姓老人唠叨："流年似水。现在我们有自己的房子，楼上楼下，电灯电话，空调彩电，啥都不缺。家里人丁兴旺，子孙全都上学读书。这样的生活，如果祖先有灵，肯定会开心的。这样的生活，恐怕过去所谓的上等人连做梦都想不到的。"陈姓老人发自内心地感慨："真是换了人间！"[1]王伯桥村现有个体私营企业 16 余家。2010 年全村实现工农业总收入7386 万元，其中工业总产值 6300 万元，村级集体可用资金达到 100 万元，农民人均纯收入达到 15600 元。村内小桥流水、环境优美，拥有河虾养殖基地及龙虾养殖基地。王伯桥村先后被评为区级卫生村、区级文明村、区级"和美家园"，多次被评为镇级先进党支部和工业先进单位等称号。

第二节 堕民集体致富的典范

改革开放的春风吹遍神州大地，原先有着经商头脑的堕民率先搏击市场经济大潮，成为带动一方发家致富的堕民集体，涌现了上虞彭家堰和慈溪庙山村两个堕民致富集体。上虞东关街道彭家堰村是一个堕民村，也是一个远近闻名的集体致富的典范。彭家堰堕民素来就有经商的传统，从收购废品中诞生了玉雕产业。全村有个体私营企业 40 余家，已形成以玉雕为龙头、废品收购为依托的专业市场和专业村。特别是玉雕产品享誉国内外市场，从业人员占全村总劳力的 85%，成为发展村级经济的重要支柱。1992 年换届后党支部新领导班子，坚持精神文明和物质文明"两手抓"，以建设富有特色的区域经济。彭家堰村党支部决定："一是稳定粮食主导产业，确保粮食生产。全村实行粮田适度规模经营，把责任田承包给种粮大户，改变了人人种粮的局面，有利于专业化分工。二是明确重点，村里集中投资 1000 万元，建好玉雕、塑料综合市场；新建商业用房，开办服务业，发展个体企业五十家，建成'玉雕屯'，目前已初具规模。三是做好引导和服务两篇文章，村经联社由专人负责，做好个体企业纳税经营等管理工作，及时教育、督促个体户按时纳税，合法经营。对个体户的困难，由村经联社负责帮助解决。如发现违法现象，严肃予以处置。"[2]彭家堰村个体经济发展很快，上交国家税款，上交集体管理费都较为及时，使村级经济走上健康发展轨道。

---

① 巫莲莲：《王伯桥：剃头村故事》，《鄞州文史》2007 年第 4 期。

② 李永夫：《坚持"两手抓"，建设小康村》，《决胜大市场 迎接新世纪 经济体制改革文集》，中国工人出版社 1996 年版，第 222 页。

彭家堰村党支部在经济工作中也实行"两手抓",一手抓硬件投入,一手抓软件投入;一手抓外延发展,一手抓内涵提高。近三年来,全村投入225万元,新办绢纺厂、汽车修配厂,新建玉雕村一期工程竣工,增加农业设施配套建设以及农用电器设备。改善了农业生产和工副业生产外部条件,投入产出为1:3。如东达汽车修配厂、港口码头,当年建成当年生产,效益可观,年上交村级经济利润为25万元。村里计划投入60万元,新建16间二层商业用房,在玉雕屯一期工程竣工的基础上,追加投入800万元,建成玉雕塑料综合市场。计划在今后三年内,全村农工商副各业总产值达到1.5亿元,年创利税800—1000万元。村里还拨出部分资金,用于引进和培养人才,以及支付奖学金,奖励优秀学生。

彭家堰村党支部实行"两手抓",促进了村级经济的发展。"近两年中,我们连续被上虞市委、市政府命名为全市综合实力20强村,连续两年被评为先进党支部、先进经联社、小康示范村。三年中,村级经济累计上交额87.3万元,农民人均收入由1993年的1600元,增加到1994年的3200元。前后对比,翻了一番。"①彭家堰村集体公益事业发展迅速,全村道路硬化,标准化电器村验收合格,自来水工程竣工,有线电视入户,家家户户通电话,进入全市首批电话村。

进入21世纪后,彭家堰村民大都从事玉雕加工、销售,生产的"东关玉雕"年产值超过一亿。"全村共办玉雕厂80多家,拥有高速雕刻机350台左右,从事玉雕人员600余人,占全村劳动力的一半以上,拥有东关和苏州两个专业市场,年交易额达5亿元。"②彭家堰村民"人均收入超过8000元,是全省唯一的'玉雕村'"③,也是绍兴市的文化特色村。彭家堰村堕民无论是作为个体,还是作为群体,经济上均翻身得解放,昔日捡破烂的堕民村成为著名的"玉雕村",成了带动一方致富的"领头羊"。

慈溪市宗汉街道的堕民聚居区庙山村也是堕民集体致富的典型。"地处宗汉街道的庙山村是一个只有325户、1310人,占地0.75平方公里的近郊型小村。原来是个远近闻名的堕民村,近十几年来,在金轮集团的支持、反哺下,全村面貌发生了翻天覆地的变化,村民过上富裕生活,成为社会主义新农村建设

① 李永夫:《坚持"两手抓",建设小康村》,《决胜大市场 迎接新世纪 经济体制改革文集》,中国工人出版社1996年版,第222页。

② 许江军:《从彭家堰玉雕业看我市文化产业的发展》,《探索与创新》(上),中国社会出版社2008年版,第148页。

③ 陈建国:《论建设小康社会与发展文化产业》,《实践与思考》,四川美术出版社2008年版,第143页。

的一个典型。"[1]20 世纪 80 年代,庙山村的陆汉振从帘子布起家致富,创办"中国金轮集团",发展成为一家拥有 30 多亿资产、40 多家成员企业、1 万余名职工的国家大型一档企业。"金轮集团"主动要求承担村里的一些社会责任,支付村集体 6000 万元作为村办企业转制的回报,并给村里留出 12% 的集团股份,村里每年可从企业得到股金分红 200 多万元。"金轮集团"每年支付村集体股份分红、分年支付的转制款等达 600 万元,占村集体经济收入的 80%。20 年累计投入 7000 多万元支持庙山村建设。

庙山村自 1993 年开始,按照环境园林化、住宅别墅化、管理智能化、服务社会化、村民自治化要求和统一规划、统一设计、统一施工、统一拆迁方式,逐步实施旧村改造,建设环境优美的新农村。村里实行让利于民、普惠于民的政策,配套设施建设全部由村里投入,所有开发的别墅楼均以基建价格卖给住户,农户原来老屋由村里按评估价收购,农户只要拿出十万元就可入住 200 平方米的新别墅。2004 年,已建豪华型、经济型和实惠型别墅 301 幢,农户入住别墅率达到 95% 以上。加大环境整治力度,着力改善人居环境。实行社区物业化管理,专人上门收取垃圾,专人负责河道以及道路保洁。动员村内个私企业搬入工业园,解决"三废"污染。投入 500 万元,建成一个绿化基地、三个公园、多个绿化带,绿化覆盖率达 36.5%,人均拥有公绿面积达 40 平方米,成为省级绿化示范村。村庄实行封闭式管理,门卫 24 小时值班,社区保安日巡夜查,主要道口安装电子监控。建立优秀学生奖励制度,凡考上大中专者,奖励 4000 元至 6000元,在校高中生每月补助 60 至 100 元,每学期在班级前 5 名的学生发放 30 元至300 元奖学金。建造老年公寓 196 套,免费居住,凡 55 岁以上的老人每月发放150 元至 200 元不等的养老金,每年进行一次免费体检,达到老有所养、老有所乐的目标。庙山村每年用于村民福利支出达 140 万元。(图 9.2)

庙山村 80% 以上的劳动力直接进入"金轮集团"工作,不少人成了企业的高中级管理人员,除了拿集团的高额工资以外,还享受城镇职工养老保险,每月可领 700 多元补助,村民"上班有工资,退休有保障"。未进入金轮集团的另外两成人,则依托"金轮集团"的产业链优势,有的兴办个体私营企业从事配套生产,有的从事废旧塑料回收,有的从事餐饮等第三产业,也获得了较高的经济收入。"2005 年,全村人均纯收入达到 12610 元,超过市人均收入 3000 元。"[2]村民轿

---

① 《慈溪市庙山村:企业反哺,农民致富》,《新农村建设 80 例》,宁波出版社 2006 年版,第 58 页。

② 《慈溪市庙山村:企业反哺,农民致富》,《新农村建设 80 例》,宁波出版社 2006 年版,第 60 页。

图 9.2　昔日堕民村庙山村实现村庄别墅化、道路网络化、环境园林化，建成农民别墅 350 幢

车拥有量每百户达 31.3 辆。庙山村以文明村创建为载体，实施民主自治工程、素质工程、文化休闲工程、家庭细胞工程，着力提高村民素质，丰富村民的精神文化生活。建立健全村民代表会议制度，聘请财务监督员，重大事项由村民集体讨论决定，村级财务支付接受村民监督和审理。村业余党校、村民学校定期为村民开设，内容有公民道德建设、文明礼仪、农技知识等。投资 2500 万元兴建集服务、文化、休闲于一体的社会服务中心，村民可免费借阅图书、健身、看电影。组建青年篮球队、青年女子健美健身队、老年门球队、腰鼓队等文艺队伍近10 支。以家庭为创建工作的细胞，开展一年一度的"十佳文明户"和"绿化示范户"的评选，全村上下形成"当文明户、做文明人"的良好氛围。昔日的堕民村如今成了社会主义新农村建设的一个致富典型。

第三节　堕民与平民平等相处

堕民在政治上当家做主人，经济上发家致富，堕民作为一个贱民群体不复存在，其标志应是平民不再歧视堕民，双方平起平坐。而堕民也不再有贱民的自卑心理，理直气壮，扬眉吐气地生活。然而，这个过程异常漫长，平民和堕民都经历了一次脱胎换骨的蜕变。堕民已是劳动人民的一部分，也是平民的一分子，堕民与平民建立了新型的社会主义平等关系。同一居委会的居民，生产大队的队员，公有制单位的同事，隔壁的邻居，都是社会主义社会的革命同志。即使是农村也是如此，陈后山村堕民遗老徐富贵介绍这种新型的同志关系："解放初开群众大会，堕民与平民不同凳，干部要劝说'解放了，不要分堕民不堕民'，但大家仍不愿坐一列，到后来就无所谓了。"王坛镇肇湖村村民孙彩金谈到合作化后的变化:"那时出门背锄头,二分一直头,还分什么堕民不堕民。"①宁海黄坛公社杨家第三大队张姓堕民逝世,堕民儿子张新友请副大队长杨道方为父亲抬棺。杨道方立即应允,但他从田畈回家后,母亲却劝阻儿子不要给张姓抬棺。杨道方感到有些诧异,忙问其原因。杨母告诫:"张姓是小姓,是堕民。专门给人抬大轿的。"杨道方想到自己乃是党的干部,还是个贫农社员,应带头移风易俗,乃教育母亲:"这都是过去地主阶级用来离间我们劳动人民的鬼花样。只有剥削阶级与被剥削阶级的区别。我们是姓杨的,照样受地主阶级的欺压和剥削,所以不管姓张姓杨,大家都是阶级兄弟。"②杨母觉得儿子说得有道理,也不再表示反对。

有些平民与堕民亲如一家,不是亲人胜似亲人。绍兴陶堰的邵力子酷爱绍兴乱弹,尤其欣赏坤旦林玉麟文武双全所演的节目,双方成了无话不谈的挚友。邵力子每当休闲之时,喜欢到绍兴城内游玩,爱到玉麟倌家喝茶聚谈,请玉麟倌自拉自唱几段绍剧,以一饱耳福。若是闻知玉麟倌在陶堰、皋埠、东关一带演戏,总要吩咐用人划小船前去看戏。邵力子在上海工作期间,也经常到浙东和老闸大戏院看玉麟倌的演出,与玉麟倌结下了不解之缘。③

家住学士街的学士街小学退休教师陈爱娣于 1974 年向老嫚遗老钱阿玉买下其一半房产,定居于学士街。"从此陈家成了钱老太最亲密的人家,以至于钱老太以死后发丧和祭祀交由陈家操持作为条件,将另一半房产变卖给陈家,而没有留给他的亲侄子(外甥)陈志清。"④钱老太临终前,一再叮嘱不要忘记给她做忌日,清明时至少要在家里祭祀。1978 年,钱老太逝世后,其遗嘱执行人即其外甥陈志清将钱阿玉的"主顾"也折算成钱,陈志清表示此乃堕民坊"规矩",绝户房产买卖也包括"主顾"。社会主义不再有平民与堕民的良贱区别,均为社会主义大家庭的成员。

原先的主顾和堕民,也处于平等地位,双方建立了新型的人际关系。曾经的"主顾"与过去的堕民融为一体。"三老爷"朱仲华乃是绍兴著名人士,也是林玉麟的主顾,自幼酷爱绍兴乱弹,朱府每逢做寿、添丁或宴请宾客,总要在府内荷花池搭建戏台,请玉麟舞台做戏或唱堂会。朱仲华与林玉麟关系十分密切,常来常往。林玉麟有什么为难之事,首先就想到请朱仲华帮助,而朱仲华也是有求必应,义不容辞,竭尽全力解决。还在 20 世纪 20 年代末,绍剧演员张金水

---

① 俞婉君:《绍兴堕民》,人民出版社 2008 年版,第 232 页。
② 吴先声:《只有剥削与被剥削那有什么大姓小姓》,《宁波大众》1964 年 12 月 1 日。
③ 访问陈顺泰,2016 年 7 月 14 日。
④ 俞婉君:《绍兴堕民》,人民出版社 2008 年版,第 232 页。

风流倜傥,被绍兴警察队长章根彪的太太看中。张金水经不起诱惑,与之勾搭成奸。色胆包天的张金水,竟入章府与章太太"缠绵",被章根彪当场捉奸,痛打一顿后还不过瘾,还将其捆在后花园石柱上,准备天亮后开膛破肚。林泉源告知林玉麟,林玉麟向时任绍兴县政府秘书的朱仲华求救,以张金水拈花惹草有错在先,但罪不至死。朱仲华遂带着一队荷枪实弹的士兵和一名军官,胁迫章根彪放了张金水。林玉麟称赞朱仲华为人正义,胸怀坦荡,行善济贫的恩德,堪称绍兴民众的楷模。①

东关百年老店藏春银楼的老板王锡昌是彭家堰堕民的主顾,王家"大少爷"王德江曾在彭家堰教书,与彭家堰的堕民亲如一家。王德江回忆:"20世纪50年代初,我在彭家堰教过三年书,结交了许多好友:年长有的云法、凤生、如能、寿康、培华、春生、如华、逢春医生,年轻的有羊生、小羊、张富、水根、阿狗、幼耐、如法、传忠、信友,女的有小凤、桂花、灵芝,还记得妇女主任是六九婆婆,初级主任是严小六,记得住的学生如百松、嘉根、忠良、柏荣、相舟、双夫、苗根、小昌、利胜、小囡、春娥等则更多了,但感到他们都与汉族人无异。"②王家的主顾是"六四老嬷",送王德江母亲出嫁的是溇底三元的母亲,也是彭家堰人,王德江进彭家堰村教书时,昔日的老嬷仍称王德江为"大少爷",王德江尴尬至极,早已不习惯这种等级称呼。

有些主顾与堕民情同手足。慈溪堕民后裔回忆,外公弹三弦唱书,原来家境较为富裕,后来一场大火,荡然无存,遂从天门下迁到三七市夏家户头庙。外婆家的脚埭有赫赫有名的三七市的董庄,外婆经常带着母亲从董庄后门直进直出。董家大小姐仅比母亲大几岁,因大小姐母亲早逝,颇为寂寞,经常去夏雨庵烧香拜佛。董小姐经常让母亲陪她同行,一去就要好几天。母亲记得夏雨庵的杨梅味道特别好,且一年四季都有,夏季有鲜杨梅、秋节有竹筒杨梅、冬春两季有酸杨梅。母亲与董小姐情同手足。"她与董小姐的关系非同一般。后来,母亲要出嫁了,董小姐请人做了块匾额送给母亲,据说匾中的齐眉两字,是梅调鼎的墨迹,不知是否真的。"搬过新房子时,旧的东西扔的扔,卖的卖,唯独这块匾舍不得卖。"要知道这是董小姐送给我母亲的。母亲在世时,当它像宝贝,我怎么好随便卖了钱呢!再说,我母亲是穷人,董小姐是有钱人家,都说有钱人家看不起我们堕民,其实也不一定,那位董小姐待我母亲就真不错。"③董小姐丝毫不将母亲视作低贱的堕民。

① 访问陈顺泰,2016年7月14日。
② 王德江:《银东关春秋》,浙江文艺出版社2014年版,第121页。
③ 王静:《中国的吉普赛人——慈城堕民田野调查》,宁波出版社2006年版,第162页。

　　有些堕民与主顾亲如一家。绍兴城西西郭门外鉴湖附近的鲁西王家村,乃是家住堕民巷学士街周春香爷爷分给其"小爹"的"主顾"。后来,"小爹"因故带了全家人到"下三府"的嘉善盛泽谋生,王家村的"主顾"自然就成了周春香父亲的"主顾"。周春香十多岁时,随母亲到王家村做"老嫚",王家村的几个男孩,欺负周春香幼小,跟在她后面起劲地起哄,"小老嫚"叫个不停,还向她吐唾沫,丢石子。周春香父母生有四子一女,在家如同众星捧月,宠爱不已,并无女孩子的娇气,常常喜欢同男孩子交往,虽说个子生得矮小,打起架来极为"蛮横",父亲称其为"野小子"。周春香对付几个男孩子,乃绰绰有余。但也担心,"独龙"难斗"地头蛇",且又是自家"主顾"的地盘。正在这时,阿秋赶了过来,她长得人高马大,不由分说,拳打脚踢。周春香见来了救兵,顿时勇气倍增,将几个男孩打得落荒而逃。阿秋逮住来不及逃走的一个男孩,让其转告其他男孩,以后再不准欺负阿香,否则,见一次就打一次。阿秋比周春香大一岁,两人遂结拜为姐妹。每当周春香随母亲讨了船只到王家村"摸麦""摸稻"和"拜岁",阿秋都陪着挨家挨户走,并帮助背麦秆草、稻草,两人边背草边打闹。等周春香母女俩"抓好收入"后,就在阿秋家吃饭。阿秋家土改时划为富农,一些田地和房屋都分给了贫农,日子颇为拮据,周春香母亲临走时总要给阿秋家留下一些粮食。阿秋17岁那年出嫁,母亲带着周春香做她的"送嫁老嫚",那时周春香还在读书,没有红包送给阿秋,只送给她一双自己亲手编织的袜子,阿秋高兴地收下闺蜜的礼品。阿秋要周春香给她"开面",但周春香不会修眉毛,母亲先给她修好眉毛。周春香边给阿秋"开面",边说起童年捉迷藏的往事。周春香和母亲送新娘阿秋到男家,她白天装出斯文做新娘,晚上却同周春香睡一个被窝,还互相抓脚底板呵痒。堕民女儿周春香与主顾女儿阿秋保持了终身的友谊。

　　周春香自那次与王家村的男孩子打架后,乃不打不相识,后来双方竟然成了好玩伴。王家村的青年男女较多,"好日"人家也较多,一年之中,周春香随母亲要去好几家做"主顾老嫚"或"送嫁老嫚"。有一年"大菱时节","寿店王"要讨媳妇,周春香随父母去"赶好日",周春香也要一身顶二责,当鼓手还要吹打喜庆锣鼓,是个"小鼓手";锣鼓停下来时,则成了"小老嫚",帮助"做老嫚"的母亲做事。一群小伙伴悄悄过来相约,坐船去摘大菱。玩心很重的周春香想也没想就满口答应。小船划到了大菱池,周春香既兴奋又好奇,竟乐而忘返。"好日"人家要敲鼓,父亲却四处找不见其身影。母亲要她帮助做事时,也无处寻觅踪迹。周春香一时失踪,可急坏了父母,再也无心干活,四处呼唤其名字,"寿店王"也很着急,马上派人到处寻找。等他们划船满载而归时,父亲第一次对周春香吹胡子瞪眼睛,周春香虽未挨打,却让她终生记忆犹新。一群小伙伴也跟着遭殃,"寿店王"厉声呵斥。中华人民共和国成立后,周春香父兄虽然还做"吹叭先生",母亲包括周春香也"做老嬷",但原先的主顾不再视为低贱,原先堕民也不再自卑。新社会只有分工不同,没有职业的高低贵贱。① 陈顺泰也回忆解放后陈家主顾与陈家关系融洽,不分彼此,亲如家人:

> 我家有主顾人家与我家关系非常密切,他们从不把我们视作下贱的堕民,而是相互之间平等相处,平时犹如走亲戚一般走动。特别是南池方向的人家,大部分以做竹扫帚为业,除了在本地做批发生意外,有的也挑着扫帚担到城里走街串巷四处叫卖,临近中午,往往会到我家休息。热情好客的父母,宁可自己人不吃,也要先让客人吃饱喝足。有时他们经济拮据,也会来向父母开口借贷,我爹尽管自家捉襟见肘,也要想方设法向邻居借贷,转借他们以解其燃眉之急。②

第四节　堕民聚居区的消逝

堕民聚居区与平民聚居区泾渭分明的界线也被打破。民国政府曾将陈后山堕民村划入车头行政村,因遭到平民的歧视,无法参与车头村的活动。中华人民共和国成立后,重新划分基层行政区,砸破了堕民与平民隔离的坚冰。绍兴三埭街划分为三个居委会,每个居委会都是堕民与平民混杂,如长永居居委会包括堕民居住的永福街和平民居住的长桥街。农村原先的堕民聚居区也与平民聚居的村落被划为同一基层组织。如沥海镇谢家溇因堕民人数少归并到南门大队,钱清三里堂的堕民也归并到南钱清大队,王坛镇肇湖村改名为胜利大队,十几户堕民未另组生产小队,绍兴城郊洞桥村堕民也划入昌安街居委会,平水镇细桥弄堕民划入若耶新村,弄口自然村堕民划入施家桥,王城下街堕民划入王城村。唯有上虞松厦镇附近的堕民遭到平民排挤,单独组成生产大队。③但随着市政建设步伐的加剧,堕民与平民不断融合,原崧厦镇的坊里与市政街道混杂一起,已很难从地域上区别真正意义上的堕民聚居区。

早在雍正颁布堕民除籍令之前,就有一些有识之士"与堕民为伍"。周恩来原是北宋周敦颐后裔,先辈于元代迁居绍兴,祖居位于绍兴保佑桥河沿(今劳动路),明洪武十四年(1381)就迁居该地,原名"锡养堂"。康熙三十一年(1692),周懋章妻王氏寿至百岁,浙江巡抚特给"百岁寿母之门"匾额一方,故名"百岁

---

① 访问周春香,2016 年 7 月 14 日。
② 访问陈顺泰,2016 年 7 月 14 日。
③ 俞婉君:《绍兴堕民》,人民出版社 2008 年版,第 230 页。

堂"。现存祖居三间三进,坐北朝南,古朴黑漆竹丝大门高悬"周恩来祖居"匾额。周恩来祖父任职江苏时,迁居江苏淮安。1939 年 3 月,周恩来以国民革命军军事委员会政治部副部长的身份回到百岁堂,发展抗日民族统一战线。周恩来祖居与三埭街相邻。(图 9.3)

图 9.3　1958 年填河铺就的劳动路(周恩来祖居这条街)

雍正颁布堕民除籍令后,不少平民陆续迁入堕民聚居区。三埭街乃最大的堕民聚居区,但自从堕民除籍后,一些较为贫困的"外街人",相继搬到"里街头"居住。因为都是穷苦人家,穷帮穷,邻帮邻,双方真诚相待。平民与堕民在日常生活中和睦相处,关系融洽,甘愿"与堕民为伍"。也有一些有钱人,看中了三埭街某处乃风水宝地,也到三埭街买地造屋居住。"在我们的记忆中,三埭街内只有两家大户,一家姓陈,另外一家姓杨,他们不是堕民,而是世代为官的'外街人'。"①迁入三埭街的陈姓大户人家,是陈顺泰家的隔壁邻居,住在唐皇街,陈姓一家深居简出,平时仅见几个佣人进出,陈姓人家从不与三埭街人打招呼,更不让三埭街人随便跨入陈家门槛。至于陈家的情况,三埭街人一概不知。仅知道陈家有个未曾出阁的老闺女,绍兴人称其为"老大姑娘"住在家里。陈家还有个儿子是个空军军官,陈顺泰小时候见过,大概四十多岁,身材魁梧,气宇轩昂,身穿棕黄色空军军装,胸前还挂满许多"牌牌"(勋章),显得威武雄壮。有一年夏天,陈家老太爷和老太太做寿,场面之大,让三埭街人大开眼界。做寿的前一天

_____

① 访问陈顺泰和周春香,2016 年 7 月 14 日。

晚上，为了给老寿星"暖寿"，陈府内的天井摆满形似拱桥的"蜡烛架"和铜制的"七星灯"，上面插满点燃的蜡烛和菜油灯，将屋里屋外照得灯火通明。大小客厅不是"喧卷"就是"话词"，聘请了一班戴着茶色眼镜的女瞎婆唱绍兴词调，一直闹腾到深夜。第二天一早，陈家从五显阁过街楼下搭起，一直搭到藐儿桥河沿口，全是高大的明瓦彩棚，两边摆满八仙桌以及板凳，约有四十桌，这是陈家办寿酒的摆设，这些摆在沿街的酒水，菜肴全是绍兴的特产"十碗头"，专门供应一些上等士兵、亲朋好友和左邻右舍。陈府内还摆设雅座，盛情款待一些政府要员、官宦豪富、达官贵人，他们吃喝的档次大不相同，尽是山珍海味，飞禽走兽，远比"十碗头"丰盛。正日那天，一对老人穿着新衣，端坐在大厅正中，接受晚辈的礼拜。前来拜寿的人络绎不绝，走了一批又来一批，他们专程前来向老寿星拜寿，在吹鼓手的吹奏声中，一一向寿星顶礼膜拜。三埭街的堕民孩子纷纷进去向老寿星拜寿，陈家分给每个孩人一个"寿封"（红包）；三埭街堕民去拜寿，主人不分男女，每人赠送一把做工精美的纸折扇。陈家给予这样的"实惠"，三埭街堕民一传十，十传百，奔走相告，大家得知前往陈家祝寿能得到礼品，轰动了整个三埭街。

另一户姓杨的大户，祖籍为建德，住在学士街，与周春香家乃斜对面的邻居。杨家门面很大也很宽，里面的房子一厅又一厅，既大且深，后面直通街井头，如此宽阔的房子，平时仅住杨家老太爷和第五、第六兄弟俩，三埭街人尊称他们分别为老太爷、五老爷和六老爷。平时杨家人出入门户，老是高昂着头，眼睛朝天。有时与邻居碰面，不得已与之打招呼，杨家人也是不屑一顾，虽说是邻居，却从不往来。杨家生有六个儿子，有几个女儿则不清楚，除第五个儿子没有一官半职外，其余都在外地做官。做的什么官，官有多大，也无人敢问，反正是赫赫有名的大官。据说杨家与军阀吴佩孚乃儿女亲家，杨家二小姐嫁与吴家。有一年杨家二小姐坐小包车（即小轿车）回绍兴省亲，从大街（今解放路）途经县东门（即县前街）至大街口（学士街口），三步一岗，五步一哨，站满荷枪实弹的士兵。所经之处戒备森严，还命令整条学士街各家各户紧闭门户，不准出入，也不准观望。二小姐到娘家须经过周春香家门口，周春香的几位兄长禁不住好奇心，分别从门缝和楼上的缝隙处向外张望。小轿车一直开到学士街口，当时学士街非常狭窄，车子开不到杨家门口，浓妆艳抹的二小姐只得下车步行，前后各有一队士兵护卫，前呼后拥，如众星捧月一般走进家门。二小姐在家仅待了半天工夫，推说有应酬饭也不在家吃，就依原路返回。杨老太爷逝后时，举办了让三埭街人大开眼界的奢侈葬礼，而五老爷则对三埭街人收取"苛捐杂税"，成为三埭街的恶霸。

中华人民共和国成立后，平民大量涌入原先的堕民聚居区。范瑶书乃马山镇世代官宦之家,《越谚》作者范寅乃其祖上。范瑶书于土改时将家产捐于国家,于 20 世纪 50 年代迁入永福街向堕民租房定居。"七龄童"和"六龄童"因工作需要,长期住在绍剧团团部。绍兴学士街 93 号旧居,有一半房子租给小学女教师李兢奋及其丈夫陈辽居住。陈辽原为中国人民解放军某部复员军人,为部队文书,是一杠三星上尉军衔。陈辽生性耿直,快嘴快语,因赞赏苏联,说了错话,从部队复员转业回家,地方没有安排工作。"文化大革命"期间,"七龄童"遭到造反派迫害。陈辽和李兢奋夫妇曾协助身患癌症的"七龄童",逃离造反派的囚禁,潜往上海治疗。

改革开放以后,原城镇堕民聚居区涌入大量外来的平民人口,原先堕民聚居区的人口也大量外迁谋生。"如新中国成立之初只有二三十户的谢家溇,如今(1998 年 5 月调查)已达 46 户,其中非谢姓已过半数(24 户)。现拥有四五百户人口的马山后桥头的堕民遗老们,已说不清楚该地堕民血统人数的比例(1999 年 7 月调查)。"[①]随着经济的发展,旧城改造高歌猛进,原先低矮破烂的堕民聚居区首先被拆除,堕民安置到其他平民居住的小区。特别是党的十一届三中全会以后,三埭街发生翻天覆地的变化。根据新声居委会主任林王孝介绍,三埭街 30 年前就居住在该地的老住户,现在仅剩下三分之一,其余的都已外搬。1994 年,唐皇街以北,学士街以南,街井头以西拆迁。1995 年,原址建起了四幢唐皇街住宅楼,其用地面积为 5577 平方米,建筑面积为 12330 平方米,为六层框架砖混结构。1997 年,又将唐皇街北侧房屋全部拆除,兴建了唐皇街公寓,使唐皇街的路面由原来的 2.5 米拓宽到 10.1 米,中间建有绿化带,路面由水泥浇筑。现在唐皇街住宅小区的居民,除极少数几户为原房屋拆迁后回迁此处的居民外,大多数是市区内购买该商品房的居民。尽管纪念唐皇街的街名依旧,但街景已是焕然一新。萧山郊区堕民聚居的严家底也在 20 世纪末的旧城改造中,拆建为洄澜南苑。现在的地段约在"东门农贸市场"后面一带,早已无迹可寻。堕民四散搬入新建的单元房。随着堕民发家致富,农村堕民聚居区也旧貌换新颜,原先象征贫穷低贱身份的旧房被推倒,建起了新房。原先堕民与平民的界线,现在已经难于识别。(图 9.4)

慈城天门下居住的堕民或者堕民后裔,也大都搬迁了新居。土改后分得的房屋,虽是堕民原来的祖居,有的已改建新房,有的则出租给外来的新移民,自己成了房东。堕民的新居有平房,也有楼房,房型与江北的农村别墅差不多,都有独立的厨房和卫生间。堕民及其后裔的衣着、饮食、生活习惯也与慈城其他居民一样。即使是没有劳动能力的残疾堕民后裔,也享受社会保障。

---

① 俞婉君:《绍兴堕民》,人民出版社 2008 年版,第 230 页。

图 9.4　昔日低矮破旧的唐皇街,今日成了高楼林立的唐皇苑(屠剑虹供图)

　　永康芝英炼祠已失去往日的风采,原先住在祠内的小姓(堕民),不再以护祠为己任。75 岁的小姓王明钱有三个儿子,一个在外跑防盗门,其他两个在厂里工作。82 岁的小姓陈锦福有两个儿子,大儿子在永康上班,而小儿子则是上海同济大学毕业的硕士研究生。陈锦福如是说。"现在,我们这些小姓人不再低人一等了。"①住在宗祠的人,也已不再是护祠人的后代。恢祠就住着来自江西的种粮大户和务工者。种粮大户王新直来自江西鄱阳市红旗村,2009 年跟随村人来到永康种粮,目前租种芝英二村 100 多亩田,成为芝英良田的开垦者和守护神。应氏家族大都以工业致富,种粮的重担就压在王新直的肩上。2011年,王新直向国家出售 4 万斤粮食。恢祠的另一住户是来自江西万年县务工者王冬英,租住恢祠已有十多年,做工的工厂就在祠边,老板乃应氏家族的后代。

---

　　①　叶朦朦、蒋中意:《芝英"护祠部落"的前世今生》,《金华日报》2012 年 3 月 16 日。

十多年来,王冬英一家与应氏老板亲如家人,如果春节不回江西过年,老板就请王冬英一家一起过年。王冬英将芝英挣的钱,在江西老家盖了新楼房,夫妻俩都会说永康话,一般人根本不清楚他们是江西人。堕民作为一个社会群体,早已销声匿迹。

第五节 堕民摆脱自卑的阴影

堕民的解放,也包括思想的解放。林阿五是三埭街最先发家致富的"堕二代",但其妻子尚未摆脱自卑的阴影。"现在高档格人这儿不要住,都搬到外面去住。三埭街话起来没面子。越是年纪轻轻的越有这种想法,我有时到外头街上去买东西,开发票时人家问我住啥地方,我都勿敢讲唐皇街,有些五十左右的内行人都晓得,他们总是象看动物样看着我,叽叽咕咕讲:哦,唐皇街,就是三埭街,三埭街原先就是什么什么。"①堕民必须摆脱自卑身份的阴影,正视不堪回首的过去。21世纪初,宁波作家王静采访慈溪天门下堕民及堕民后裔时,每一次与他们见面,都是小心翼翼,但一回生二回熟,被采访者一旦了解王静真实用意之后,大都毫不保留地回答她提出的问题,还不断提供更多的采访线索和采访人物。有的人甚至带着王静提出的问题,独自进行思考,等下次采访时告知。有时他们还会打电话给王静,提供新的线索。王静坦言:"采访期间,我尽量不提及'堕民'两字,怕伤害他们,而他们却泰然处之。正如他们自述,我们不偷不抢,全靠自己劳动所得,没什么好难为情的。谈吐中,他们既不回避'堕民'两字,也大谈'堕贫嫂'的往事。这种交往犹如长辈向小辈诉说过去的故事那般自然。"②天门下的堕民早已翻过了历史上那沉重的一页,他们发自内心地感慨:真是换了人间。

昔日堕民也不再讳言自己低贱的堕民身份。"特别是改革开放三十多年来,三埭街的堕民已从历史的心理阴影中走了出来,不再忌讳堕民两字。在电视连续剧《西游记》中扮演孙悟空的六小龄童,也与父亲六龄童一样,坦言自己是三埭街堕民出身,言语中充满着一种自信和奋发昂扬的精神。"③最早站出来承认自己堕民身份的是"猴王家族"。20世纪80年代,"六龄童"章宗义在《取经

---

① 赵锐勇:《别了,中国的吉普赛人——来自堕民后裔的报告》,《野草》1988年第1期。

② 王静:《中国的吉普赛人——慈城堕民田野调查》,宁波出版社2006年版,第114页。

③ 徐文华、魏国剑主编:《江南水乡 有道之墟(道墟卷)》,大众文艺出版社2011年版,第116页。

路上五十年》中毫不隐讳地自述："1924年,我出生在绍兴学士街一户商人家里。据说祖上是堕民,但小时候我只觉得自己出身不光彩。后来才知道堕民原是元末蒙古族的后裔。朱元璋建立明朝后,把驻在南方的蒙古军队集中在一起居住,贬为堕民,不准他们与一般平民通婚往来,并且规定世操贱业,不准参加科举考试,亦不准进入上流社会。因此,堕民只能世世代代当吹唱道士、吹鼓手、喜娘或傧相。此外,还规定,他们的住处不准搬迁。在绍兴,就集中住在唐王街、学士街、永福街三条巷里,俗称'三埭街',又叫堕民巷。"堕民在平民举行婚丧嫁娶时专门从事吹打和唱戏,既唱调腔,也唱乱弹。"乱弹中,以'二凡'为主,与秦腔相近。它实际上是受蒙古族的音乐影响很深的一种声腔。这就和堕民的由来有密切的关系。"①"六龄童"坦承自己的贱民身份,就住在著名的堕民聚居区三埭街,"猴王家族"世代从事扮演"猴戏"的贱业。"十三龄童"王振芳也在回忆录《绍兴乱弹从艺录》中坦言自己也住在堕民聚居区——三埭街。王振芳七岁离家赴沪,六年后返回堕民巷,感慨万千。"我们向唐皇街老屋走去,到了老屋门首我却记忆犹新:七岁离家时,我还在墙下端做了记号,用剪刀挖了窟窿,俯下一望,果然还依稀可辨。时间久了,日晒雨淋,石灰已剥落。我家五十一号,我记得很清楚,里面住两户人家,中间是我家,左边一间居住凤春大奶奶,我家的房屋已经典卖给别家了,爸爸带我进了大奶奶的家,她曾与我奶奶情同手足,年轻守寡数十年,靠买下的'主顾'收成度日(主顾是堕民的产业)。"②王振芳家就住在唐皇街五十一号,邻居全是堕民,晚年的王振芳已能坦然面对往事。

而在新中国长大的"堕二代",对自己祖先的贱民身份,也毫不隐讳。"小七龄童"谈及自己的父亲"七龄童"章宗信时,直言其堕民身份。"1921年农历九月二十二日,七龄童章宗信诞生在古城绍兴的堕民巷里。堕民巷本是绍兴的贫民窟,这里有三条鹅脖子似的小街——永福街、唐皇街和学士街,统称为三埭街。这里聚居的大都是吹唱道士,换鹅毛破烂,操最'卑贱'职业的'堕民'。"③祖父章益生为了摆脱贫困,从上虞道墟迁居到堕民巷,成为堕民的一员。"六小龄童"章金莱在电视连续剧《西游记》中主演孙悟空,被评为中国第六届"金鹰奖"最佳男主角,以及第一届"中国电影电视十大明星奖"和"中国第二届电视十大明星"第一名。章金莱也直言自己祖先的"贱民"身份。"我家其实是元末蒙古族的后裔。我的祖先随着蒙古骑兵的铁蹄踢踏,从大漠黄沙的塞北,来到山清水秀的越国江南。朱元璋灭了元朝建立明朝之后,就把所有留在南方的蒙古人贬为

①　六龄童:《取经路上五十年》,上海文艺出版社1988年版,第3页。
②　王振芳:《绍兴乱弹从艺录》,中国戏剧出版社2007年版,第62页。
③　小七龄童:《"活八戒"七龄童"南猴王"六龄童》,浙江人民出版社2007年版,第7页。

'堕民',集中居住,不准参加科举,不准进入上流社会,不准与一般平民通婚往来,不得随意迁徙。他们只能做吹拉弹唱的道士、收旧货的小贩、打锡箔的手工艺人……在绍兴,他们只能居住在唐王街、学士街、永福街三条街里。"①而演戏,做供人指戮笑骂的"戏子",乃是堕入社会底层的堕民谋生的行当之一。昔日的堕民后裔,早已消除遭到歧视的心理阴影,挺直腰杆,堂堂正正地生活。(图9.5)

图 9.5　荣获中国第六届"金鹰奖"最佳男主角及第一届"中国电影电视十大明星奖""中国第二届电视十大明星"的堕民后裔"六小龄童"章金莱

堕民也不再将以前所从事的行当视作贱业。周信芳儿子周少麟生于 1934年,时周信芳已是闻名大江南北的"麒麟童"。但周家却听不到戏剧世家应有的胡琴和锣鼓的声响,也看不到周信芳练功,听不见周信芳吊嗓。"周信芳是一个旧社会饱尝了艰辛和屈辱的戏曲演员,为了避免子女重蹈这种生涯,在子女出生之前,他就为他们准备了三部大书:工业大纲、法律大纲和医学大纲,设想将来孩子的前途是学工、学法、学医,就是不要学戏。"因为演戏乃堕民贱业,遭到

---

① 　六小龄童:《猴缘》,京华出版社 2004 年版,第 12 页。

平民的歧视,周信芳反对子女重蹈自己的覆辙。所以,周家的几个孩子均被送入外国人办的学校念书。周少麟虽然在家里感受不到多少京剧的气氛,但母亲裘丽琳却是个"京剧迷",周末常带几个孩子到剧场去看周信芳演出。周少麟因此对京剧有了几分兴趣,特别是邂逅喜欢京剧的夫人黄敏珍以后,因黄家经常有人吹拉弹唱。1951年夏,周少麟考入复旦大学外文系后,经常赴黄敏珍家参加类似业余京戏票友活动,从当听众开始,渐渐也自唱起来。周信芳很少与儿女谈论过去辛酸的艺事生涯,或许是耳濡目染,儿女也爱上了京剧,并依样画葫芦地学演起来。起初,周信芳只是很有兴趣地看他们演出,并未松口让他们学戏。周少麟在大学学外语,却渐渐对京剧痴迷起来,课间也低声哼唱京戏唱腔。同学得知其父亲乃大名鼎鼎的"麒麟童",遂建议其改学京剧。1953年,周少麟随父亲率领的华东戏曲研究院京剧实验剧团参加第三届中国人民赴朝慰问团,前往朝鲜演出。周少麟经常瞒着父亲,偷偷参加演出,剧团的演员都称赞其为"吃戏饭的料"。1955年,周少麟已阅读不少关于京剧的图书,也看了周信芳的不少"海派戏",并暗暗下定决心要下海学戏。母亲裘丽琳对儿子的志向并无异议,认为现在是新社会,学戏也没有什么不好。但要让父亲周信芳同意,周少麟颇费心思。周少麟将自己学唱的《秦香莲》唱段,故意放给周信芳听,后来干脆直接唱给周信芳听。周信芳听了觉得其嗓子不错,后来就松口让周少麟改唱京剧。"可能是少麟对京剧的热爱感动了周信芳,也可能是意识到解放后艺人的地位和工作性质的深刻变化,周信芳改变了原来的想法。"①周少麟经历了从不熟悉京剧到喜欢京剧,并决心下海学戏的过程。而周信芳则经历从不让儿子学戏到最终同意儿子学戏的过程。周少麟得到周信芳同意后,立即办好复旦大学的退学手续,从此踏上了京剧表演之路。新中国职业仅有分工的不同,并无贵贱之分。(图9.6)

　　堕民的消融经历了漫长而曲折的过程。虽然清初雍正颁布堕民除籍令,但中央和地方对此解释却完全相反,致使清初自上而下的堕民除籍完全归于失败。清末宁绍绅士创建最早的一批堕民子弟学校,成为堕民觉醒的摇篮,开启堕民接受教育的先河。民国总统孙中山颁布贱民解放令,由于南京临时政府旋即夭折,北洋军阀政府混战不已,其解放堕民令成了一纸空文。堕民不甘被损害和被侮辱的生活,也曾进行过软弱无力的抗争,却无力回天。中华人民共和国成立后,堕民被列入劳动人民的行列,特别是改革开放以后,堕民发家致富,平民消除了歧视堕民心理,堕民也不再有自卑心理,平民与堕民的界线得于泯灭,堕民作为一个贱民群体被彻底消融。

---

　　① 沈鸿鑫:《周信芳传》,中国戏剧出版社2010年版,第302页。

图 9.6　周信芳与子女合影（从左至右周少麟、周采藻、周英华、周信芳、周采芹、周蕴）

参考文献

一、著述

（宋）谢枋得：《谢叠山集》，商务印书馆 1936 年版。

（明）焦竑：《玉堂丛话》，新华书局 1981 年版。

（明）刘惟谦撰：《大明律》，日本景明洪武本。

（明）吕坤：《实政录》，万历二十六年赵文炳刻本。

（明）沈德符：《万历野获编》，道光七年姚氏刻同治八年补修本。

（明）田管修：《新昌县志》，万历刻本。

（明）王士性：《广志绎》，中华书局 1981 年版。

（明）萧良幹修，张元忭、孙矿纂：《绍兴府志》，万历十五年刊本。

（明）徐渭：《徐文长集》，明刻本。

（明）杨维新、张元汴纂修：《会稽县志》，光绪十九年刊本。

（明）叶权：《贤博篇》，中华书局 1987 年版。

（清）戴槃：《戴槃四种纪略》，同治七年刊本。

（清）范寅：《越谚》，光绪八年刻本。

（清）官修：《皇朝文献通考》，四库全书本。

（清）湖北谳局编：《大清律例汇辑便览》，同治十一年湖北谳局刻本。

（清）觉罗勒德洪等修纂：《大清高宗纯皇帝实录》，内府钞本。

（清）昆冈、李鸿章等修：《光绪朝大清会典》，光绪朝版本。

（清）勒德洪等修：《大清世宗宪皇帝实录》，内府钞本。

（清）李伯元：《南亭四话》，上海书店出版社 1985 年版。

（清）李登云修，陈珅撰：《乐清县志》，光绪二十七年修民国元年补刊本。

（清）李璋煜：《续增洗冤录辨正参考》，北京科学技术出版社 2012 年版。

（清）年羹尧：《年羹尧奏折专辑》，台北故宫博物院 1971 年版。

（清）钱泳：《履园丛话》，上海古籍出版社 2012 年版。

（清）阮葵生：《茶余客话》，中华书局 1959 年版。

（清）三泰修：《大清律例》，文渊阁四库全书本。

（清）邵友濂撰，孙德祖等纂：《余姚县志》，光绪二十五年刊本。

（清）沈椿龄修，楼卜撰：《诸暨县志》，乾隆三十八年刊本。

（清）沈家本：《大清现行新律例》，宣统元年法律馆刻本。

（清）唐煦春修，朱士黻撰：《上虞县志》，光绪十七年刊本。

（清）托津等修：《嘉庆朝大清会典》，光绪朝版本。

（清）王国安、黄宗羲：《浙江通志》，康熙二十三年刻本。

（清）萧奭：《永宪录》，中华书局1959年版。

（清）薛允升撰：《读例存疑》，光绪刊本。

（清）杨泰亨、马可镛纂：《慈溪县志》，光绪五年刊本。

（清）允裪等撰：《乾隆朝大清会典则例》，四库全书本。

（清）张廷玉等撰：《明史》，武英殿本。

（清）赵尔巽：《清史稿》，民国十六年版。

（清）诸自谷修，程瑜、李锡龄纂：《义乌县志》，嘉庆七年刊本。

［法］谢和耐：《中国与基督教：中西文化的首次撞击》，商务印书馆2013年版。

［日］田中一仲：《清代地方剧资料集》，东京大学东洋文化研究所，1968年。

《百年昌顺——纪念绍剧泰斗筱昌顺诞辰一百周年》，美猴王文化传播有限公司2011年版。

《大清律例汇辑便览》，光绪二十九年刊本。

《明太祖实录》，国立北平图书馆红格抄本。

本书编辑委员会编：《中国新文学大系1937—1949》，上海文艺出版社1990年版。

蔡翔、孔一龙主编：《二十世纪中国通鉴》，改革出版社1994年版。

陈炳坤主编：《决胜大市场 迎接新世纪 经济体制改革文集》，中国工人出版社1996年版。

慈溪市地方志编纂委员会编：《慈溪县志》，浙江人民出版社1992年版。

党史史料编撰委员会：《革命人物志》第6集，1971年。

东海文艺出版社编辑：《湖山春色——浙江解放十年散记》，东海文艺出版社1959年版。

董绍德主编：《鄞县教育志》，海洋出版社1993年版。

方煜东主编：《三北徐氏》，宁波出版社2012年版。

傅振照主编：《绍兴县志》，中华书局1999年版。

广东省社会科学院历史研究室、中国社会科学院近代史研究所中华民国史研究室、中山大学历史系孙中山研究室合编：《孙中山全集》，中华书局1982

年版。

杭州市萧山区历史学会编:《萧山历史文化研究》,方志出版社 2006 年版。

何信恩主编:《辛亥革命与绍兴》,西泠印社出版社 2011 年版。

胡惠瑞:《碧溪佳水》,2004 年。

湖南工人运动史编写组编著:《湖南工人运动史》,中国工人出版社 1994 年版。

湖南省地方志编纂委员会编:《湖南省志(工业矿产志地质矿产)》第 9 卷,湖南出版社 1994 年版。

怀念联中编辑委员会编辑:《怀念联中——纪念鄞县临时联合中学建校五十八周年 1942—2000》,2000 年。

黄寿衮:《小冲言事》,宣统元年铅印本。

黄樨贤等编:《黄补臣太史年略》,民国六年铅印本。

黄智光主编:《探索与创新》,中国社会出版社 2008 年版。

嵇储申、嵇臻编:《无锡嵇氏传芳集》,上海辞书出版社 2012 年版。

江苏省博物馆编:《江苏省明清以来碑刻资料选集》,三联书店 1959 年版。

康有为:《大同书》,上海古籍出版社 2014 年版。

李鄂荣、李祺芳:《中国矿床发现史(湖南卷)》,地质出版社 1996 年版。

李仁娟:《定海名门沧桑录》,中国文史出版社 2008 年版。

李子瑜:《宁波风物述旧》,东方文化书局 1974 年版。

梁平主编:《实践与思考》,四川美术出版社 2008 年版。

林兰:《徐文长故事》,北新书局 1930 年版。

刘萍、李学通主编:《辛亥革命资料选编》,社会科学文献出版社 2012 年版。

刘太品:《古今行业楹联》,中华书局 2008 年版。

六龄童:《取经路上五十年》,上海文艺出版社 1988 年版。

六小龄童:《猴缘》,京华出版社 2004 年版。

鲁迅:《鲁迅全集》第 5 卷,人民文学出版社 1998 年版。

梅兰芳:《梅兰芳回忆录》,东方出版社 2013 年版。

梅兰芳等:《中国戏剧大师回忆录》,作家出版社 2012 年版。

莫莠:《堕民》,成都出版社 1995 年版。

宁波市北仑区地方志编纂委员会编:《宁波市北仑区志》,浙江人民出版社 2013 年版。

宁波市文化广电新闻出版局编:《甬上风物——宁波市非物质文化遗产田野调查》,宁波出版社 2009 年版。

宁波市文化局编:《宁波市革命文化史料汇编》,1992 年。

宁波市政协文史委编:《宁波楹联集》,宁波出版社 2011 年版。

宁波市政协文史委员会编:《辛亥革命宁波史料选辑》,宁波出版社 2011 年版。

潘伟民:《昆坛周传瑛》,中国戏剧出版社 2013 年版。

乔健等:《乐户:田野调查与历史追踪》,山西人民出版社 2002 年版。

裘士雄:《绍兴话旧》,中国戏剧出版社 2011 年版。

全一毛:《全一毛文集》,学林出版社 2005 年版。

任桂全主编:《绍兴市志》,浙江人民出版社 1996 年版。

上海市宁波经济建设促进协会编:《战斗在大上海》,东方出版中心 2004 年版。

绍兴市军事管制委员会编:《绍兴概况调查》,1949 年。

绍兴市政协文史资料组编印:《辛亥革命绍兴史料》,1981 年。

绍兴图书馆整理:《民国绍兴县志资料》第 2 辑第 4 册,广陵书社 2011 年版。

绍兴县安昌区署编:《绍兴县安昌区区政概况》,民国二十六年。

绍兴县教育局编印:《绍兴县教育概况统计》,1934 年。

绍兴小学第二次联合运动会事务所:《绍兴小学第二次联合运动会报告》,1920 年。

沈鸿鑫:《周信芳传》,中国戏剧出版社 2010 年版。

盛广智、许华应、刘孝严主编:《中国现代戏剧电影艺术家传》第 2 辑,江西人民出版社 1984 年版。

树棻:《生死恋歌——周信芳与裘丽琳》,文汇出版社 2003 年版。

孙伟:《三代人——一个紧跟时代步伐的家庭》,2006 年。

唐弢:《堕民》,华夏出版社 2008 年版。

陶仁坤、罗平、严新民:《绍剧史料初探》,1980 年。

汪木伦主编:《诸暨县民政志》,中华书局 2002 年版。

王静:《中国的吉普赛人——慈城堕民田野调查》,宁波出版社 2006 年版。

王云根主编:《绍兴村落文化全书》,中国文联出版社 2010 年版。

王振芳:《绍兴乱弹从艺录》,中国戏剧出版社 2007 年版。

温岭县志编纂委员会编:《温岭县志》,浙江人民出版社 1992 年版。

文岙村志编辑委员会编:《文岙村志》,中国文史出版社 2006 年版。

湘潭市地方志编纂委员会编:《湘潭市志》,中国文史出版社 1996 年版。

项阳:《山西乐户研究》,文物出版社 2001 年版。

小七龄童:《"活八戒"七龄童"南猴王"六龄童》,浙江人民出版社 2007

年版。

谢一彪:《浙江堕民研究》,中国社会科学出版社 2021 年版。

谢振岳:《嵩江风情》,宁波出版社 2012 年版。

新文丰出版公司编辑:《丛书集成续编》第 224 册,新文丰出版公司 1978 年版。

徐珂编:《清稗类钞》,中华书局 1986 年版。

徐懋庸:《徐懋庸回忆录》,人民出版社 1983 年版。

徐木兴主编:《衙前镇志》,方志出版社 2003 年版。

徐文华、魏国剑主编:《江南水乡 有道之墟》(道墟卷),大众文艺出版社 2011 年版。

徐易人主编:《绍兴县教育志》,方志出版社 2002 年版。

严新民、陈顺泰:《绍剧名伶录》,中国戏剧出版社 2016 年版。

义乌丛书编纂委员会编:《义乌民俗》,上海人民出版社 2011 年版。

俞福海主编:《宁波市志》,中华书局 1995 年版。

俞日霞、俞婉君:《荷湖村志》,人民出版社 2011 年版。

俞婉君:《绍兴堕民》,人民出版社 2008 年版。

张传保、陈训正主编:《鄞县通志》,上海书店出版社 1993 年版。

章开沅、罗福惠、严昌洪主编:《辛亥革命史资料新编》,湖北人民出版社 2006 年版。

赵跃年:《六月晒红绿——听外婆讲慈城的故事》,宁波出版社 2009 年版。

浙江百村农民文化生活调查课题组:《浙江省新农村文化报告——来自 118 个行政村农民文化生活田野调查》,中国美术学院出版社 2007 年版。

浙江民俗学会编:《浙江风俗简志》,浙江人民出版社 1986 年版。

浙江绍剧团编:《绍剧文论选》,中国戏剧出版社 2011 年版。

浙江省社会科学院历史研究所编:《辛亥革命浙江史料续辑》,浙江人民出版社 1987 年版。

中共中央文献编辑委员会编辑:《周恩来选集》,人民出版社 1984 年版。

钟毓龙:《科场回忆录》,浙江古籍出版社 1987 年版。

周传瑛:《昆剧生涯六十年》,上海文艺出版社 1988 年版。

周积明、宋德金:《中国社会史论》,湖北教育出版社 2000 年版。

周劭:《一管集》,三晋出版社 2011 年版。

周世瑞、吴婷婷编辑:《昆剧一代宗师——周传瑛》,中国书籍出版社 2013 年版。

周信芳:《周信芳文集》,中国戏剧出版社 1982 年版。

周作人:《周作人文类编》第 6 卷,湖南文艺出版社 1998 年版。

诸暨民报社编著:《诸暨民报五周年纪念册》,1924 年。

卓祥骙主编:《新农村建设 80 例》,宁波出版社 2006 年版。

二、报纸杂志文章

[丹麦]Anders Hansson:《中国的贱民——堕民》,《绍兴学刊》1999 年第 4 期。

《本国学事》,《教育世界》1904 年第 88 期。

《禀请将陋规拨充学堂经费》,《申报》1906 年 7 月 7 日。

《禀设堕民学堂》,《申报》1905 年 5 月 12 日。

《饬府提讯县役逞凶》,《申报》1905 年 11 月 8 日。

《出役续闻》,《申报》1878 年 1 月 15 日。

《堕民禀请实行教育》,《江西官报》1906 年第 12 期。

《堕民农工小学堂开校》,《申报》1905 年 11 月 10 日。

《堕民畲族九姓渔户》,《各省市各项革新与建设》1930 年第 2 期。

《堕民文献之一页》,《京沪沪杭甬铁路日刊》1937 年第 1947 期。

《堕民学堂将此开办》,《申报》1905 年 5 月 17 日。

《堕民学校续志》,《申报》1905 年 5 月 7 日。

《堕民滋事》,《申报》1905 年 8 月 14 日。

《堕民自求教养》,《申报》1906 年 5 月 23 日。

《废除各地堕民及类似堕民制度》,《申报》1927 年 7 月 15 日。

《攻举滥保》,《申报》1877 年 12 月 27 日。

《光绪三十年十月二十二日上谕》,《商务报》1904 年第 34 期。

《记绍兴差役殴辱堕民事》,《中外日报》1905 年 11 月 17 日。

《江督批驳请革学生之荒谬》,《申报》1909 年 5 月 13 日。

《蒋都督通令开放疍户惰民文》,《浙江军政府公报》1912 年第 47 册。

《劳动改造自己,惰民参加生产》,《宁波人报》1950 年 3 月 27 日。

《廪保失察》,《申报》1883 年 5 月 28 日。

《闽浙总督嵇曾筠遵旨查明堕民本末折》,《历史档案》2001 年第 1 期。

《莫雇用堕民》,《宁波日报》1948 年 6 月 5 日。

《宁波堕民》,《宁波报》1957 年 9 月 21 日。

《宁波府试琐闻》,《申报》1878 年 1 月 2 日。

《宁波府谕》,《申报》1877 年 3 月 9 日。

《农工小学添设实习工场》,《申报》1910 年 2 月 26 日。

《取缔惰民婚丧娱乐》,《申报》1928 年 12 月 28 日。

《赛会闹事》,《申报》1888 年 5 月 29 日。

《绍兴近事》,《绍兴白话报》1905 年第 78 期。

《书奉天学政王府丞折后》,《申报》1879 年 2 月 20 日。

《为声明黄太史受诬谨告全绍学界公鉴》,《申报》1905 年 9 月 22 日。

《喜娘送嫁》,《中央日报》1948 年 2 月 4 日。

《悬批准考》,《申报》1878 年 3 月 16 日。

《学堂戏捐之纠葛》,《新闻报》1909 年 4 月 2 日。

《议设堕民学堂》,《教育杂志(天津)》1905 年第 7 期。

《鄞县府解放惰民》,《申报》1930 年 6 月 14 日。

《育德小学遵添实业要科》,《申报》1909 年 8 月 4 日。

《再述宁波试事》,《申报》1878 年 1 月 10 日。

《皂隶子弟一律准入学堂》,《申报》1909 年 11 月 12 日。

《浙江全省惰民统计》,《浙江省杭江铁路工程局月刊》1930 年第 1 卷第 6 期。

《浙江省各县查报堕民畲民等人数职业状况及改良办法一览表》,《浙江民政月刊》1929 年下册。

《浙江省志丛书(大事记)》,《浙江方志》1993 年第 3 期。

《浙省解放堕民之又一令》,《申报》1927 年 12 月 10 日。

《浙省政府宣布最近政纲大事记》,《申报》1927 年 5 月 29 日。

《镇县政府核准提高惰民地位办法》,《上海宁波日报》1933 年 10 月 29 日。

《重申禁止捕食田鸡之布告》,《时事公报》1925 年 8 月 1 日。

《咨复浙抚职员张震昌设学收教堕民子弟办法文》,《学部官报》1906 年第 1 期。

陈顺泰:《恋越音幼年熏陶 为绍剧始终不忘——说说我的绍剧生涯》,《浙江档案》2009 年第 7 期。

陈志良:《浙江的堕民》,《旅行杂志》1951 年第 6 期。

尺蠖:《惰民生活》(十),《宁波大众》1936 年 12 月 11 日。

德恩:《鄞南的堕民》,《北新》1928 年第 5 期。

蝶仙:《拟金华将军咨浙江民政长文》,《申报》1913 年 4 月 22 日。

阿刘:《浙江的惰民生活》,《社会杂志》1931 年第 6 期。

傅丽红:《旧时浙江堕民印象记》,《世纪》2016 年第 6 期。

何超群:《绍兴堕民的 58 年》,《绍兴日报》2007 年 9 月 27 日。

何汝松:《浙省之惰民》,《绸缪月刊》1935 年第 2 期。

子予:《蔡堰堕民游行请愿》,《新闻报》1930 年 2 月 25 日。

柯灵：《小浪花》，《西湖》1979 年第 1 期。

李德笙：《浙江的特殊民族——堕民》，《浙江青年》1935 年第 2 卷第 2 期。

李振茂：《浙省特殊民族》，《浙江青年》1936 年第 1 期。

秦人：《杭甬段沿线的特殊民族》，《京沪沪杭甬铁路日刊》1937 年第
1912 期。

沙羽：《浙东的惰民》，《万岁》1943 年第 6 期。

童振藻：《浙民衣食问题之研究》，《浙江省建设月刊》1930 年第 35 期。

王振忠：《平民莫笑堕民低》，《读书》2005 年第 9 期。

吴先声：《只有剥削与被剥削那有什么大姓小姓》，《宁波大众》1964 年 12 月
1 日。

谢振岳：《鄞县堕民》，《鄞县史志》1993 年第 1 期。

俞婉君：《贱民捐资办学的创举——绍兴同仁小学的历史地位》，《史学月
刊》2003 年第 5 期。

悦英：《谈谈宁波的堕民》，《青年界》1936 年第 5 期。

越人：《奉化的堕民》，《京沪沪杭甬铁路日刊》1937 年第 1917 期。

赵锐勇：《中国的吉普赛人——来自堕民后裔的报告》，《野草》1988 年第
1 期。

郑公盾：《浙东堕民采访记》，《浙江学刊》1986 年第 6 期。

周锦涛：《绍兴的老嫚和一般妇女生活——被贬削的一群民族》，《申报月
刊》(中)1935 年第 7 号。

朱银才：《林阿五：与唐皇共成长》，《纪实》2008 年第 5 期。

三、文史资料

陈德和：《王子余传略》，《绍兴文史资料选辑》第 1 辑，1983 年。

陈利川：《孙德卿和上亭公园》，《绍兴文史资料选辑》第 2 辑，1984 年。

陈顺泰、林越胜：《绍剧大家 林氏门宗——记绍剧名伶玉麟倌家史艺术》，陈
顺泰提供，2016 年 5 月 26 日。

陈训慈、赵志勤：《热心兴办宁波地方教育的陈屺怀》，《浙江文史资料选辑》
第 45 辑，浙江人民出版社 1991 年版。

陈延生：《绍兴堕民被压迫和斗争片断》，《文史资料选辑》第 20 期，1962 年。

贺水翁：《翰林陈美发》，《余姚文史资料》第 12 辑，1994 年。

黄钟明：《忆外公——辛亥革命老人林端辅》，《天津东丽文史资料》第 4 辑，
1995 年。

吕衷才：《谈余姚的堕民》，《余姚文史资料》第 8 辑，1990 年。

裘士雄：《鲁迅笔下的绍兴堕民》，《绍兴文史资料》第 21 辑，2007 年。

沈季刚:《绍剧史片断及绍剧名艺人史略》,《绍兴文史资料选辑》第 1 辑,1983 年。

沈祖安:《绍剧概述》,《浙江文史资料选辑》第 25 辑,浙江人民出版社 1983年版。

童银舫:《童东迎小传》,《慈溪文史资料》第 3 辑,1989 年。

王祖德:《宁属各邑之光复》,《宁波文史资料》第 11 辑,1991 年。

许瑞棠:《郎桥抗日烽火》,上虞丰惠访问许瑞棠,2016 年 11 月 17 日。

严新民:《抗日战争时期的绍兴艺人集训班》,《绍兴戏曲资料汇编》第 4 辑,1985 年。

张一平:《张春阳》,《余姚文史资料(近现代人物)》第 13 辑,1995 年。

周克任:《陈屺怀轶事三则》,《宁波文史资料》第 8 辑,1990 年。

后　记

　　2014 年,我们对堕民问题突然产生了浓厚的兴趣,以至于陷入其中欲罢不能。2019 年春就出版了《绍兴堕民田野调查报告——三埭街往事》,这是一部由堕民陈顺泰和周春香夫妇自述的有关三埭街的陈年旧事。2021 年,《浙江堕民研究》由中国社会科学出版社出版,该书专门探讨堕民的分布、起源、主顾、入籍、脱籍、祠堂、族谱、内婚制与外婚制、日常生活、人生礼俗以及信仰。2021 年,《堕民行当研究》由浙江大学出版社出版,该书主要阐述堕民所从事的与四民不一样的"猥下杂役"。2021 年,《堕民消融研究》又被送往浙江大学出版社,这是专门探讨堕民作为一个贱民群体,是如何走过两百多年的漫长解放历程,最后融入平民之中的著作。为浙江贱民——堕民编撰系列史料和撰写系列著作,是我们多年来的夙愿,能在退休前完成,聊以自慰,也算我们为越文化研究所尽的绵薄之力。

　　堕民的消融资料极为稀少,除了有限的文献及报纸杂志史料以外,我们使用最多的还是地方文史资料,以及访谈资料。我们几乎走遍了浙江堕民所在的县城,查阅了图书馆的有关资料,实地踏勘了一些著名的堕民聚居区。世居三埭街的陈顺泰和周春香夫妇为我们提供了翔实的绍兴三埭街堕民资料,郦勇提供了诸暨"轿佬"资料;慈溪宗汉街道的陈长云提供了慈溪堕民材料。由于堕民行当是个贱业,留存下来的史料屈指可数,加上我们才疏学浅,欲作较深入的研究,确实是心有余而力不足。我们一向认为堕民研究和师爷研究,乃越文化研究中两个极为薄弱且极富特色的主题,我们不能说对堕民有如何深入地研究,权作引玉之砖,以便引起更多的同行和专家的关注以及研究。感谢越文化研究院将堕民研究的课题,列入越文化研究丛书给予资助出版。

图书在版编目（CIP）数据

堕民消融研究 / 谢一彪著. —杭州：浙江大学出
版社，2022.4
　　ISBN 978-7-308-22390-4

　　Ⅰ.①堕… Ⅱ.①谢… Ⅲ.①阶层—研究—华东地区
Ⅳ.①D691.71

　　中国版本图书馆 CIP 数据核字（2022）第 038935 号

堕民消融研究

谢一彪　著

责任编辑	吴　超
责任校对	吕倩岚
封面设计	周　灵
出版发行	浙江大学出版社
	（杭州市天目山路 148 号　邮政编码 310007）
	（网址：http://www.zjupress.com）
排　　版	浙江时代出版服务有限公司
印　　刷	浙江新华数码印务有限公司
开　　本	710mm×1000mm　1/16
印　　张	15.25
字　　数	283 千
版 印 次	2022 年 4 月第 1 版　2022 年 4 月第 1 次印刷
书　　号	ISBN 978-7-308-22390-4
定　　价	78.00 元